불교의 여성성불 사상

이창숙 지음

인북스

책을 펴내며

이 책은 1994년 동국대에서 박사학위를 받은 논문 〈인도불교의 여성 성불사상에 대한 연구〉를 보완한 것이다. 부족하다고 생각하여 20년간 도서관에 넣어두었던 것을 꺼내어 이렇게 책으로 내게 된 것은, 부족하면 부족한 대로 책으로 내야 후학들에게 디딤돌의 역할을 할 수 있다는 격려의 말에서 힘을 얻었기 때문이다. 망설이다가, '하늘 아래 내놓은 저작물들 중에 완벽한 것이 얼마나 되랴. 디딤돌이 될 수 있다면……' 하는 심정에서 마음을 정했다. 몇 군데 보완하고, 윤문하고, 교정을 봤다. 그리고 그간 발표했던 소논문 2편을 같이 싣는다.

대학을 졸업하고 들어간 신문사의 기자 생활을 11년 만에 타의에 의해 그만두게 되었다. 1970년대, 박정희 정권의 유신치하에서의 일이다. 30대 초부터 불교신앙을 갖고 있던 내게 학교에 들어가 불교 공부를 해보라는 지인이 있었다. 그 권유를 받아들여 동국대 대학원 불교학과 석사과정에 들어가 공부를 시작했다. 마흔한 살에 시작한 늦깎이 공부였다. 학부 4년의 기초과정이 없었기 때문에, 공부는 힘이 들었다. 기본 개념의 정리부터 시작해야 했으니까. 지금 돌이켜보면 겁 없이 덤벼든 형국이다. 다행한 것은 입학 동기생들 중 나와 같은 늦깎이 도반이 몇 있어서 서로 도와가며 재밌게 공부한 덕에 어려움을 한 고비씩 넘기게 되었다. 시절 인연이 잘 맞은 것이다.

석사논문 주제를 정해야 하는 시점에 지도교수이신 김영태 선생님께서 팁을 하나 주셨다. 신라 진흥왕 37년에 《승만경》이 우리나라에 들어온 기록이 있는데, 《승만경》의 사상과 수용에 대한 것을 해보라는 말씀이셨다. 지금은 《승만경》이 많이 알려졌지만, 그때만 해도 별로 알려지지 않았던 시절이다. 선생님은 재가의 여성 연구자가 《승만경》을 시대에 맞게 해석해서 일반 여성 불자들에게 알리면 좋을 것이라고 하셨다. 또 그럴 의무도 있다고 하셨다. 석사논문은 〈《승만경》의 사상과 그 신라적 수용에 대한 연구〉를 썼다. 《승만경》은 재가의 왕비가 설법을 하고, 부처님이 들으신 후 그 내용이 옳음을 인가하시는 경이다. 물론 《승만경》에서 여성의 성불은 아무 문제가 되지 않는다. 그리고 박사과정에 진학했다.

박사학위 논문 주제를 고민하고 있던 때였다. 어느 날, 평소에 비교적 열린 마음을 갖고 계신 분이라고 생각했던 스님이 대화 중에 "여자들, 해봐야 별수 있나. 내생에 남자 몸 받는 것밖에."라고 하시는 게 아닌가. 아니, 이건 무슨 말씀인가. 이미 여러 번 부딪혔던 일이기도 하다. 경전 강의를 들으러 가서 질문을 하면, 스님의 표정이 바뀌는 모습도 보았고, '망상 피우지 말라' '구업 짓지 말라'는 소리도 들어온 터였다. 그럼 여자는 금생에 왜 불교를 믿나. 내생에 남자 몸 받기 위해서? 아니면 시줏돈 내려고? 아, 이건 아니다. 그러면 부처님도 스님들처럼 생각하셨던 것일까? 부처님은 여성이라는 존재를 어떻게 생각하셨을까? 한번 알아보자. 박사학위 논문의 주제는 이렇게 해서 정해졌다.

넓고 깊은 경전의 바다에서 여성문제를 건져내는 일은 쉽지 않은 일이다. 그때까지 우리나라에서 이 문제에 대해 부분적인 연구들은 있었으나, 초기불교에서 대승불교에 이르는 사이에 흐르는 여성문제에 대한 전반적인 맥을 짚어내는 연구 논문은 없었다. 힘은 들겠지만 보람은 있으리라.

고찰의 결과를 정리하면 부처님은 여성이라는 존재를 차별하지 않으셨다. 경전에 나타나는 차별적인 언설들은 방편설일 뿐이다. 그런데 부파불교에 와서 여성은 성불할 수 없다는 왜곡이 생겼다. 대승불교 초기에는 여자가 남자 몸으로 변해야 성불할 수 있다고 하고, 중기 대승불교에서 여성도 성불할 수 있다는 결론에 도달한다. 《승만경》은 그 결론의 중심에 있는 경전이다.

왜 그렇게 됐는지는 모르지만, 우리나라에서 여자는 남자의 몸으로 바뀌어야만 성불할 수 있다는 생각이 보편적인 것 같다. (짐작건대 《법화경》 용녀성불의 영향 때문이 아닌가 한다.) 어느 시골의 비구니 스님 암자 공양간에 걸려 있는 발원문에 '내생에 남자 몸 받아'라는 말이 들어 있던 것을 기억한다. 노스님의 발원문이었다. 아마도 이 시대의 비구니 스님들은 그런 발원은 하지 않을 것이다. 재가여성들도 이제 그런

발원은 하지 않기를 바란다. 그리고 감히 바라는 것은 이제 '여자들 해봐야 별수 있나, 내생에 남자 몸 받는 것밖에.' 같은 말이 들리지 않았으면 좋겠다. 그리하여 지금 내가 내려는 이런 책이 시효가 지나서 쓸모없이 되어버린 세상, 정성 들여 그린 모래 위의 만다라를 법회가 끝나면 허물어 없애듯이, 이 책이 그냥 모래처럼 되어버리는 세상이 오면 좋겠다.

여성문제는 내게 평생의 주제가 되었다. 신문기자 시절에도 여성문제에 대한 기사를 주로 썼다. 불문(佛門)에 들어와 공부하면서도 결국은 여성문제로 회향하게 되었다. 왜 그랬을까. 내 마음속에 잠재해 있는, '여성은 사회적 약자'라는 의식이 나를 이 방향으로 몰고 온 것이 아닌가 한다. 마음에 씨를 담고 있으면 인연은 따라오는 법이다. 여성이 약자가 아닌 세상은 지금 어디쯤 오고 있는 걸까.

법정 스님과 성철 스님은 불교란 무엇이며, 불자의 삶은 어때야 하는지를 가르쳐 주신 선지식이셨다. 두 분 스님의 가르침을 받을 수 있었던 것은 내 인생의 행운이었다. 동국대에 들어가서 불교학을 공부할 때는 김영태 선생님과 해주 스님(동국대 교수)의 은혜를 입었다. 선생님은 늦깎이 가정주부인 제자에게 격려를 아끼지 않으셨고, 해주 스님은 아낌없이 자료를 주셨다. 논문은 자료수집이 반이 아닌가.

이 책은 전적으로 《불교평론》 홍사성 주간의 격려로 세상에 나오게 된 것이다. 그 격려가 없었다면 내 논문은 아마도 도서관을 벗어나지 못했을 것이다. 책으로 만들어 준 인북스 김종현 주간의 고마움도 있다. 그리고 아내와 엄마의 공부를 묵묵하게 참아주고 격려해준 우리 식구들. 내가 살아가는 힘이기도 하다. 생각하면 눈물만 나는 부모님의 은혜. 여기에 일일이 적지 못하는 멀고 가까운 승속(僧俗) 인연들의 은혜, 그리고 세연(世緣)을 다 덮어버리는 부처님의 은혜. 이제 내게는 갚아야 할 은혜만이 남아 있다.

불기 2559년 4월
이창숙 합장

차 례

부록 1

불교 페미니즘의 회복을 위해

부록 2

불교의 여성에 대한 사회교육적 기능

머리말

1960년대 말 미국에서 일어나기 시작한 여성운동의 이념은 여성운동을 인간해방운동의 일환으로 보고 있다. 여성운동은 근대에 들어와 르네상스, 프랑스 혁명, 민주주의의 발달에 힘입어 여성들의 참정권을 찾기 위한 운동으로 발전했다. 참정권을 얻은 후 1930년대부터 60년대까지 여성운동은 일단 잠복기에 들어갔다. 1960년대에 들어와 여성운동은 흑인의 민권운동, 학생운동, 월남전에 대한 반전운동 등과 연계되어 전개되었다. 이 시기의 여성운동은 19세기의 여성운동이 여성의 권리 찾기, 지위 향상을 목표로 했던 것과는 달리 남성 지배체제에 대한 거부와 여성해방이라는 혁명적인 이념을 내세웠다. '여성운동은 남성의 억압구조에서 여성을 해방시키는 인간해방운동'이라는 것이다. 그러나 투쟁의 대상을 남성만으로 삼은 것은 아니었다. 인간 종속의 사상, 즉 물리적인 힘이 강한 자에게 억압의 권리를 부여하는 가부장적인 문화제도가 투쟁의 대상이었다.

유엔이 1975년을 '세계 여성의 해'로 정한 것이 기폭제가 되어 우리나라에도 이러한 여성해방 이념이 도입되었다. 우리 사회에서 일어나고 있는 모든 여성운동이 이 이념을 바탕으로 한다고 할 수는 없으나, 그 목표를 부정하지는 못할 것이다. 그간 여성들의 노력으로 법적인 문제에서도 많은 진전이 이루어졌다. 1987년에 '남녀고용평등법'이 제정되었고(1989년에 일부 개정), '가족법'은 혁신적으로 남녀 평등하게 개정되어 1991년 1월부터 시행되었다. 1993년 12월에는 '성폭력처벌법'이 국회에서 통과되었으며, 2008년에는 드디어 여성들의 오랜 숙원이던 '호주제와 가족의 입적제도'가 폐지되어 여성문제의 패러다임이 바뀌는 시대로 진입했다. 또 1984년에는 유엔의 '여성에 대한 모든 형태의 차별 철폐에 관한 협약'을 우리 정부도 비준함으로써 국제적으로도 남녀평등을 실현할 의사를 표명했다.(1984년에는 가족법과 관련된 일부 조항에 대해서 비준을 유보한 바 있으나, 1991년의 가족법 시행과 함께 비준 유보를 철회했다.)

여성문제를 사회구조의 문제로 인식하는 의식도 여성들 사이에서 확산되어 가고 있다. 대학에 개설된 여성학은 여성운동의 탐구 영역으로 자리 잡았으며, 이런 교육의 성과로 날로 깨어나는 여성들의 의식은 이제 거역할 수 없는 시대의 흐름이 되었다. 이러한 변화는 여성이 사회적으로 또는 가정 내에서 남성과 평등할 수 있는 기반을 갖추었다고 평가된다.

그런데 종교 내에서 여성들의 위치는 어떠한가. 오늘날 드러내놓고 여성을 비하하는 종교는 거의 없다. 그러나 모든 종교의 의식 저변에 깔려 있는 여성에 대한 편견은 아직도 존재함을 부정할 수 없다. 사실, 다른 어떤 분야보다도 가부장적인 사고가 지배하는 분야가 종교라고 할 수 있다. 그래서 종교 내의 여성들은 이중적인 가치로 갈등을 겪을 수밖에 없다. 더구나 진리의 영역인 종교가 우리의 정신생활에 미치는 영향을 생각할 때, 종교의 가부장적인 사고는 여성들에게 더 많은 갈등을 부가한다. 종교 내의 이런 사정은 불교에서도 마찬가지이다.

불교는 지구상 어떤 종교보다 여성을 존중해온 종교다. 붓다 재세 시, 인도의 여성들은 붓다가 세 번이나 거부했는데도 포기하지 않고 먼 길을 찾아가 붓다의 출가 제자가 되었다. 여성도 남성과 동등하게 정신세계의 동참자가 되었으며, 비구 교단과 나란히 비구니 교단이 탄생했다. 이 비구니 교단은 '여성의 진정한 해방을 위해 노력해 온 가장 오래된 여성운동집단 중의 하나'라는 평가를 받고 있다. 이 전통은 불교가 중국을 거쳐 들어오면서 우리나라에도 전해졌다. 오늘날 한국의 비구니 교단은 다른 어느 나라와 비교해 보아도 수적으로나 내실에서나 앞서가고 있다. 한편 재가의 여성 불자들은 출가교단의 외호자로서 역할을 해내며, 자기에게 맞는 수행법으로 정진하고 있다.

출가, 재가를 막론하고 불자의 궁극 목표가 성불임은 의심할 여지가 없다. 불교는 성불의 종교이기 때문이다. 실제로 초기불교에서 대승불교에 이르는 경전에 나타난 여성성불을 살펴보면 붓다 당시에는 아라한(阿羅漢)이 되어 해탈의 노래를 부른 여성들이 적지 않았다. 그러나 이런 위대한 전통에도, 부파불교 시대에 이르면 여성은 성불할 수 없다는 주장이 나온다. 초기 대승경전에서는 이 여성불성불설(女性不成佛說)에 대한 타협으로 변성남자성불설(變成男子成佛說)이 등장하며, 중기 대승경전에서는 여래장사상(如來藏思想)의 기반 위에서 여신성불(女身成佛)이 이루어진다. 불신관(佛身觀), 여래장사상의 변천과 밀접한 관계를 이루고 전개되는 여성성불관 가운데서 여성불성불설이나 변성남자성불설만이 확대되어, 여자는 남자의 몸을 받기 전에는 성불할 수 없다는 관념이 있는 것도 부정할 수 없는 현실이다. 이런 관념이 형성된 원인은 여성에게 있는 것이 아니라 남성들의 가부장적인 사고가 작용했기 때문이다. 이런 왜곡된 견해를 어떻게 극복할 것인가는 현대불교학의 중요한 과제다.

본 연구의 목적은 여성성불관의 변천을 추적해 봄으로써 여성에게 부정적인 여성불성불설이나 변성남자성불설이 절대적인 명제가 아니라는 것, 여성성불관은 불교사상의 전개, 그리고 그 전개의 배경인 교단 및 사회적인 속성과 궤를 같이하며 만들어졌기 때문에 이에 대한 해석이 중요함을 밝히려는 것이다. 경전의 결집, 전승, 해석에서 그 주체자는 남성이었으며, 여성은 전적으로 배제되었기 때문에 그 주체자들의 가부장적인 사고가 이에 반영되었으리라고 본다. 이러한 해석에 의해 여자라는 점이 성불에 아무런 걸림돌이 되지 않는다고 확신할 수 있다면 여성불자들의 수행에 도움이 될 수 있다.

2천6백여 년 전에 인간이 인간을 구속하는 카스트제도를 부정한 붓다의 평등사상은 오늘날 인간 해방사상과 그 맥락을 같이한다. 또 대승불교는 '일체중생실유불성(一切衆生悉有佛性)'을 천명하기 때문에 당연히 성불에서 여자가 문제가 되어서는 안 된다. 그런데도 여성불성불설이나 변성남자성불설만을 고집하여 여성을 성불의 장에서 제외하는 것은 중대한 교리의 왜곡이다. 만약 불교가 이러한 왜곡된 교설로 인류의 절반인 여성을 성불에서 제외한다면 그 이율배반은 어떤 논리로도 변명이 안 된다. 그러므로 여성성불관의 바른 이해는 불교의 바른 이해와도 통한다고 생각한다.

서술의 범위와 방법

본 연구의 범위는 인도불교로 한정한다. 인도불교의 여성성불 사상을 논하려면 밀교(密教)의 여성관에 대해서도 고찰하는 것이 마땅하겠으나, 그러자면 이근합일(二根合一, yuga-naddha)의 대락(大樂, mahā-sukha)사상을 원류로 하는 일종의 밀교(속칭 탄트릭 불교)의 여성관도 고찰해야 하는데, 그런 밀교의 여성관은 그 배후에 힌두교에서의 섹스=미스티시즘(성의 신비사상)을 이해하지 않는 한 정당하게 평가되기가 어려울 것이므로 연구의 한계를 염두에 두지 않을 수 없었다. 따라서 인도불교 중에서 밀교는 제외하고 현교(顯教)의 범위 안에서만 고찰한다.

인도불교는 초기불교, 부파불교, 대승불교로 시대 구분을 하는 것이 통례이다. 여성성불관은 이렇게 구분된 시대에 따라 변천을 거듭했다. 연구 방법은 여성성불의 형태가 각 시대에 따라 어떻게 나타났는가를 경전을 중심으로 살펴본다. 여성성불관은 각 시대의 불교사상, 교단 및 교단의 배경인 그 사회의 여성에 대한 인식과 관련이 있다고 보기 때문에, 관련 범위 안에서 불교사상 및 사회적 속성을 간략하게 살펴서 이러한 배경과 여성성불관의 관련성을 고찰한다.

따라서 초기불교에서 여성 성도를 논함에는 불교흥기 전후의 인도사회에 있어서 여성의 지위가 어떠했는가를 알아보는 것이 필수적이다(제1장). 또한 여성성불 사상은 그 근원을 붓다의 여성관에서 찾아야 할 것이므로 초기경전에서 붓다의 여성에 대한 언설을 추출하여 붓다가 여성을 어떻게 생각했는가를 알아본다. 비구니 교단의 성립은 초기불교에서 여성문제를 논함에 빼놓을 수 없는 사실이다. 또한 이를 기술한 문헌 가운데는 여성성도(女性成道)를 긍정하는 기술과 여성에 대한 부정적인 인식이 혼재하는 만큼 이에 대한 고찰이 필요하다. 이 비구니 교단 구성원들이 그들의 심경을 노래한《장로니게》는 초기불교의 여성 성도를 입증해 주는 귀중한 자료이므로 이에 대한 분석을 통해 초기불교의 여성 성도를 고찰한다(제2장).

부파불교에서는 여성은 성불할 수 없다는 여성불성불설이 등장한다. 붓다 입멸 후 성립된 불신관(佛身觀)과 그 시대 인도의 보편적인 여성관이 맞물려 생긴 사상이다. 그러므로 경전에 나타난 여성불성불설의 내용과 그 관련성을 고찰한다(제3장). 대승불교에 오면 여성성불은 변성남자성불과 여신성불로 나뉘는데, 대승불교 교리 전개와 여성성불설은 관련이 있다. 특히 변성남자성불은 오늘날까지도 여성성불 문제에서 고정관념화된 인식이라고 할 수 있으므로 이에 대한 해석이 필요하다. 대승경전을 살펴보면 여신성불을 주장하는 경전보다는 변성남자성불을 주장하는 경전이 많다. 이 가운데서《승만경》《유마경》《해룡왕경》 등의 내용을 살펴 여신성불을 알아본다. 여성에 관해 말하고 있거나 여성이 주인공이 되는 경전이 많이 있으나《승만경》은 그 가운데서도 불교의 여성관을 대승적으로 회통한 여성 불자에게 가장 귀중한 경전이라고 생각된다. 여래장사상을 천명하는《승만경》에서 '여자'라는 것이 대승의 보살로서, 성불의 후보자로서 남자와 아무런 차이도 없다는 것을 명백하게 볼 수 있다. 여성성불관은《승만경》을 통해 바르게 이해될 수 있다(제4장).

제1장
불교흥기 전후의 인도 여성의 위상

1. 불교흥기 이전의 여성의 지위

고대 인도인들은 망자(亡者)는 부정(不淨)할 뿐 아니라 그대로 방치하면 살아 있는 자에 대해서 여러 가지 해를 끼친다고 생각하였다. 그래서 망자는 빨리 선조의 위(位)에 도달하게 해야 한다고 생각하면서 장례식을 치렀다. 가정의 장례는 가장 자신이 사제자(司祭者)가 되어 치렀기 때문에 장례식을 치를 사제자의 대를 잇는 것이 중요한 문제였다. 한편 망자의 입장에서 볼 때 그의 내세 운명은 현세에서 자손의 대를 잇는 의무를 다했는가 아닌가에 달려 있었다. 자식을 지상에 남겨 놓은 자만이 천상에 도달한다고 믿었다. 이러한 내세관을 갖고 있었기 때문에 인도인은 자식을 중시했다.

그러나 대를 잇는 문제에서 딸은 제외되었다. 딸은 아버지의 장례에 참여할 수 없었다. 아들이 없으면 아버지의 장례를 치를 수 없다고 생각하는 인도인들에게 딸이 태어나는 것은 비탄이었다. 여아의 탄생은 거의 저주나 재앙으로 여겨졌다.[1] 딸이란 부모에게 근심의 원천일 뿐이었다. 딸을 결혼시키지 못하면 집안의 망신이 되는데, 결혼을 시키다 보면 결혼식 비용 때문에 파산할 지경이 되었다. 이 같은 아들 선호사상은 고대로부터 있었던 것으로 이미 《리그베다》의 결혼식 기도송(10 · 85 · 45)에도 아들의 탄생을 바라는 기원이 보인다. 아들을 낳으면 기뻐하고 딸을 낳으면 비탄하는 관념은 불교 시대에까지 이어져 후술할

---

1) I.B. Horner, *Women Under Primitive Buddhism*, p.19.

초기경전에 그대로 반영되었다.[2]

여성들의 일반적인 의무는 결혼하는 것이었다. 남자들은 장례식을 주관할 사제자의 대를 잇기 위한 목적으로 결혼을 했다. 그러므로 남자는 그의 아내를 단지 아이 낳는 수단으로 여겼다. 이런 관념은 여성의 열등성을 조장하는 것이나 다름없었다. 그래서 여성을 남성과 동물 사이의 중간 정도에 위치한 존재 정도로 생각하기도 했다. 여성은 남성과 현실적인 관계를 맺고 있고, 남성과 유(類)는 같으나 신분은 전혀 다른 존재로 생각했다.[3]

결혼제도는 왕족과 상류층에서 볼 수 있는 일부다처제를[4] 제외하고는 원칙적으로 일부일처제였으며, 일처다부 제도는 거의 없었다. 가정 내에서 아내의 권위는 거의 허용되지 않았고, 과부 분사의 풍습도 없었다. 남편이 죽어 과부가 된 여자는 다시 친정아버지의 소유가 되거나 아들의 소유가 되었다. 여성의 많은 부분이 남자에게 속해 있거나 또는 완전하게 남자의 소유였기 때문에 남편이 죽으면 여자의 삶은 실질적으로 끝나는 것으로 간주되었다. 따라서 하찮은 존재가 되어 버린 과부는 불길한 전조로 여겨져, 대부분의 제식에 참석하는 것이 허용되지 않았다.

여성을 비하하는 관념은 인도 고대사회를 압도적으로 지배했다. 그러나 한편으로는 모계 존중의 관념도 있었다.[5] 즉 딸로서, 아내로서 여성

---

2)《불설옥야녀경》大正藏 2, p.863하-864하 ;《옥야녀경》大正藏 2, p.864하-865하 ;《옥야경》大正藏 2, p.865하-867상 등에는 "여자에게는 십악사(十惡事)가 있다"고 하고 그 가운데 "여아는 태어나도 부모가 기뻐하지 않는다."는 것을 첫째로 들고 있다.

3) I.B. Horner, 앞의 책, p.4.

4) 초기경전에 많이 나오는 Pasēnadi 왕은 적어도 다섯 명의 아내를 가진 것으로 알려졌다. 제1 왕비인 Mallikā와 Vāsabhā, Ubbirī, Somā, Sakulā 등의 부인이 있었다. Bimbisāra 왕의 부인으로는 Khemā, Videha princess, Chellana 등의 이름이 나온다. I.B. Horner, 앞의 책, p.35-36.

5) 雲井昭善《佛教興起時代の思想硏究》p.327.

의 지위는 보잘것없었으나, 어머니로서 여성은 존경을 받았다. 산스크리트어와 팔리어 모두 부모라는 말은 아버지와 어머니 두 단어의 합성으로 되어 있는데, 어머니라는 단어가 아버지라는 단어보다 앞에 온다(산스크리트어, mātā-pitri ; 팔리어, mātāpitaro). 후대까지 이런 관념이 이어져 초기경전에 부모에 대한 서술에서 어머니가 아버지보다 앞에 오는 경우가 많다.[6] 인도에서 여성은 남성보다 우월하게 여겨진 적이 없고 역사적으로도 여성이 말이나 문학적인 기록에서 남성보다 앞서 기록될 만큼 존경을 받으면서 살았던 예는 없다. 그런데도 어머니의 경우 아버지보다 앞서 표현되는 것은 어머니의 권리나 규범이 우세한 모습을 보였던 고대의 사회 조직에 그 뿌리가 있었던 것으로 생각된다.

기원전 15세기에서 12세기 사이에 북서 인도에 침입한 아리안이 무력으로 정복한 민족은 드라비다계 및 오스트로 아시아계의 언어(예를 들면 문다어)를 사용하는 사람들이었다. 그들은 모계사회를 이루고 있었으며 농경에 종사하고 지모신이나 뱀, 하천 등을 숭배했으며, 수목 숭배와 남근 숭배 관습도 있었다고 한다.[7] 기원전 10세기에서 6~5세기에 아리안들은 북인도의 갠지스 평야 중앙부에까지 진출하게 되었다. 그에 따라 비아리안과의 사이에 인종 · 문화적인 융합이 늘어났지만, 아리안계의 문화가 우세하여 바라문(婆羅門) 문화가 구축되어 갔다. 베다시대에 인도 아리안의 사회는 강력한 부권제 사회였으나, 선주민인 드라비다인의 모계사회 전통에서 모계 존중의 관념이 전승된 것이다.

한편으로는 또 남아 생산의 주역으로서 여성의 입장, 즉 어머니라는

---

6) *Sutta-nipāta* 261 ; *Saṃyutta-Nikāya*, P.T.S. *The Kindred Sayings* I, p.49, 50, 230에는 부모에 대한 서술에서 어머니가 아버지보다 앞에 나온다.

7) 《리그베다》에 "검은색 피부에 코가 납작하고 알아들을 수 없는 말로 지껄이며, 또 아리안의 계율을 지키지 않고 남근을 숭배하는 사람들"이라고 원주민들을 헐뜯고 있는 것을 보아도 충분히 짐작할 수 있다고 한다. 中村 元 編著《ブッダの世界》p.59.

역할이 가진 중요성에서 이 모계 존중의 관념이 생겨났다. 그러나 이렇게 모계 존중의 관념이 있었다고 하여 여성들이 확고한 지위를 누렸다고 단정하기는 어렵다. 여성 비하의 인식은 인도 고대사를 관통하는 통념이었다.

2. 불교흥기 당시의 여성 지위의 변화

붓다가 태어난 시대는 바라문 교권제도가 차츰 붕괴하기 시작하고 힌두교[8]가 전개되려는 시대였다. 인도 아리안과 선주민 사이에 혼혈이 생기고, 자유로운 입장에서 인생의 문제를 논하는 철학자나 종교가가 배출되었다. 또한 후기 베다시대 이래 추락한 여성의 지위가 인도사회에 하나의 풍조로 고착되던 시대였다.

이러한 인도사회에서 불교가 일어났다. 불교의 흥기는 인도의 여성사회에 어떤 영향을 주었을까. 1930년에 《원시불교에서의 여성(Women Under Primitive Buddhism)》이라는 저서를 펴낸 영국의 여성 불교학자 호너 여사[9]는 불교의 흥기로 인도 여성의 지위에 변화가 있었다고

---

8) 힌두교(Hinduism)라는 말의 뜻에 대해서는 여러 이설(異說)이 있다. ①좁게는 9세기 이후의 여러 힌두 종파를 지칭하는 경우다. ②서기 320년의 굽타왕조 성립과 중요한 관련이 있다는 설도 있다. 굽타왕조는 산스크리트어를 비롯하여 전통문화가 재평가되고 베다의 의례가 중시된 시대이기 때문에 이 시점을 현대에 이르는 힌두교의 시초로 보는 관점이다. ③한편 기원전 6~5세기 이후가 되면 바라문 문화는 동인도와 남인도로 진출하여 새로운 부족과 종족을 흡수하게 되는데, 이러한 과정을 통해 바라문 문화는 그만큼 새로운 요소를 더하여 자기 변용을 형성한다. 특히 이 시대 이후에 신에 대한 관념이나 의식, 예배 형식, 종교, 관습 등에 변화가 많음으로 이 시기를 바라문교에서 힌두교로 전환한 시기라고 보는 관점이다. ④이에 대해 바라문교와 힌두교를 별도로 취급하지 않고 바라문교를 힌두교의 고전기 내지 초기로 보는 관점도 대두하고 있다.

9) I.B. Horner는 Pali Text Society가 영역(英譯)한 *Majjhima-Nikāya*(*The Middle Length Sayings* Ⅰ.Ⅱ.Ⅲ.)의 번역자이기도 하다. Rhys Davids 여사의 권고로 쓰게 된 *Women Under Primitive Buddhism*은 '불교의 여성관'을 서구 사회에 소개한 최초의 저서이다.

지적했다.[10] 여성들이 이전보다 더 평등을 누리게 되었고, 그때까지의 여성들보다 존경받고 많은 권위를 가지게 되었다는 것이다. 비록 활동 영역이 가정, 사회, 종교로 일정하게 제한되기는 하였지만, 일반적으로 여성들의 지위는 향상되었다.

여성은 남성에 의지해 살거나 가족의 일원으로서 살 때에만 중요시되었던 노예와 같은 존재가 아니었다. 남성과 동물 사이의 중간 정도에 불과한 존재가 여성이라는 생각은 많이 없어졌으며, 남성과 여성은 인간이라는 공통성을 가진 존재라고 인식이 바뀌었다. 딸을 낳으면 눈을 크게 뜨거나 큰 소리로 절망하는 일도 사라졌다. 결혼이 여성들의 생존 목적은 아니었으며, 결혼을 안 한다고 해서 수치로 여겨지지도 않았다. 자신과 가족들의 자존심 때문에 결혼을 강요당하지 않았고, 서둘러서 조혼을 하거나 부모들이 선택한 남자를 꼭 받아들여야 하는 것도 아니었다. 공주들이나 상류층의 여성들은 자신들의 배우자를 선택하는 문제에서 발언권이 있었던 것으로 보인다.[11]

아내로서 여성은 단순한 가사노동자가 아니었다. 가정 내에서 상당한 권위를 가졌으며 남편의 보조자, 동료, 후견인으로서 지위를 가졌다.[12] 어머니로서 여성은 확실하게 존경을 받았고 그 지위는 견고했다. 여성이 과부가 되더라도 곤욕을 치르는 일은 없었고, 불길하다는 의혹을 받지 않았으며, 집안의 잔치에서 소외되지도 않았다. 여성이 재산 상속을 받는 경우도 나타났다.[13] 이러한 변화는 불교의 영향에 의한 것이었

---

10) I.B. Horner, 앞의 책, p.2.

11) 《장로니게(Therīgāthā)》 448게에서 522게까지는 Sumedhā 비구니의 출가에 관한 게송이다. Sumedhā는 Mantāvatī의 왕 Koñca의 딸로 부모가 정해준 결혼 상대자를 뿌리치고 출가한다.

12) 잡아함 제36권 《1000경》 大正藏 2, p.262중. "상인의 길잡이 객지의 좋은 벗이요, 정숙하고 어진 아내 집안의 좋은 벗이다."라고 아내를 벗에 비유하고 있다.

13) 《장로니게》 338게에서 365게까지는 Subhā 비구니의 게송인데, Subhā는 "나의 노예와

다.[14] 물론 베다시대 이래의 남성 지배적인 관념이 완전히 없어진 것은 아니었고, 여성의 사고가 남성과 동등한 위치를 차지할 만큼 성장한 것도 아니었다. 오늘날의 사회 통념이나 여성 의식과 비교할 때 그것은 원시적인 형태라고 할 수 있다. 그러나 불교 이전의 시대와 비교할 때 그것은 분명한 진보라고 말할 수 있다.

이러한 변화의 원동력은 붓다의 사성평등관이었다. 불교가 하나의 종교로서 대중에게 설득력을 발휘했던 사상 중 하나가 사성평등관이다. 불교적인 가르침을 따르는 남성이라면 여성도 지성과 의지를 갖춘 책임감 있는 존재라는 것을 부정하기는 어려웠을 것이다. 붓다의 법을 따르는 남성들의 입장에서 여성이 남성과 동물 사이의 중간 정도에 있는 존재라는 인식을 고집한다는 것은 모순이었다.

붓다는 그의 법을 양성 모두에게 가르쳤다. 붓다의 청법 대중은 남성만으로 국한되지 않았다. 가장들과 그들의 아내, 딸, 며느리에게 차별 없이 설법했다. 여자를 멸시하던 인도사회에서 여성을 남성과 같은 진리 전도의 대상으로 삼은 붓다의 교법이 여성들의 의식을 얼마나 깨어나게 했을까는 쉽게 짐작할 수 있는 일이다. 남성의 독점적인 우월성은 여성들의 깨어나는 의식 앞에서 점차 자리를 양보하기 시작하였다.

비구니 교단의 창설이 가장 대표적인 변화였다. 처음에 여성의 출가를 거부했던 붓다는 아난의 권청을 받아들여 비구니팔경법(比丘尼八敬法)이라는 조건을 붙여 여성의 출가를 허용했다고 불전(佛典)은 전하고 있다. 이 비구니팔경법이라는 조건부는 결과적으로 후세에까지 여성 차별의 근거가 되었다. 하지만 당시 인도 여성의 입장에서 여성출가의 허용은 여성에 대한 개별 인격의 인정이었다. 조직화되지도 않고, 말로써

고용인과 마을들과 비옥한 밭과 목초지를 버리고 출가했다."고 술회하고 있어 그가 재산의 소유자였음을 알 수 있다.

14) I.B. Horner, 앞의 책, p.3.

드러내지도 않으며, 공적인 지도자가 있는 것도 아닌 이런 움직임을 '운동'이라고 부를 수 있다면, 비구니 교단의 설립은 인도 여성운동의 첫 개가라고 할 수 있다.

여성에게 출가가 허용됨으로써 불교 아래서 여성에게도 독자적인 삶이 허용되었다. 여성들의 내면세계가 그대로 드러나 있는《장로니게(Therīgāthā)》에는 내적 적정(寂靜)을 추구하는 종교적 열정과 함께 깨어나는 여성 의식도 보인다. 마가다국 왕실 사제의 딸인 소마 비구니는 이렇게 술회하고 있다.

> 마음이 잘 안정되고 지혜가 솟아 날 때, 바르게 진리를 관찰하는 데 있어 여인이라는 점이 무슨 장애가 될까?[15)]

불교 시대 인도에서 여성의 지위는 불교 이전 시대보다 좀 더 '명예로운 것'[16)] 이었다. 비구니 교단의 설립은 당시 인도의 여성 지위 향상에 결정적인 영향을 끼쳤으며, 여성이 독립적이 될 수 있는 기초를 닦아 놓은 사건이었다.

---

15)《장로니게》61게, "헤아리기 어려워 선인들만이 체득할 수 있는 경지를, 손가락 두 마디 정도의 지혜밖에 없는 여인이 깨달을 수는 없다."라는 악마의 말에 Somā는 이와 같이 대답한다.

16) I.B. Horner, 앞의 책, p.82.

3. 인도 종교에서 여성의 위상

불교교단이 유지, 확장된 기반이 힌두사회라는 것을 유념하는 것은 불교의 여성관을 파악하는 데 중요한 의미를 가진다. 바라문교에서 힌두교에 이르는 사이, 인도 종교에서 여성의 지위는 기복을 겪고 있는데, 이러한 불교 외적인 종교적 요소들이 불교와 무관하다고 말할 수는 없다.

《리그베다》가 성립한 시기의 인도 아리안들은 종교적 의식을 상당히 중요시하였다. 각 가정의 제식은 물론 부족 단위의 집단적인 제사도 행해졌다. 이 제사의식과 신들을 찬양하기 위해 많은 찬가가 집성되었다. 베다시대의 많은 제사 및 종교의식이 여성에게 개방되었는데, 특히 가정의 제사는 아내의 관여 없이 집행되지 않았고 풍작을 기원하는 농경에 관한 제사에도 여성이 참가했다. 남편과 아내는 가재(家財)의 공동소유자였으며, 소녀들도 소년들과 같은 기초교육을 받았다.[17] 따라서 당대의 최고 지식인인 야주나발키야(Yājñavalkya) 선인에게 당당하게 논쟁을 벌인 갈기 바착나비(Gārgī Vācaknavī)와 같은 여성 철학자도 있었으며, 야주나발키야 선인의 처였던 마이트레이(Maitreyī)는 남편과 우주 최고의 원리에 대해서 논할 수 있을 정도의 지성인이었다.[18]

초기 베다의 종교는 다신교였다. 그들은 자연현상의 배후에 어떤 지

---

17) 岩本 裕《佛教と女性》p.10.

18) 岩本 裕, 앞의 책, p.11.

배력이 있다고 믿어, 그 자연현상을 의인화한 신들을 신봉하고 있었다. 자연현상을 의인화한 신으로는 천신(Dyaus) · 태양신(Sūrya)[19] · 대지의 신(Pṛthivī) · 새벽의 신(Uṣā) · 밤의 신(Rātrī) · 뇌우신(Indra)[20] · 폭풍신(Rudra) · 풍신(Vāyu) · 우신(Parjanya) · 물의 신(Apas) · 강의 신(Sarasvatī) 등이 있다. 추상적 관념을 신격화한 신으로는 공간 율법의 신(Varūṇa) · 무한신(Aditi) · 믿음의 신(Śrāddha)이 있고, 제사의 구성 부분을 신격화하여 화신(Agni) · 주신(Soma) · 언어의 신(Vāc) 등이 있다. 이들 중 새벽의 신, 대지의 신, 밤의 신, 강의 신은 여신이다. 이 여신들 가운데서 가장 위대한 여신은 새벽의 신(Uṣā)이다. 《리그베다》에서 새벽의 신의 이름은 전체적으로 300회 이상 거론되며, 이 여신에게 바쳐진 찬가는 20편인데, 《리그베다》 가운데서도 가장 아름다운 찬가들로 손꼽힌다. 새벽의 신은 태양신(Sūrya)의 처, 혹은 연인의 신격을 갖고 있었으며, 밤의 여신(Rātrī)의 동생이었다. 《리그베다》의 신계(神界)에서 결코 약한 존재가 아니었던 이 여신은, 태양신에 앞서서 암흑과 악마를 물리치고 온갖 생물의 눈을 잠으로부터 깨워서 활동을 재촉하고 은총을 내리는 신으로 칭송되고 있다.

그러나 《리그베다》 제일의 이 여신도 후기 베다 문헌에 오면 드물게 등장하며, 사성제도가 확립된 브라흐마나 문헌에 오면 그 모습을 거의 볼 수 없게 된다. 이는 《리그베다》 이래 여성의 지위가 점점 하락했음을 의미한다.[21] 이뿐만 아니라 브라흐마나 문헌에서 여성은 철저히 모멸당하고 있으며, 후의 《마누법전》에 오면 여성에 대한 멸시가 극에 달한

---

19) Sūrya는 마차를 타고 해의 길을 따라 달리는데, 그 빛의 작용을 신격화한 신이 힌두교의 비슈누 신이다.

20) Indra는 자연현상을 의인화한 신들 가운데서도 가장 세력이 강했던 신이다. 이 신은 후에 불교의 제석천(帝釋天)이 되었다.

21) 岩本 裕, 앞의 책, p.12.

다.[22)]

붓다는 이와 같이 바라문 문화에서 여자에 대한 멸시가 고착화되는 시기에 태어난 종교가였다. 붓다는 낡은 시대의 고정관념을 깨고 여성을 진리 전도의 대상으로 삼았을 뿐만 아니라 여성에게도 정신세계의 참여자가 될 수 있는 길을 열어 놓았다. 인도 여성은 불교의 시대에 이르러 비로소 평등권을 찾았다고 할 수 있다.

---

22)《마누법전》의 여성관은 부파불교의 여성불성불설에서 후술한다.

제2장

초기불교의 여성성도(女性成道)

1. 붓다의 평등사상

(1) 붓다의 사성평등관(四姓平等觀)

사성제도(四姓制度)가 기록된 가장 오래된 문헌인 《리그베다》의 〈원인(原人, puruṣa)의 노래〉에 의하면 브라흐마나(Brāhmaṇa, 승려족)는 원인의 입으로부터, 크샤트리아(Kṣatriya, 무사족)는 그의 두 팔로부터, 바이샤(Vaiśya, 상인족)는 그의 넓적다리로부터, 수드라(Sūdra, 노예족)는 그의 발로부터 나왔다고 한다. 후대의 《마누법전》에서는 사성제도의 좀 더 현실적인 모습이 보이는데, 각 종성의 직업이 규정되어 있다. 브라흐마나는 베다의 교수, 남을 위한 제사, 보시 받기, 크샤트리아는 인민을 보호하는 일, 바이샤는 가축을 기르는 일, 장사하는 일, 돈을 빌려주는 일, 토지를 경작하는 일, 수드라는 원망 없이 다른 3족에게 봉사할 것을 규정하고 있다. 이 사성제도는 "수드라가 베다의 독송을 도청했을 때는 그의 귀에 불에 녹인 쇳물을 붓거나 나무의 진을 넣고, 그가 베다를 독송하면 그의 혀를 잘라 버려야 한다"는 가혹한 규정까지 있는 비인간적인 차별제도이다. 사성제도는 베다 말기부터 바라문 지상주의[1]를

1) 인도 고대사회에서 제식의례가 차지하는 비중은 컸다. 고대인들은 농경, 전쟁, 출산 등 일상생활의 화복은 종교적 의례의 실행에 따라 좌우된다고 생각했다. 바라문들은 흙으로 단을 쌓고 불을 피우고 제물을 바치는 의식을 발전시켰다. 그 배후에는 주술적인 관념이 자리 잡고 있어서 성어(聖語)나 성구에 의존하면 우주나 신들까지도 지배할 수 있다고 생각했다. 이 의식의 절차와 규범은 더욱 복잡하고 정밀하게 정리되어 일반 사람

더욱 강조하기에 이른다. 인더스 강 상류에 정주했던 인도 아리안이 후에 동쪽으로 진출함에 따라 비아리안 문화와의 접촉이 불가피하게 되었고, 여기서 '민족적 구별의 지속을 위하여'[2] 바라문 지상주의가 나타나기 시작했다. 이 바라문 지상주의는 팔리어 경전에서 다음과 같이 표현되고 있다.

> 바라문은 이와 같이 말한다. "우리는 최고의 종성이다, 다른 종성은 비열하다, 바라문은 희고 다른 종성은 검다. 바라문은 청정하고 다른 종성은 그렇지 않다. 바라문만이 범천의 친아들이고 그의 입으로부터 태어났으며, 범천으로부터 태어나 범천에 의해 만들어지고 범천의 상속자이다."라고.[3]

바라문이 표면적으로 내세우는 우월성은 다른 것이 아니다. 범천의 입으로부터 태어났다는 신화적이고 비합리적인 근거에 의해서이다. 그러나 고대 인도사회의 여성비하 사상을 바라문 지상주의와 연결해 본다면 금방 모순이 드러난다. 바라문 여성도 임신하는데, 멸시받는 여성으로부터 태어난 바라문은 어떻게 설명할 수 있을 것인가.

붓다의 사성평등관은 세속적인 논리를 바탕에 깔고 있지 않다. 세속적인 귀천을 표준으로 해서 평등하다고 말하는 평등사상이 아니다. 그 기준은 붓다의 교법이다. 교법 앞에서 모든 사람은 같은 조건 아래 놓인다는 것이 붓다의 주장이다.

들은 알아낼 수 없게 되어 버렸다. 바라문들은 이 제식을 독점하고, 동시에 사회적 세력의 확대에도 힘써 여기서 제식 만능주의와 바라문 지상주의가 대두하게 되었다.

2) 增谷文雄《佛陀時代》p.72.

3) *Majjhima-Nikāya*, P.T.S. *The Middle Length Sayings* II, p.341.

바라문(婆羅門), 거사(居士), 수다라(首陀羅)도 수염과 머리를 깎고 삼법의(三法衣)를 입고 출가 구도하며 칠각의(七覺意)를 닦는다. 그는 견고한 믿음으로 도를 닦기 위해 집을 나와 위없는 청정행을 닦는다. 현법(現法) 가운데 증명하여, "나는 생사가 이미 다하고 범행(梵行)은 이미 섰으며 다시 몸을 받지 않는다."라고 한다. 이 사종(四種) 중 지혜와 행이 뛰어나서 아라한을 이루는 것을 제일이라 한다.[4]

이러한 사성평등 사상은 초기경전에서 여러 번 반복 역설되고 있다.

세상에 이름으로 성으로 붙여져 있는 것은 통칭에 지나지 않는다. 사람이 태어난 그때에 붙여지고 임시로 시설되어 전해지는 것이다.[5]

태어나는 것에 의해 바라문인 것은 아니다. 태어나는 것에 의해 바라문이 아닌 것도 아니다. 행위에 의해 바라문이 되고, 행위에 의해 바라문이 안 되기도 하는 것이다.[6] 출생을 묻지 마라, 행위를 물어라.[7]

이와 같이 출생보다 행위를 묻는 것이 중요해지면 모든 인간이 동일 조건 아래 놓이고 기회의 균등이 주어진다.

찰리종(剎利種) 중 몸으로 두 종류의 행(不善과 善)을 하고, 입과 뜻으로 두 종류의 행을 하면, 몸이 무너지고 명이 다한 후에 그에 따라 고보(苦報)와 낙보(樂報)를 받는다. 바라문종, 거사종, 수다라종도 몸으로 두 종류의

---

4) 장아함 제22권《세기경》〈세본연품〉大正藏 1, p.149하.

5)《숫타니파타》648.

6)《숫타니파타》650.

7)《숫타니파타》462.

행, 입과 뜻으로 두 종류의 행을 하면, 몸이 무너지고 명이 다한 후에 그에 따라 고보와 낙보를 받는다.[8)]

이와 같이 붓다의 사성평등관 근저에는 출생보다는 행위를 존중하는 이념이 있다. 이것은 법 앞에 만인이 평등하다는 논리이고, 법이란 다름 아닌 붓다가 개시하고 보급한 불법(佛法)이다. 이와 같은 입장에서는 종족, 가계, 성의 다름이 인간을 차별하는 근거가 될 수 없고 불법의 체득자만이 최고가 된다는 사상이다.

대승불교가 재가 수행을 포용하고 있는 데 비해 초기불교는 출가 위주의 불교인 만큼 법의 체득자란 출가 수행해서 아라한과(阿羅漢果)를 증득한 사람을 가리킨다. 바라문, 크샤트리아 등의 사성이 단순히 평등하다는 의미보다는 '사성계급을 초월한 출가 수행자라는 입장에서 평등하다'[9)]는 의미가 붓다 사성평등관의 특색이라고 할 수 있다.

강가 강, 야무나 강, 아치라바티 강, 사라부 강, 마히 강 같은 큰 강들이 바다에 이르면 저들이 앞서 가지고 있던 이름이나 신원(身元)을 잃고 단지 바다라고 불린다. 크샤트리아, 브라만, 바이샤, 수드라도 세속을 떠나 출가하여 여래에 의해 선언된 법의 계율 안에 들어오면, 그들이 앞서 가지고 있던 이름이나 혈통을 잃고 단지 출가 수도자, 즉 샤카의 아들이라고 한다.[10)]

출가 결행하여 법을 구하는 것은 붓다가 추구한 최상의 생활양식이었다. 따라서 출가 수행하여 붓다의 교법을 배우려는 자라면 '여래의 아

---

8) 장아함 제6권《소연경》大正藏 1, p.38하.

9) 雲井昭善, 앞의 책, p.334.

10) *Aṅguttara-Nikāya*, P.T.S. *The Gradual Sayings* IV, p.139.

들'이라는 하나의 이름으로 불리게 된다는 것이 붓다의 선언인데, 거기에는 성의 차별이 있을 수 없다.

(2) 붓다의 여성관

불교인의 궁극적인 목표는 성불이다. 불교의 여성관이라고 하면 성불의 문제에서 여성을 어떻게 생각하는가 하는 것이 초점이다. 남성의 성불은 문제가 되지 않는데 여성의 성불이 문제가 되는가, 문제가 된다면 왜 그런가 하는 것이 논의의 내용이 된다.

불교의 여성관은 물론 붓다로부터 유래한다. 붓다가 여성을 어떻게 생각했는가 하는 것이 대전제가 된다. 그 기준은 성불에 있다. 한 여성이 살아가며 마주치는 여러 가지 측면, 즉 정치, 경제, 사회, 가정 등의 분야에서 어떻게 간주되느냐 하는 것은 불교 여성관의 입장에서는 부차적인 문제이다. 성불, 즉 종교적인 능력에서 여성이 남성과 다른가, 차별받아야 할 존재인가를 문제 삼는 것이 불교 여성관이 논의해야 할 일차적인 범주다. 붓다가 여성의 종교적 능력을 인정했는가, 부정했는가가 불교 여성관의 판단 기준이 된다는 의미다.

붓다는 여성의 종교적 능력에 대해서 의심하지 않았다. 여성은 남성과 달리 아라한이 되는 것이 불가능하다든지, 여성은 본성상 결코 열반에 이를 수 없다든지 하는 말은 하지 않았다. 붓다는 여자도 남자와 같이 아라한이 될 수 있다고 확언했다.[11] 그럼에도, 초기경전에 나타나는

---

11) 《오분율》 제29권 〈비구니법〉 大正藏 22, p.185하 ; 《사분율》 제48권 〈비구니건도〉 大正藏 22, p.923상 ; 《중본기경》 하권 〈구담미래작비구니품〉 大正藏 4, p.158중 등에서 여자도 불법 중에 출가하여 계를 받고 수행하면 수다원과 내지 아라한과를 얻을 수 있다고 했다.

붓다의 언설 속에는 여성에 대해 부정적인 언사가 보인다. 그뿐만 아니라 앞에서도 언급한 바와 같이, 여성출가에 대해서도 처음에는 거부했고 아난의 권청으로 허용하면서 '비구니팔경법'이라는 조건부를 달았다고 한다. 그리고 여성의 출가로 정법의 존속 기간이 5백 년이나 감소될 것이라고 말했다는 기록도 있다.[12)]

여기서 한 가지 주목할 점은 여성출가 문제는 출가여성의 문제냐 재가여성의 문제냐 하는 것을 떠나서 개인이 아닌 여성 집단의 문제로서 중요성이 있다. 여성의 지위나 의식이 진보한 오늘날에 와서도 5백여 명의 여성이 도를 이루기 위하여 가정을 떠나서 어느 종교 집단에 귀의한다면 사회적인 사건이 된다. 따라서 요즘도 문제가 되는 비구니팔경법은 여성 차별을 위한 것이기보다는 어떤 규율이나 규제의 필요성 때문이었다는 점을 먼저 고려할 필요가 있다. 이것이 뒷날까지 전승됨으로써 여성 차별의 근거가 되었다. 붓다가 여성에 대해 어떤 생각을 하고 있었는지를 전해주는 몇 가지 경전은 이런 사회적 문화적 배경 아래 이해되어야 한다.

여성에 대한 붓다의 부정적 생각을 살필 수 있는 자료들은 여러 경전에서 찾아볼 수 있다. 《숫타니파타》에 따르면 마아간디야라는 바라문이 자기 딸을 데리고 와서 아내로 삼아 달라고 권하자, 붓다는 다음과 같은 이유를 들어 거절한다.

> 나는 이전에 갈애와 혐오와 애욕이라는 세 마녀를 보고도 그들과 성교를 하고 싶다는 기분을 느끼지 않았다. 물과 배설물로 가득 찬 이 여자라는 것은 대체 무엇인가. 나는 이 여자의 발조차 건드리고 싶지 않다.[13)]

---

12) 《중본기경》 하권 〈구담미래작비구니품〉 大正藏 4, p.159중 ; 《사분율》 제48권 〈비구니건도〉 大正藏 22, p.923하.

13) 《숫타니파타》 835.

《앙굿따라니까야(Aṅguttara-Nikāya)》에는 아난다와 붓다의 대화가 기록돼 있다.

> 아난다: 스승이시여, 여자는 왜 공석에 나가지 못합니까? 왜 직업에 종사하지 못합니까? 왜 행위의 본질에 도달하지 못합니까?
>
> 붓다: 아난다여, 여자는 자제력이 없다, 여자는 질투가 많다, 여자는 탐욕스럽다, 여자는 지혜가 적다. 이러한 이유로 여자는 공석에 나가지 못하고 직업을 가지지 못하고 행위의 본질에 도달하지 못한다.[14)]

반면《쌍윳따니까야(Saṃyutta-Nikāya)》에는 전혀 다른 언급이 기록돼 있다. 즉 코살라의 파세나디 왕이 그의 부인 말리카가 딸을 낳았다는 소식에 섭섭해 하는 것을 보고, 왕에게 이렇게 충고한다.

> 왕이여, 딸이 아들보다 더 나은 자식이 될 수도 있다. 그녀가 자라서 현명하고 덕이 있으며 시어머니를 잘 공경하고 진실한 아내가 된다. 그녀가 낳은 아들이 위대한 행동을 할 수도 있고, 거대한 왕국을 통치할 수도 있다. 고상한 아내의 그와 같은 아들이 그 나라의 지도자가 된다.[15)]

여성의 역할이 중요함을 강조하는 이 말은 붓다의 페미니스트적인 일면을 보여준다. 그러나 다른 경전들 즉《불설옥야녀경》《옥야녀경》《옥야경》에서는 "여인의 몸(女人身)에는 십악사(十惡事)가 있다."고 하며 그 내용을 다음과 같이 열거하고 있다.

---

14) *Aṅguttara-Nikāya*, P.T.S. *The Gradual Sayings* Ⅱ, p.92-93.

15) *Saṃyutta-Nikāya*, P.T.S. *The Kindred Sayings* Ⅰ, p.111.

《불설옥야녀경》[16)]

① 태어날 때 부모가 좋아하지 않는다.

② 양육하는 데 재미가 없다.

③ 시집가는 데 예를 잃을까, 항상 걱정한다.

④ 곳곳에서 사람을 두려워한다.

⑤ 부모와 이별한다.

⑥ 다른 문호에 의탁한다.

⑦ 회임이 어렵다.

⑧ 아기 낳을 때 힘이 든다.

⑨ 항상 남편을 두려워한다.

⑩ 항상 자재를 얻지 못한다.

《옥야녀경》[17)]

① 부모에게서 태어나나 양육하기가 어렵다.

② 임신하면 근심하게 된다.

③ 태어나도 부모가 좋아하지 않는다.

④ 양육하는 데 재미가 없다.

⑤ 부모를 따라다니면서 때에 알맞게 떨어지지 않는다.

⑥ 곳곳에서 사람을 두려워한다.

⑦ 항상 시집보낼 것을 걱정한다.

⑧ 살아서 이미 부모와 이별한다.

---

16)《불설옥야녀경》大正藏 2, p.864상.
①生時父母不喜 ②養育無味 ③常憂嫁娶失禮 ④處處畏人 ⑤與父母別離 ⑥倚他門戶 ⑦懷妊甚難 ⑧產生時難 ⑨常畏夫主 ⑩恒不得自在.

17)《옥야녀경》大正藏 2, p.865상.
①託生父母甚難養育 ②懷妊憂愁 ③初生父母不喜 ④養育無味 ⑤父母隨逐不離時宜 ⑥處處畏人 ⑦常憂嫁之 ⑧生已父母離別 ⑨常畏夫婿 ⑩不得自在.

⑨ 항상 남편을 두려워한다.

⑩ 자재를 얻지 못한다.

《옥야경》[18)]

① 여자가 태어나서 땅에 떨어질 때 부모가 좋아하지 않는다.

② 양육하는 데 재미없다고 생각한다.

③ 여자가 마음으로 항상 사람을 두려워한다.

④ 부모가 항상 시집보낼 것을 걱정한다.

⑤ 부모와 살아서 이별한다.

⑥ 항상 남편을 두려워해 그 안색을 살펴서, 기뻐하면 좋아하고 성내면 두려워한다.

⑦ 임신하여 생산하기가 어렵다.

⑧ 여자는 어렸을 때 부모의 단속을 받는다.

⑨ 중간에 남편의 제재를 받는다.

⑩ 늙어서 자손에게 질책을 받는데, 태어나면서 죽을 때까지 자재를 얻지 못한다.

세 경전의 내용은 한두 가지만을 제외하면 거의 중복되고 있다. 이 내용을 여자의 일생에 맞춰 배대시켜 보면 다음과 같다.

① 탄생 – 부모에게 기쁨을 못 준다.

② 성장 – 부모에게 양육의 재미를 못 준다.

---

18)《옥야경》大正藏 2, p.866상.
①女人初生墮地父母不喜 ②養育視無滋味 ③女人心常畏人④父母恒憂嫁娶 ⑤與父母生相離別 ⑥常畏夫婿視其顏色 歡悅輒喜瞋恚則懼 ⑦懷妊産生甚難 ⑧女人小爲父母所撿錄 ⑨中爲夫婿所制 ⑩年老爲兒孫所呵 從生至終不得自在.

③ 결혼 – 부모에게 걱정을 끼치며 부모와 이별한다.

④ 임신과 출산 – 고통이 있다.

⑤ 결혼생활 – 배우자를 두려워한다.

⑥ 노년 – 자손의 질책을 받는다.

⑦ 대인 – 사람을 두려워한다.

⑧ 일생 – 자유가 없다.

이 언설들은 앞에서 인용한 《쌍윳따니까야》에서 재가여성의 중요한 역할을 강조한 것과는 대조적으로 여성에 대한 부정적 시각이 대부분이다. 그러나 이러한 언급은 붓다 자신의 생각이라기보다는 당시 바라문 사회의 여성 지위나 운명이 그대로 반영된 것으로 볼 수 있다. 즉 이 '여인이 가지고 있는 십악사'의 내용을 살펴보면 그 악사(惡事)라는 것이 여자라는 존재가 가지고 있는 본질적인 악사라기보다는 여자에 대한 사회적인 편견이 여자에게 가져다주는 고통을 의미한다고 보아야 할 것이다. 여성 자신이 생리적으로 가지고 있는 고통이라고 할 수 있는 것은 임신과 출산에 따른 고통이다. 나머지는 사회와 남성이 여성을 한 인간으로서 평등하게 인식하지 않고 편견을 가지고 대함으로써 여성이 겪을 수밖에 없었던 그 시대 질곡의 삶을 그대로 표현한 것에 지나지 않는다.

여기서 한 가지 더 살펴볼 문제는 사성평등을 주장하면서 불법 앞에 만인이 평등함을 강조한 붓다의 여성관에 일관성이 결여된 점이다. 즉 어떤 때는 페미니스트적인 여성관을, 어떤 때는 보수적인 여성관을 보이고 있는데 이를 어떻게 해석해야 할 것인가 하는 문제다. 이에 대해 두 가지 관점에서 살펴본다.

첫째, 붓다의 설법 특징은 설법을 듣는 대상자의 근기에 맞추는 수기설법(隨機說法)이라는 점이다. 수기설법은 상대방의 진리에 대한 이해도, 고민하는 문제, 설법이 펼쳐지는 환경 등에 따라 많은 차이가 있다.

여성에 대한 것뿐만 아니라 다른 문제에서도 붓다가 방편설로써 중생을 교화한 사례는 경전의 여러 곳에서 찾아볼 수 있다. 설법의 내용이 언뜻 보면 보편적으로 적용될 수 있는 것 같으나 자세히 살피면 특수한 사안에 대한 것이 적지 않다. 따라서 여성에 대한 붓다의 언설 중 부정적인 언사가 있다고 하여 그것으로 붓다가 여성에 대해 차별적인 관념을 가졌다고 단정하기는 어렵다. 그렇다면 긍정적인 언사에 대해서도 같은 논점을 제기할 수 있지 않으냐는 이론이 있을 수 있는데, 그에 대한 대답은 붓다의 평등사상에서 찾을 수 있을 것이다. 사성평등은 당시로서는 혁명적인 사상이며 정치가나 사회사상가가 말하는 평등사상과는 차원을 달리한다. 시대에 따라 부침하는 인권사상이 아니라 인간 존재의 본질에 대한 규명인데, 이러한 대전제를 선언한 붓다와 같은 대각자가 스스로 모순된 인식을 가졌었다고 할 수는 없는 일이다.

앞에서 인용한 여성에 대한 언설 중에서도 이와 같은 붓다의 수기설법 면모가 보인다. 출가 수도하여 깨달아 중생을 교화하는 각자(覺者)에게 와서 딸을 아내로 삼아 달라는 마아간디야라는 바라문의 행위는 상식적으로 이해할 수 없는 일이며, 이에 대한 붓다의 대답은 여성 자체에 대한 멸시라기보다는 비상식적인 제안에 대한 부정이라고 보아야 할 것이다. 또한 교만한 옥야를 가르치기 위해 여성의 십악사를 열거한다. 그 내용은 앞에서 언급한 바와 같이 당시 인도 여성의 질곡의 삶을 그대로 표현한 것으로 볼 수 있으며, 붓다 자신이 '여성의 삶이 그러하니, 너희는 그렇게 열등하다'고 믿었기 때문이라고 할 성격의 것은 아니다. 만일 붓다의 인식이 그러하다면 더 이상의 설법은 필요 없을 것이다. 그러나 옥야의 참회를 받은 붓다는 우바이(優婆夷) 십계(十戒)를 받아 지키라고 가르친다.

착한 아내는 이 세상에서 영예를 얻고, 복을 받아 천상에 태어나고, 천상

에서 수명이 다하면 다시 세간의 왕후 자손으로 태어나고, 나는 곳마다 일체의 존경을 받는다.[19]

즉 선인선과 악인악과(善因善果 惡因惡果)의 원리는 여성에게도 똑같이 적용됨을 가르치고 있다. 부분적인 표현에 대한 것만을 예로 들어, 붓다가 여성을 차별했다고 볼 수는 없다.

둘째, 불교 문헌의 전승과 여성문제의 관련성이다. 불교교단은 제1, 제2, 제3의 결집을 통해 교법을 전승했다면서 교법의 연속성을 주장한다. 하지만 근대의 학자 가운데 이 전설을 그 형태대로 승인하는 이는 없다고 해도 좋다. 우리가 보는 전승의 내용은 사실과 다른 것으로 변형된 경우가 적지 않다. 일찍이 올덴베르크(1854~1920)도 경전 전체의 발전사를 다음의 3단계로 구분한 바 있다.

제1단계: 전승의 핵은 하나의 기원이 되는 성전, 즉 '경의 원시적 부분' 가운데서 인정할 수 있는 것이다. 여러 학파 또는 전승의 지류가 되는 파의 텍스트에 보이는 일치는 그 기원이 되는 성전에서 유래한 것이다. 그 전승에 포함된 것은 때에 따라서는 삭제, 전환, 변형에 의해서 보다 널리 발전되었다. 그러나 지배적인 사건과는 구분해서 오래된 것은 남겨 두고 있다. 그리하여 제2, 제3의 특징만이 변화하고 있다.

제2단계: 제1의 단계를 넘어서면 일보 진보해서 제2단계의 확대가 이루어진다. 오래된 서술의 기초가 되는 특색을 고집하면서도 사려와 어구를 돌려 말하는 방법에 따라 생기는 변화가 제2단계에서 개척된다.

제3단계: 폭넓은 발전이 문헌상의 개조를 가져왔을 뿐 아니라, 문헌 작성의 오랜 동기와 전승이 표현된 상황을 확대 발전시키는 것에 그치지 않

19) 《불설옥야녀경》 大正藏 2, p.864중.

고 정신적 태도까지 충분한 변화를 보여준다. 붓다의 초자연적인 지배와 그의 가르침이 여러 곳에서 나타난다. 붓다 주위의 사건은 끝없이 장엄되고 있다. 이 단계에서 만들어진 개조에는 등장인물의 젊었을 때의 역사와 전생의 설화가 모두 포함된다.[20)]

올덴베르크의 불교 문헌에 대한 비판 기준은 당시의 교단과 교리의 변천을 이해하는 데 많은 시사점을 제공한다. 즉 이 견해를 여성문제에 적용해 본다면, 붓다 자신은 여성에게도 남성과 똑같은 능력을 인정했는데 경이 결집되고 전승되는 과정에서 붓다의 직제자를 비롯한 전승자 내지 해석자의 관점에 따라 삭제, 전환, 변형이 이루어졌다고 볼 수 있다. 특히 제1, 제2 결집에 비구니가 참가했다는 기록이 전혀 없는 것을 비롯하여, 부파의 전승 과정에서도 주체자들은 남성이었으므로 남성의 가부장적 사고가 여성에 대한 내용을 변형시켰을 가능성이 크다고 하겠다.

붓다의 직제자에게서도 이미 여성에 대한 보수성이 발견된다. 한역 율전의 제1결집 전설에 의하면 아난(阿難)이 결집의 좌장인 가섭(迦葉)으로부터 문책을 당하는 장면이 있다. 아난의 죄목은《사분율》에는 7가지,《오분율》에는 6가지,《십송율》에는 6가지,《근본설일체유부비나야잡사》에는 8가지가 열거되어 있다.[21)] 대부분이 중복되는 내용인데, 열거하면 다음과 같다.

---

20) Hermann Oldenberg, *Studien zur Geschichte des buddhistischen Kanons*, Nachrichten von der K. Gesellsch. d. Wissenschaften zur Göttingen, Phil. hist. Klasse, 1912, p.155-218 ; 塚本啓祥《初期佛教教團史の硏究》山喜房佛書林, 1966, p.4에서 재인용.

21)《사분율》제54권〈집법비니오백인〉大正藏 22, p.967중-하.
《오분율》제30권〈오백집법〉大正藏 22, p.191중-하.
《십송율》제60권〈오백비구결집삼장법품〉大正藏 23, p.449중-하.
《근본설일체유부비나야잡사》제39권〈명오백결집사〉大正藏 24, p.404하-405하.

① 여인을 출가케 하다.

② 세존께 일 겁의 주세(住世)를 청하지 않다.

③ 불전(佛前)에서 별설(別說)하다.

④ 세존의 법의(法衣)를 밟다.

⑤ 물을 구하여 드리지 않다.

⑥ 소소계(小小戒)에 대하여 묻지 않다.

⑦ 세존의 음장상(陰藏相)을 보이다.

⑧ 여인에게 불족(佛足)을 더럽히게 하다.

⑨ 세존께 3번 청하심을 받은 뒤에야 공양인이 되다.

이 중에서 붓다가 여인의 출가를 허용하지 않았는데 아난이 권청하여 여인 출가를 허용케 함으로써 불법을 쇠퇴케 했다는 죄목은 4개의 율전에 모두 나와 있다. 아난의 권청이 있었다고 해도 여성출가가 궁극적으로 부당한 것이라면 붓다는 허용하지 않았을 것이다. 그러므로 이것은 교조가 여성출가를 허용한 것에 대한 간접적인 반대 의사의 표현이며, 다시 말하면 직제자들의 여성에 대한 보수적 인식이 노출된 것이라고 할 수 있다.

물론 현존 경전에서 불설(佛說)을 가려내는 것은 어려운 문제다. 빈터니츠 같은 학자가 그 기준을 제시하고 있기도 하지만,[22] 실질적으로 불

---

22) Moritz Winternitz(1863~1937)는 현존 경전 가운데서 불설로 인정해도 좋은 것을 뽑아 다음과 같이 서술하고 있다. "팔리어 성전뿐만 아니라 산스크리트어 불전 가운데서도 항상 같은 문구로서 반복되고 있는 베나레스의 교설, 즉 사성제(四聖諦)와 팔성도(八聖道)의 교설과 같은 것, 또는《대반열반경》에 전해지는 교주가 입멸에 임해서 제자들에게 준 유계와 같은 것, 또는 *Dhammapada*나 *Udāna*, *Itivuttaka* 가운데서, 동시에 이들과 매우 비슷한 어구로서 네팔의 범어 경전이나 같은 형태의 티베트나 중국에 번역된 경전 가운데서 '붓다의 말'로 전해지는 게송이나 짧은 금언 같은 것을 불설(佛說)로 보아도 우리는 결코 경신(輕信)의 비난을 받지 않을 것이다." M. Winternitz, *A History*

설을 가려내는 것은 불가능하다는 주장도 있다. 이는 자칫 법보(法寶)에 대한 경신(輕信)을 가져올 수도 있는 일이며 더구나 여성에 대한 붓다의 언설은 중심적인 교리 문제가 아니기 때문에 난해한 면이 있다. 다만 교단사와 관계되는 어떤 문제들에서 변형을 가려낼 수 있을 것으로 보인다. 비구니 교단의 설립과 관계된 문제에서 여성출가의 조건으로 제시된 비구니팔경법이, 붓다가 직접 제정한 계목이라고 보기에는 모순점이 있다. 마하파자파티 고타미의 출가에 관한 여러 문헌은 불멸 후 5백 년경 부파불교가 여러 가지로 위협받고 있을 때, 비구니 출가를 못마땅하게 여긴 보수적인 세력들에 의해 기술됐다는 것을 보여주기도 한다. 따라서 여성출가의 허용으로 정법이 5백 년 감소되었다는 것은 부파불교의 쇠퇴를 의미하는 반증이라고 생각해 볼 수 있다. 또《법화경》의〈제바달다품〉에서 제바달다 이야기와 용녀성불 이야기라는 서로 연관성이 없는 주제가 같은 품에서 나오는데, 이는 동일 부파 내지 동일 교단의 전승이라고 볼 수 있으며, 이는 변성남자성불설이 제바달다 교단의 전승임을 의미하는 것일 수도 있다. 이러한 주장들은 이미 연구자들에 의해 논의되어 왔다.[23] 다시 말해 경전에 보이는 여성에 대한 부정적 견해들은 붓다의 견해이기보다는 삭제, 전환, 변형에 의해 이루어진 관점이라는 것이다.

앞에서 인용했던《쌍윳따니까야》의 '딸이 아들보다 더 나을 수 있다'는 붓다의 언설은 팔리 5니까야의 여성에 대한 언급 중에서, 유일하게 여성에 대한 긍정적인 표현으로 알려져 있다. 이에 대해 호너 여사는 다음과 같은 논평을 한 바 있다.

---

of Indian Literature(Geschichte der Indischen Literatur) vol.II, tr. by V.Srinivasa Sarma(Delhi, Motilal Banarsidass, 1983), p.5.

23)〈제바달다품〉의 용녀성불에 대한 논의는 제4장의 '《법화경》의 성불수기'에서 후술한다.

이 말이 비구들의 (경전의) 편집을 거치면서 빠지지 않고 남아 있다는 사실, 그리고 다른 곳에서는 구체화되거나 반복된 일이 없다는 사실은 우리로 하여금 여기에 비구들의 말이 아닌 고타마의 진정한 말이 살아 있을 것이라고 생각하게 한다.[24)]

이 말은 붓다의 진정한 여성관이 무엇이었는가를 고구하는 데 시사하는 바가 있는 논평이라 하겠다.

---

24) I.B. Horner, 앞의 책, p.20.

2. 여성출가와 성도

(1) 여성의 출가

최초의 여성출가를 전하고 있는 초기 경전과 율전의 기술들은 여성의 입장에서 볼 때 문자 그대로 수긍하기 어려운 점을 가지고 있다. 앞에서 살펴본 붓다의 여성관과 같은 맥락에서 붓다의 본회(本懷)가 정말 무엇이었으며, 어디까지가 역사적인 사실인가, 부가나 첨삭이 있었던 것은 아니었을까 하는 생각을 하게 한다. 이런 의문을 가지지 않을 수 없는 근거는 붓다의 근본 사상과 어긋나는 일면이 있기 때문이다.

여성출가와 관련된 기술의 골격은 '붓다의 양모인 마하파자파티 고타미(Mahāpajāpatī Gotamī)가 5백여 명의 석가족 여인들과 함께 붓다에게 와서 여인도 출가하여 도를 닦을 수 있게 허락해 줄 것을 간청했으나 세 번이나 거절당했다. 이에 시자인 아난이 간곡히 권청하여 여인 출가가 허락되었는데 그 조건으로 비구니는 팔경법을 지켜야 한다고 했다. 그리고 여기에 여인이 출가했기 때문에 정법이 5백 년이나 감소하게 되었다는 개탄이 있었다.'는 내용이다.

여기서 두 가지 문제를 생각하게 된다. 붓다가 여성들을 교단에 받아들이는 문제에 대해 처음에 허락하지 않았던 데에는 어떤 사정이 있었을까, 그리고 허락을 하는 조건으로 비구니팔경법을 제정한 것은 정말 붓다의 본회였을까 하는 문제이다. 이 비구니팔경법과 정법 5백 년 감소설은 오랫동안 교단 내에서 여성을 차별하는 근거가 되었다. 이를 둘러

싸고 형성되어 온 여성에 대한 편견은 뿌리 깊은 것이다. 남성들의 인식이 그러했을 뿐 아니라, 역사적으로 여성 자신들의 의식에도 이를 아무런 저항 없이 받아들였던 측면이 있었음을 부정할 수 없다. 오늘날 현실적으로 이 비구니팔경법은 교단 내에서 사문화되었다고 볼 수 있고,[25)]비구니팔경법뿐만 아니라 붓다 시대에 제정된 계율의 어떤 것들은 현대 사회에 맞지 않는다는 논의가 있기도 하다.

그러나 계율은 개정하기가 어려운 것이 또한 현실이다. 교조에 대한 불경 문제가 제기되기 때문이다. 따라서 비구니팔경법은 이 시대에 역행하는 성차별적 계율이어서 지켜질 수 없고, 지켜져서도 안 된다는 사실에 암묵적으로 동의하면서도, 어떤 경우, 다시 말해 비구니를 억압하고 차별할 필요가 있는 경우에는 계율로서 효력을 발휘하게 하려는 일이 일어나기도 한다.[26)] 이러한 이중적인 계율 적용은 시대착오적인 현상이다. 따라서 현대의 불교교단은 비구니팔경법 문제를 다시 한 번 짚고 넘어가야 한다고 생각한다.

마하파사파제 구담미(摩訶波闍波提 瞿曇彌)의 출가에 대한 불전의 기술을《사분율》에 의거해서 요약하면 다음과 같다.

부처님이 카필라 성의 니그로오다 나무 동산에 계실 때, 마하파사파제 구담미[27)]는 사이(舍夷)의 여인 5백여 명[28)]과 함께 부처님께 와서 예배하고

---

25) 全海住〈比丘尼敎團의 成立에 대한 考察〉《한국불교학》제11집, p.312.

26) 오늘날 비구니팔경법을 문자 그대로 드러내어 비구니를 억압하거나 차별하는 일은 없을 것이다. 포괄적으로 비구니를 억압하고 차별하는 데 '숨은 의도'로 작용한다고 보아야 한다.

27) 마하파사파제 구담미는 붓다의 어머니 마야 부인의 동생으로 마야 부인이 죽은 뒤, 언니의 뒤를 이어 붓다의 아버지 정반왕(淨飯王, Suddhodana)의 부인이 되어 붓다를 키웠다. 한역 경전에서는 摩訶波闍波提 瞿曇彌로 번역되었고, 팔리어로는 Mahāpajāpatī Gotamī, 산스크리트어로는 Mahāprajāpatī Gotamī로 불린다. 한역 이름과 팔리어 이름

여자들도 불법(佛法) 안에 출가하여 도를 닦도록 허락해 주실 것을 간청드렸다. 그러나 부처님은 "그만두시오. 구담미여, 여자들이 출가하여 도를 닦겠다는 말을 마시오. 왜냐하면 여자들이 불법 안에 출가하여 도를 닦으면 불법이 오래가지 못하게 될 것이요."라고 거절하셨다. 마하파사파제 구담미는 3번 간청했으나 부처님은 3번 다 거절하셨다. 마하파사파제 구담미는 부처님의 말씀을 듣고 물러났다. 그 후 부처님은 카필라 성을 떠나 1천2백50명의 제자를 거느리고 코살라로 가셨고, 다시 사위국의 기원정사로 돌아오셨다. 그때 마하파사파제 구담미가 5백여 명의 사이 여인들과 함께 아예 머리를 깎고 가사를 걸치고 기원정사의 문밖에 서 있었다. 이들은 먼 길을 걸어오느라고 발이 부르트고 먼지를 쓴 채 울고 있었다. 부처님의 시자였던 아난이 이 모습을 보고 애처롭게 여겨 사연을 물었다. 출가 수도를 원하는 마하파사파제 구담미의 사연을 들은 아난은 부처님께 나아가서 간청을 드렸다. 그러나 부처님은 이번에도 허락하지 않으시면서, "그만두라. 불법에 출가하여 도를 닦게 하지 마라. 여자들을 불법에 출가시켜 구족계를 받게 하면 불법이 오래가지 못하게 되리라. 비유하건대 어떤 장자의 집에 남자가 적고 여자가 많으면 그 집은 쇠퇴하는 줄 알 수 있는 것같이 여자가 불법에 출가하여 구족계를 받으면 불법이 오래가지 못하리라. 또 어떤 곡식 밭에 서리와 우박이 내리면 즉시에 파괴되는 것과 같이 여자들이 불법에 출가하여 구족계를 받으면 불법이 오래가지 못하리라."고 그 이유를 말씀하셨다. 이에 아난은 부처님의 생모가 세상을 떠난 뒤 마하파사파제가 부처님을 길러 주신 은혜를 들면서 부처님께 호소했다. 그러나 부처님은 "마하파사파제가 내게 큰 은혜를 주었으나, 나도 마하파사파

을 혼용한다.

28) 석가족에는 5개의 성(姓)이 있는데, 舍夷는 그 5성 중의 하나다. 5백여 명 여인들 중 다수는 남편들이 이미 붓다에게 귀의해 출가한 이들이었다. *Psalms of The Early Buddhists : Psalms of The Sisters*, tr. by Mrs. Rhys Davids, p.88.

제에게 불 · 법 · 승을 알고 믿게 한 은혜를 주었다."고 역시 허락하지 않으셨다. 아난의 간곡한 청은 여기서 끝나지 않고, "여자들이 불법 중에 출가하여 계를 받으면 수다원과(須陀洹果) 내지 아라한과(阿羅漢果)를 얻을 수 있습니까?"라고 부처님께 여쭈었다. 이에 대해 부처님은 "얻을 수 있다"고 분명히 말씀하셨다. 아난은 그렇다면 여자들이 출가하여 구족계를 받도록 허락해 주십사고 다시 간청을 드리니, 이에 부처님은 "이제 여자들에게 목숨이 다하도록 어기지 말아야 할 여덟 가지 법을 제정하니, 능히 행할 수 있는 이는 계를 받게 하라."고 말씀하시면서 그 여덟 가지 계의 내용을 말씀해 주셨다. 마하파사파제 구담미와 5백여 명의 여인들은 부처님이 새로 제정하신 여덟 가지 계를 수지하고 출가하여 최초의 비구니들이 되었다. 이때에 제정된 법이 비구니팔경법이다. 이 과정의 마지막 부분에서 아난이 부처님께 여인들이 여덟 가지 법을 수지하고 출가하였다는 보고를 드리자 부처님은 "만일 여자들이 불법에 출가하지 않았다면, 불법이 5백 년은 더 오래 머무를 수 있으리라."고 개탄하셨다고 율전은 기록하고 있다.[29)]

위에서 살펴본 바와 같이 여성이 출가를 허락받아 비구니 교단을 형성하기까지는 우여곡절이 있었음을 알 수 있다. 시간적으로도 이것은 몇 년간에 걸쳐 일어난 일이었다. 즉 마하파사파제 구담미가 처음 붓다에게 와서 여인 출가에 대한 허락을 간청한 것은 붓다 성도 후 15년, 출가를 허락받은 시기는 아난이 붓다의 시중을 들기 시작한 첫해, 즉 붓다

29) 각 문헌 간에 대강의 줄거리는 위의 내용과 일치하나 다른 점도 있는데, 마하파사파제 구담미가 처음 출가구족을 원했던 장소가 카필라 성의 니그로오다 나무 동산이라는 것은 각 문헌이 일치하고 있으나 출가를 허락받은 장소는 팔리어 문헌에는 Vesāli(산스크리트어로는 Vaiśālī)로 되어 있고(南傳藏 4, p.378 ; 南傳藏 21, p.195), 중아함경, 大正藏 1, p.605중 ;《불설구담미기과경》大正藏 1, p.856중에는 那摩提로 되어 있다. 마하파사파제가 출가를 원했던 시기와 마하파사파제와 아난의 대화 내용도 문헌에 따라 차이가 있다.

성도 후 20년경으로 추정된다.[30)]

당시 마하파사파제는 70대의 여성으로[31)] 보통의 여인이라면 편안함에 안주하고 싶은 인생 후반기의 노인이다. 그러나 나이도 잊고, 추종자들을 이끌고 덥고 먼 인도의 지방을 걸어서 출가의 허락을 드디어 받아낸 그 열의는 "놀랄 만한 현대적 정신"[32)] 이라고 하지 않을 수 없다.

마하파사파제의 출가의 조건이 된 비구니팔경법은 문헌에 따라 명칭과 내용이 조금씩 다르거나 순서가 바뀐 경우가 있다. 불전에 나와 있는 명칭과 그 전거는 다음과 같다.

①팔진형수불가과법: 《사분율》〈비구니건도〉 大正藏 22, p.923상-중

②팔불가월법: 《오분율》〈비구니법〉 大正藏 22, p.185하

③비구니팔경법: 《십송율》 제47권, 大正藏 23, p.345하

④팔경법: 《마하승지율》 제30권, 大正藏 22, p.471상-476중

⑤필추니팔존경법: 《근본설일체유부비나야잡사》 제29권, 大正藏 24, p.350중-351상

⑥팔경지법: 《중본기경》 하권 〈구담미래작비구니품〉 大正藏 4, p.158하-159상 ; 《대애도비구니경》 大正藏 24, p.946중-하

⑦팔존사법: 중아함 제28권 《구담미경》 大正藏 1, p.605하-606상

⑧팔중법: 《불설구담미기과경》 大正藏 1, p.856하-857상 ; 증지부 5 南傳藏 21, p.199

⑨비구니팔중법: 《율장 소품》〈비구니건도〉 南傳藏 4, p.378-382

---

30) 全海住, 앞의 논문, p.317.

31) 水野弘元《釋尊の生涯》p.236은 마하파자파티의 나이를 70대로 보고 있다. 그러나 모한 위자야라트나(Môhan Wijayaratna), 온영철 옮김《비구니 승가》p.44에서는 마하파자파티의 나이를 60대로 보고 있다.

32) I.B. Horner, 앞의 책, p.117.

위와 같은 다양한 이름으로 불리고 있으나 비구니팔경계, 또는 팔경법으로 통용되고 있다. 《사분율》에 의거하여 그 내용을 살펴보면 다음과 같다.

①비록 백 세 비구니일지라도 처음으로 수계한 연소 비구를 보거든 마땅히 일어나서 맞이하고 예배하고 깨끗한 자리를 권하여 앉게 할지니, 이 법을 존중하고 공경하고 찬탄하되 이를 형수(形壽)가 다하도록 어기지 마라.[33]

②비구니는 비구를 욕하거나 꾸짖지 말아야 하며, 또는 파계(破戒), 파견(破見), 파위의(破威儀) 등을 비방하지 말 것이니, 이 법을 존중하고 공경하고 찬탄하되 이를 형수가 다하도록 어기지 마라.[34]

③비구니는 비구의 죄를 드러내거나 기억시키거나 자백시키지 못하며, (비구의) 멱죄(覓罪), 설계(說戒), 자자(自恣) 등은 막지 못한다. 비구니는 비구를 꾸짖지 못하고 비구는 비구니를 꾸짖을 수 있나니, 이 법을 존중하고 공경하고 찬탄하되 이를 형수가 다하도록 어기지 마라.[35]

---

33) "雖百歲比丘尼見新受戒比丘 應起迎逆禮拜與敷淨座 請令坐.如此法應尊重恭敬讚歎盡形壽不得過." 이 계 조목은 문헌마다 다 들어 있는데 《십송율》《마하승지율》 남전의 〈구담미품〉과 《율장 소품》〈비구니건도〉에는 《사분율》과 같이 첫 번째로 나오고, 〈구담미래작비구니품〉《구담미경》《불설구담미기과경》《대애도비구니경》에는 마지막 계 조목에, 《근본설일체유부비나야잡사》에는 여섯 번째로 나온다. 표현의 차이는 있으나 내용상 차이는 없다.

34) "比丘尼不應罵詈比丘呵責.不應誹謗言破戒破見破威儀.此法應尊重恭敬讚歎.盡形壽不得過."

35) "比丘尼不應爲比丘作擧作憶念作自言.不應遮他覓罪遮說戒遮自恣.比丘尼不應呵比丘.比丘應呵比丘尼. 此法應尊重恭敬讚歎.盡形壽不得過." ②와 ③의 계 조목에서는 비구의 비구니에 대한 언로(言路)는 열어 놓았지만, 비구니의 비구에 대한 언로는 거듭하여 막았다는 것을 보여준다. 《사분율》 외에도 《오분율》《근본설일체유부비나야잡사》 남전의 《율장 소품》이나 〈구담미품〉에서 거듭하여 말하고 있다.

④ 식차마나(式叉摩那)가 계를 배워 마치면 비구로부터 비구니계를 걸수(乞受)할 것이니, 이 법을 존중하고 공경하고 찬탄하되 이를 형수가 다하도록 어기지 마라.[36)]

⑤비구니는 승잔죄(僧殘罪)를 범하였으면 마땅히 이부승(二部僧) 중에 보름 동안 마나타(摩那埵)를 행할 것이니, 이 법을 존중하고 공경하고 찬탄하되 이를 형수가 다하도록 어기지 마라.[37)]

⑥비구니는 보름마다 비구 승중으로부터 교수해 줄 것을 청할 것이니, 이 법을 존중하고 공경하고 찬탄하되, 이를 형수가 다하도록 어기지 마라.[38)]

⑦비구니는 비구가 없는 곳에서 하안거(夏安居)를 하지 말 것이니, 이 법을 존중하고 공경하고 찬탄하되 이를 형수가 다하도록 어기지 마라.[39)]

⑧비구니가 안거를 마치거든 마땅히 비구 승중에 가서 삼사(三事)를 구해야 할 것이니, 즉 보고 듣고 의심한 것을 자자(自恣)하여야 한다.[40)]

---

36) "式叉摩那學戒已.從比丘僧乞受大戒.此法應尊重恭敬讃歎.盡形壽不得過." 비구니는 비구에게서 구족계를 받게 되어 있는데,《사분율》《오분율》《마하승지율》 남전에서는 비구니가 아니고 식차마나로 되어 있다. 즉 식차마나가 육법(六法)을 배워 마치면 구족계를 받는 것으로 되어 있다. 이때 구족계를 받는 것이《오분율》《마하승지율》 남전에서는 비구가 아니고 이부중(二部衆) 또는 양부중(兩部衆)으로 되어 있다.

37) "比丘尼犯僧殘罪.應在二部僧中半月行摩那埵.此法應尊重恭敬讃歎.盡形壽不得過." 이 계 조목은〈구담미래작비구니품〉《구담미경》《불설구담미기과경》《대애도비구니경》《근본설일체유부비나야잡사》《오분율》에는 일곱 번째로 나오고,《십송율》에서는 세 번째,《마하승지율》과 남전에는 다섯 번째로 나온다.

38) "比丘尼半月從僧乞教授.此法應尊重恭敬讃歎.盡形壽不得過."《십송율》에는 이 조목이 '팔경법을 배워야 한다'로 되어 있다.

39) "比丘尼不應在無比丘處夏安居.此法應尊重恭敬讃歎.盡形壽不得過."〈구담미래작비구니품〉《대애도비구니경》에는 "比丘比丘尼 不得相與並居同止"라고 하여 그 내용이 반대이다.

40) "比丘尼僧安居竟.應比丘僧中求三事自恣見聞疑.此法應尊重恭敬讃歎.盡形壽不得過."《근본설일체유부비나야잡사》에는 이 조목이 없다.

이 계 조목 외에《사분율》에는 없는 조목이 "비구니는 비구가 허락하지 않으면 비구에게 경 · 율 · 논을 물을 수 없다."이다.[41]

이상에서 살펴본 팔경법은 마하파사파제 구담미의 출가의 조건이었을 뿐만 아니라 이 팔경법을 수지하는 것 자체가 수구족(受具足)이었다. 즉 마하파사파제 구담미는 출가를 위해 별도의 구족계 의식을 갖지 않았다. 마하파사파제 구담미 이후에는 여성이 출가할 때 마하파사파제 구담미가 화상(和尙)이 되어 비구 승가에서 구족계를 받았다. 비구니 승가가 확립되고부터 비구니의 구족계는 먼저 비구니 승가에서 백사갈마(白四羯磨)[42]의 작법 아래 받고, 이어서 계를 받을 비구니와 화상니가 같이 비구 승가에 가서 다시 백사갈마의 작법에 의해 구족계를 받았다. 이와 같이 비구니의 구족계는 두 번에 걸쳐 받았다.

그런데 〈비구니건도〉에 의하면 백사갈마의 작법에 의해 구족계를 받았던 비구들이 마하파사파제에게 "그대는 화상도 없고 백사갈마에도 의하지 않았기 때문에 구족계를 받았다고 할 수 없다."라고 비난을 하자, 마하파사파제는 의심을 일으켜 붓다에게 물었다. 거기서 붓다는 비구들을 모으고 "구담미가 팔중법을 받은 것은 곧 구족계이다."라고 했다고 한다.[43]

거슬러 올라가 승가의 최초 성립을 살펴보면, 붓다의 고행 시대의 옛 도반이었던 다섯 비구가 개종하여 붓다의 첫 제자들이 됨으로써 승가가 형성되었다. 이때 다섯 사람 중 붓다의 초전법륜(初轉法輪)을 듣고 그

---

41)《오분율》《근본설일체유부비나야잡사》《마하승지율》 남전에도 없다.

42) 승가의 중요한 작법 중의 하나이다. 대중이 모여 중요한 안건을 결정할 때, 안건의 전말에 대해 먼저 한 번 설명하고(一白), 그 안건에 대해 세 번 대중에게 가부를 묻는 것(三羯磨)을 말한다.

43)《율장 소품》〈비구니건도〉 南傳藏 4, p.384 ;《사분율》 제48권, 大正藏 22, p.926상-중 ;《오분율》 제29권, 大正藏 22, p.187중 ;《십송율》 제40권, 大正藏 23, p.293하 ;《근본설일체유부비나야잡사》 제30권, 大正藏 24, p.351중.

도리를 가장 먼저 깨달은 교진여가 붓다에게 "저는 출가하여 구족계를 얻고자 합니다."라고 사뢸 때 붓다는 "오라 비구여, 법은 잘 설해졌다. 바르게 고를 멸하기 위해서 범행(梵行)을 행하라."고 대답했는데, 《율장 대품》은 이 "오라 비구여"라는 말이 그에게는 구족계였다고 한다. 《사분율》에는 "오라 비구여, 나의 법 가운데서 스스로 기뻐하고 범행을 닦아서 고통의 근원을 없애라."는 것으로 되어 있다. 이 '선래비구수구(善來比丘受具)'는 점차 교단이 확장됨에 따라 환경과 경우에 맞추어 여러 가지 형태로 수구족이 이루어졌고, 《십송율》에서 말하는 10종의 수구(受具) 가운데 마하파사파제가 비구니가 된 것은 수중득(受重得)이라고 일컬어진다. 즉 팔중법을 받는 것으로 수구를 인정한다는 의미이다.

(2) 비구니 교단의 설립

붓다의 결단으로 마하파사파제와 5백여 명의 석가족 여인들은 비구니가 되었고, 그들을 시작으로 비구니 교단이 설립되었다. 처음에는 비구니팔경법을 받는 것으로 비구니의 자격이 주어졌지만, 교단이 점차 확장되어 감에 따라 더 많은 규정이 필요하게 되었다. 여성들을 교단에 받아들일 때의 규정, 교단의 일원으로 지켜야 할 계율들이 필요할 때마다 제정되었다. 《사분율》에 의하면 비구의 구족계는 250계인 데 비해 비구니의 구족계는 348계이다. 여성에게 더 많은 제약이 주어졌음을 알 수 있다.

비구니에게 더 많은 제약이 주어졌지만, 교단의 운영은 비구 교단과 같이 민주적으로 운영되었으며(백사갈마), 민주적으로 결정된 내용이 붓다의 가르침과 일치해야 하는 것도 비구 교단과 같았다. 사미니계와 식차마나의 6법, 승가에서 가장 엄한 계율인 바라이법(波羅夷, pārājika)

에 대한 내용 등을 통해 초기 교단에서 비구니의 생활이 어떠했는지, 그 단면을 알아본다.[44)]

비구 교단에서는 20세 미만의 경우 사미의 단계를 거치게 되는데 비구니도 사미니의 단계를 거쳐야 한다. 사미와 사미니가 지켜야 할 10계는 내용이 같다.

①살생하지 마라.
②훔치지 마라
③음행하지 마라.
④거짓말하지 마라.
⑤술 마시지 마라.
⑥화만(華鬘)을 걸거나 향과 기름을 바르지 마라.
⑦노래 · 춤 · 광대놀이를 하지 말고, 가서 보지도 마라.
⑧높고 넓은 평상에 앉지 마라.
⑨식사 시간이 아닌 때에 먹지 마라.
⑩금은 보물을 갖지 마라.

위의 10계를 지킨 사미는 20세가 되면 구족계를 받고 비구가 된다. 그러나 사미니의 경우는 18세에서 20세까지 2년 동안 식차마나(式叉摩那) 단계를 한 번 더 거쳐야 한다. 식차마나에게는 6법이 주어진다. 이 6법은 음행하지 말고, 도적질하지 말고, 살생하지 말고, 거짓말하지 말고, 때 아닌 때에 먹지 말고, 술을 마시지 말라는 것이다. 사미니의 10계보다 가짓수는 적지만 그 내용에서는 사미니계보다 엄격하다.

①음행을 하면 승가에서 추방될 것이다. 염오심(染汚心)을 가진 남자와

---

44) 비구의 250계와 비구니의 348계에 대한 비교 분석은 생략한다.

몸이 닿아도 계를 잃게 된다. 다시 받아야 한다.

②남의 돈을 5전이나 5전 이상을 훔치면 추방될 것이다. 5전 미만을 훔치면 계를 잃게 된다. 다시 받아야 한다.

③사람을 죽이면 추방될 것이다. 축생을 죽이면 계를 잃게 된다. 다시 받아야 한다.

④상인법(上人法)을 얻었다든가, 선정, 해탈을 얻었다든가, 수다원과 내지 아라한과에 올랐다든가 하는 거짓말을 하면 추방될 것이다. 대중 속에 있으면서 고의로 거짓말을 하면 계를 잃게 될 것이다. 다시 계를 받아야 한다.

⑤식사 시간이 아닌 때에 음식을 먹으면 계를 잃게 된다. 다시 계를 받아야 한다.

⑥술을 마시면 계를 잃게 된다. 다시 계를 받아야 한다.

위의 네 가지는 비구, 비구니의 4바라이에 해당한다. 이렇게 여성에게만 2년간 식차마나의 단계를 주는 것은 여성의 생리적인 조건 때문이다. 이 기간에 임신 여부를 알아보고, 비구니 생활을 감당할 수 있는가도 시험했다. 기혼여성의 경우는 20세가 안 되었더라도 2년간의 식차마나를 행하면 구족계를 받고 비구니가 될 수 있다. 결혼하는 것을 성인이 되는 것으로 간주했다는 의미이다.

식차마나의 단계를 마친 사미니는 화상(스승)을 정해서 화상에게 구족계를 받는데, 이때도 백사갈마의 작법으로 대중에게서 승인을 받아야 한다. 백사갈마로 대중에게 승인을 받기 전에 출가자가 될 자격이 있는가를 묻는다. 이름은 무엇이며, 화상은 누구로 정했으며, 나이는 20세가 되었는가, 의발은 갖추었는지, 부모나 남편은 허락했는지, 남에게 빚진 것은 없는지, 남의 종은 아닌지, 여자들이 잘 걸리는 각종 병이 있는 것은 아닌지 등이다.

구족계를 받는 순간부터 비구니는 승가의 일원이 되는데, 제정된 율을 지켜야 한다. 율 중에 가장 기본적이고 무거운 것은 바라이법이다. 바라이법은 어겼을 경우 승가에서 추방되는 벌이 주어지는데, 바라이법의 경우도 비구와 비구니가 다르다.

비구의 경우 승가에서 추방되는 4바라이는 1) 음행 2) 도둑질 3) 사람을 죽이는 행위(타인의 자살을 돕는 것도 포함된다.) 4) 거짓말 등이다.

비구니에게는 위의 4가지 외에 4가지가 더 있다.

5) 비구니가 염오심을 갖고 있으면서, 같은 생각을 하는 남자와 겨드랑이 아래에서 무릎 위 사이를 접촉하면서 서로 애무하는 행위.

6) 비구니가 염오심을 갖고 있으면서, (상대방 남성이) 같은 생각을 하고 있다는 것을 알면서도 8사를 범하는 것. 8사란 손을 만지는 것, 옷을 만지는 것, 남이 안 보는 곳에 같이 들어가는 것, 같이 서 있고, 말하며, 같이 가고, 서로 몸을 맞대며, 다음에 만날 것을 기약하는 것 등이다.

7) 다른 비구니의 바라이를 덮는 행위.

8) 승가에서 추방된 비구를 따르는 행위.

비구니에게만 해당되는 4바라이의 내용을 살펴보면 앞의 두 가지는 남녀 관계에 대한 경책이고, 다른 두 가지는 대사회적인 문제이다. 남녀 관계란 상대적인 문제인데, 여자는 남자를 유혹하는 존재라는 인식에서 여성에게 제약이 더 가해졌다.

(3) 비구니팔경법의 문제

이제 앞에서 언급한 두 가지 문제로 돌아가 보자.

첫째, 붓다는 마하파자파티가 처음에 와서 여성도 출가해서 도를 닦게 해달라고 간청했을 때 왜 허락하지 않았을까. 마하파자파티와 그녀의 추종자들이 붓다에게 와서 붓다의 제자가 되어 출가생활을 하게 해달라고 간청했던 그 시대의 사회적 통념으로는, 여성은 결혼해서 자식을 낳아야 했다. 그것도 딸이 아니라 아들을 낳고 평범한 가정생활을 이어가야 하는 것이었다. 그런데 여성이 가정을 버리고 나와 출가생활을 하겠다고 했다. 이것은 사회적 저항이 예견되는 혁명적인 요청이었다. 마하파자파티가 처음 허락을 구한 시점인 붓다 성도 후 15년경은 붓다의 교단이 확실하게 뿌리를 내리기에는 아직 이른 시기였다. 붓다의 가르침이 널리 전파되기 전이고, 비구 교단을 외호할 재가 신도도 아직 충분하지 않은 상황에서 사회적 저항에 맞서면서 또 하나의 교단을 세운다는 것은 쉽게 결정할 수 없는 일이었다.

《사분율》에서 계율이 정해지는 과정을 보면, 비구나 비구니가 수행자로서 비난받을 만한 행동을 하면 재가 신도인 거사들이 이에 대해 비방하고,[45] 그 비방하는 여론이 비구를 통해 붓다에게 알려지면 붓다는 그런 행동을 금지하는 계율을 제정한다. 제정된 계율대로 행동하다가 또 다른 문제가 발생하면 그에 대해 예외를 인정하는 계율이 다시 생긴다. 그 사회의 여론을 무시할 수 없었던 초기 교단 운영자로서 붓다가 겪은 애로와 이에 대처해가는 붓다의 유연성을 볼 수 있다.

비구 교단은 불음행(不淫行)을 철저히 지키고 있었다. 음행은 4바라이에 해당하는 죄로서 승가에서 추방된다. 이러한 교단에 이성이 들어오는 것은 타락의 요인이 증가하는 것이다. "어떤 곡식 밭에 서리와

45) 초기 교단에서는 걸식을 기본으로 했기 때문에 시주자들의 여론을 무시할 수 없었다. 비구의 행동이 여법하지 못했을 때, 시주자들이 '이제부터 비구들을 공경하거나 공양하지 말자'고 하는 일이 종종 있었다. 《사분율》 제2권 〈4바라이법〉 大正藏 22, p.576상.

우박이 내리면 즉시에 파괴되는 것과 같이 여자들이 불법에 출가하여 구족계를 받으면 불법이 오래가지 못하리라"는 붓다의 우려는 혼성 교단이 가져올 타락의 가능성에 대한 경고이다. 그러므로 만약 비구니 승가가 먼저 있었다고 한다면 비구 승가의 성립 역시 그 같은 엄중한 조건 속에서 이루어졌을 것이다.[46)]

율전의 기록을 보면 비구니 승가가 형성된 후에 남녀의 문제가 제기되어 계율이 정해진 기록들이 적지 않다.[47)] 이런 일반적인 사정 외에 마하파자파티를 받아들이는 데에는 특별한 사정이 또 하나 있다. 마하파자파티와 그의 추종자인 5백여 명의 여성은 석가족 출신으로 그녀들 중 다수는 이미 붓다의 교단에 들어와 있는 비구들의 아내였다. '사문 고타마가 자녀들을 빼앗아가며 과부들을 만들고 가정을 파괴한다'고 붓다를 비난하던 바라문이나 외도들에게는 비방의 구실 하나를 더 주게 되는 일이다. 실제로 비구니 승가가 설립된 후 비구니들이 비구와 같이 거리를 다니는 것을 보고 "보라, 저들이 바로 그들의 부인들, 첩들이다."라고 비난하는 이들도 있었다고 한다. 그러나 그때는 이미 불교 승가가 많이 알려져 있었기 때문에 이런 비방은 영향력이 크지 않았다고 한다. 불교 승가의 초기에 비구니 교단이 세워졌더라면 불법의 전파를 방해할 수도 있었을 것이다.[48)]

---

46) 佐藤密雄, 김호성 옮김 《초기불교 교단과 계율》 p.159.

47) 《사분율》 제13권 〈90단타〉 중 26, 27 등이 제정된 사연을 보면 비구와 비구니가 으슥한 곳에 들어앉아 있는 것을 보고 거사들이 비난하여 이를 계기로 '비구와 비구니가 단둘이 앉아 있지 마라'는 계율이 제정되었다. 또한 육군(六群) 비구와 육군 비구니가 함께 세간으로 돌아다니자 거사들이 보고 비난하여 '약속하고 다니지 마라'는 계율이 제정되는 등 승단이 남녀로 구성되면서 문제가 적지 않게 생겼음을 기록을 통해 알 수 있다. 육군 비구와 육군 비구니는 붓다 재세 시 승단에서 무리를 지어 다니면서 나쁜 짓을 많이 저지른 이들이다. 大正藏 22, p.651하-652하.

48) 모한 위자야라트나, 앞의 책, p.34.

다음은 여성이 지닌 특수성과 출가자 생활양식과의 관계이다. 초기 불교의 비구는 출가생활의 원칙으로 사의법(四依法)을 지켜야 했다. 출가자는 ①걸식하여 먹고 ②분소의(糞掃衣)를 입고 ③수하좌(樹下坐)에 앉아 수행하고 ④진기약(陳棄藥)을 썼다. 이런 비구의 생활양식과 여성을 연관 지어 생각해보면, 이는 인도의 자연환경에서 여성에게는 적합하다고 하기는 어려운 면이 있다. 인도는 매년 6월 중순부터 시작하여 3개월간 계절풍의 영향을 받아 비가 많이 온다. 하천의 물이 불어나서 범람하는 자연환경은 출가자의 유행생활을 어렵게 하는 요인이었다. 특히 수하좌의 생활은 여성에게는 어려운 조건이다. 당시 인도사회의 치안 상태가 어느 정도였는지 가늠하기는 어렵지만 율전의 기록을 보면 '비구와 비구니는 약속하고 함께 배를 타지 마라'는 계를 지키기 위해 각각 강을 건너다가 비구니들이 도적들에게 겁탈당하는 사건이 생겨 예외 규정을 세우게 된 경우도 있었다. 특히 여성의 모성적 기능은 본인과 관계가 있는 경우는 말할 것도 없고 본인의 의사와 관계없는 경우에도 임신이라는 형태로 표면화되기 때문에 출가 수도자의 교단으로서는 생각해야 할 문제이다.

여성의 수계득도(受戒得度)를 붓다가 거부했다는 전설이 나오게 된 것은 숲 속에서의 독좌(獨坐), 선정 생활이 중요한 한 이유가 되었다고 볼 수 있다.[49] 또한 유복한 가정 출신인 여성들이 열악한 수행 환경을 감당할 수 있을까 하는 우려도 작용했으리라고 본다. 붓다는 여성이 가지고 있는 이런 조건들을 생각하지 않을 수 없었을 것이다. 이런 사정 때문에 교단의 체제가 잘 정비되고 나서도 비구니들은 불교가 잘 뿌리내려서 안전하다고 생각되는 지역에서만 거주했다고 한다.[50]

---

49) 李永子〈인도불교 교단에서의 여성〉《李箕永博士古稀記念論叢》p.37.

50) 모한 위자야라트나, 앞의 책, p.33.

이 같은 사실들을 고려하면 "부처님은 종교상의 성자일 뿐 아니라 위대한 관리자였다. 부처님은 불교 교단과 일반 사회와의 사이에 문제가 일어나는 것을 염려하신 것이다. 부처님의 염려는 다수의 제자를 통솔하는 지도자로서는 당연한 것이다. 부처님이 여성을 차별한 것은 아니다."[51) 라는 지적은 타당성이 있다.

결국 붓다는 여성을 교단에 받아들이는 결정을 내렸다. 마하파자파티가 붓다에게 와서 출가 허락을 받으려 했던 시점에서 허락이 내려진 때까지는 약 5년여의 세월이 걸렸다. 비구 교단의 여건도 좀 더 나아졌을 것이고 여인들의 간청도 한층 집요해졌다. 여인들은 머리를 깎고 가사를 입고 붓다에게 왔다. 그녀들로서는 배수의 진을 친 셈이다. 여기에 시자인 아난의 역할이 더해졌다. 스승의 정의와 진실을 외면하지 못하는 속성을 알고 있는 아난의 질문이 붓다의 마음을 움직였다. 붓다는 사람들이 여러 번 간청하면 그 의견을 자주 받아들였고 대의를 내세우는 제자의 의견에 따르기도 했다고 한다. 붓다의 유연한 성품을 여기서도 엿볼 수 있다. 그런데 여인출가의 조건으로 제시되었다는 비구니팔경법은 힌두 사회의 완강한 사성제도를 부정한 붓다의 기본 사상과는 다른 성차별적인 계율이다. 팔경법은 과연 붓다의 진심에서 나온 계율일까.

여기서 앞 장(붓다의 여성관)에서 논의했던 올덴베르크나 빈터니츠의 견해를 다시 상기하게 된다.[52) 오늘날 우리가 보는 불교 기록의 초시간적인 특성을 생각하면 비구니팔경법은 '붓다가 제정한 계율이다' '후대의 부가일 것이다'라는 두 가지 관점이 모두 가능하다.

---

51) 梶山雄一《空の思想》p.202.

52) 모한 위자야라트나, 앞의 책, p.22. "계율의 각 조문은 붓다의 지시에 의해 만들어졌지만, 붓다 입멸 후 몇 가지 계율들과 그 추가 조문이 점차 발전했을 가능성이 농후하다. 그러나 이를 확인하기는 쉽지 않다."

붓다가 제정한 계율이라고 보는 입장은 율전의 내용을 액면 그대로 보는, 다시 말해 문제의식이 없는 견해이다. '후대의 부가'라는 입장은 계율의 내용을 분석할 때 납득할 수 없는 점이 있다는 걸 부정하지 않는 견해다. 그 내용이 붓다의 사상에도 어긋나고, 또 그대로 따르는 것은 시대에 맞지 않는다고 보는 것이다. 초시간적인 기록이 어쩔 수 없이 내포하게 되는 몇 가지 모순점의 분석을 통해 '후대의 부가'라는 견해 쪽에서 타당성을 찾을 수 있다.[53] '붓다가 제정한 계율'이라는 주장의 문제점을 짚어보자.

첫째, 팔경법의 내용은 비구와 비구니 사이의 관계에 대해서만 규정짓고 있다. 출가의 절차로 치러야 하는 구족계를 대신하기에는 너무 편파적이다. 비구니의 지위를 비구의 하위에 두려는 의도가 지나치게 드러나고 있다. 삼보(三寶)에 대한 귀의도 없이 오로지 비구니가 비구에 대해 어떤 태도를 가져야 한다는 것만으로 구족계를 대신한다는 것은 합리적이지 못하다. 붓다와 같은 인류의 스승이 이렇게 편파적인 입장에서 교단의 규율을 만들었다는 것은 납득하기 어렵다. 그러므로 '이들 〈비구니건도(比丘尼揵度)〉의 기술이 과연 역사적인 사실이었는가'를 의심해 보는 것은 당연하다.[54]

팔경법을 말하는 《사분율》 〈비구니건도〉에는 계율의 근본 정신이 과연 무엇인가를 일깨워 주는 기술이 포함되어 있다. 그 내용을 보면 어떤 비구가 수도를 그만두려 하는 것을 알게 된 마하파사파제 구담미는 '비

---

53) 비구니팔경법의 내용으로 보아 후대의 부가일 가능성이 높다는 의견은 여러 학자에 의해 제시되었다. 平川 彰 《律藏の硏究》 1970, p.575 ; 永崎亮寬 〈Mahāpajāpatī-Gotamī 比丘尼の出家具足に關する一考察〉《印度學佛敎學硏究》 제26권 제2호, 1978, p.145 ; 李永子 〈불교 여성관의 새로운 인식〉《한국여성학》 창간호, 1985, p.72 ; 全海住 〈比丘尼敎團의 成立에 대한 考察〉《韓國佛敎學》 第11輯, 1986, p.326.

54) 平川 彰, 앞의 책, p.575.

구니는 비구를 꾸짖지 못한다'는 계율 때문에 비구를 꾸짖지 못한다. 이에 마하파사파제는 붓다에게 나아가 비구니는 비구를 절대로 꾸짖을 수 없는지 묻는다. 붓다의 대답은 다음과 같다.

"비구니가 비구를 절대로 꾸짖지 못하는 것이 아니요. 비구니는 비구에게 욕을 하지 말아야 하며, 꾸짖지 말아야 하며, 소견을 깨트렸다, 계를 범했다, 위의를 깨트렸다 하여 비방하지 말아야 하오. 이렇게 꾸짖지는 못하오. 고타미여, 보다 높은 계를 지니게 하거나 보다 높은 선정을 닦게 하거나 보다 높은 지혜를 얻기 위해서 배워 묻고 경을 외우고 하는 따위의 일은 꾸짖어도 좋소."[55)]

계율의 근본 정신이 무엇인지를 나타내 주는 말이다. 계율의 근본 정신은 어느 집단을 다른 집단의 하위에 두어, 옳고 그름을 가리지 않고 상위 집단이 하위 집단 위에 군림하게 하려는 것은 아닐 것이다.

둘째, 4, 5조에는 식차마나, 육법(六法), 이부중(二部衆) 등의 말이 나오는데 이러한 말이 들어 있는 것으로 보면 팔경법이 후대의 것이라고 추정할 수 있는 근거가 된다. 즉 마하파사파제 구담미의 출가를 허락하는 시점에서는 아직 비구니 교단이라고 불릴 수 있는 출가 집단이 없었는데, 이를 가정하여 이부중이라고 말하기는 어렵다. 또한 이 시점에서는 식차마나도 존재하지 않았다.[56)] 식차마나는 비구니 내지 사미니의 존재를 전제로 해야 있을 수 있는 출가자의 단계인데, 아직 비구니도 없는 시점에서 식차마나에 대한 언급까지 들어 있다는 것은 기술의 신빙성을 의심하기에 충분하다.

---

55) 《사분율》 제48권, 大正藏 22, p.927상.

56) 永崎亮寬, 앞의 논문, p.145.

붓다가 계율을 제정하는 과정을 보면 거의가 수범수제(隨犯隨制)이다. 일어날 수 있는 문제점을 예견하여 이를 방지하는 계율을 제정하는 것이 아니라, 어떤 문제가 생겼을 때 그에 대한 계율이 제정되었다.[57] 그런데 팔경법에는 아직 비구니 교단이 형성되어 있지도 않은데 앞으로 있을 수 있는 문제를 가정하여 비구니의 비구에 대한 태도가 규정되어 있으며, 식차마나에 대한 언급까지 있다. 따라서 이것은 비구니 교단이 어느 정도 형성된 후 만들어진 계율이라고 볼 수 있다.

셋째, 팔경법의 내용이 비구니 구족계(348계)에도 보이고 있으며, 만약 범했을 경우의 벌의 경중에는 너무 차이가 많은 점을 들 수 있다.[58] 즉 《사분율》에 나와 있는 팔진형수불가과법과 구족계를 비교하면 팔진형수불가과법의 제5조목을 제외한 모든 조목이 구족계 중 바일제(波逸提)의 내용과 같다.[59] 178조의 바일제가 제정된 동기를 살펴보면 대부분이 사소한 사건들을 일으켜서 제정된 것이다. 178조목 가운데 비구와

---

57) 붓다는 초기에 계율을 제정해 달라는 제자들의 청에 "가만히 있으라. 여래가 그 시기를 알아서 하리라. 사리불아, 여래는 모든 비구들을 위해 계율을 제정하지 않겠노라. 왜냐하면 아직 비구들 중에서 유루(有漏)의 법을 범하는 이가 없기 때문이니라." 하였다. 그 후 제자들이 유루의 법을 하나씩 범해서 문제를 일으키고 일반 사회의 비난을 받을 때마다 그 행위를 금하는 계율이 하나씩 제정된 것이다. 《사분율》 제1권, 大正藏 22, p.569하.

58) 全海住, 앞의 논문, p.328.

59) 팔진형수불가과법의 제1 조목은 구족계 중 바일제 제175(若比丘尼見新受戒比丘.應起迎逆恭敬禮拜問訊請與坐.不者除因緣波逸提)와 그 내용이 같고, 제2, 3 조목은 바일제 제145(若比丘尼罵比丘者波逸提)와 그 내용이 같다. 제4조목은 바일제 제139(若比丘尼與人受具足戒已.經宿方往比丘僧中.與受具足戒者.波逸提.)와 그 내용이 같고, 제6조목은 바일제 제140, 141(若比丘尼不病.不往受敎授者.波逸提./ 若比丘尼半月 應往比丘僧中求敎授.若不求者波逸提.)과, 제7조목은 바일제 제143(若比丘尼在無比丘處夏安居者.波逸提.)과 내용이 같다. 또한, 제8조목은 바일제 제142(若比丘尼僧夏安居竟.應往比丘僧中說三事自恣見問疑.若不者波逸提.)와 그 내용이 같다. 《사분비구니계본》 大正藏 22, p.1038상-중.

비구니 사이에 문제가 생겨서 제정된 것이 11조목이다.[60] 그중 8조목이 이미 제정된 것으로 되어 있는 팔경법과 같은 내용을 어겨서 바일제가 되었다.

팔경법이 제정된 취지는 앞에서도 서술한 바와 같이 여인출가의 허용 조건이었다. 교단의 형태가 바뀌는 일대사의 조건부이고, 마하파사파제 비구니의 출가에서는 구족계를 대신하는 것이었다. 그런데 계율 가운데 가벼운 바일제에 같은 내용이 포함되어 있다.[61] 팔경법이 구족계를 대신할 만큼 중요한 법이라면 그 벌도 엄중해야 한다. 이 두 계율 사이에 모순점이 드러나고 있다.

이상에서 살펴본 몇 가지 문제점으로 보면 팔경법은 붓다가 마하파사파제 구담미의 출가에 즈음하여 제정한 계 조목이라기보다는 비구니 교단이 형성된 이후에 만들어진 것이라고 보는 것이 타당하다. 즉 비구니 교단이 성립된 이후에, 여성이 출가하는 것을 귀찮게 생각한 비구 교단이 이를 정리, 제정한 것이라는 추정이 가능하다.[62]

여성에 대한 출가가 허용된 이후 비구와 비구니 교단 사이에는 많은 문제들이 일어났음을 알 수 있다. 불음행을 엄격하게 지켰던 붓다의 교단에 여성이 참가함으로써 교단의 양상이 달라졌다.

우선 비구와 비구니 사이에서 일어나는 사건들이 적지 않았다. 율전의 기록들을 보면 불도 수행을 목표로 하여 구족계를 받고 출가한 붓다의 제자들이라 하여도 모두 '번뇌가 소멸되고 청정행을 이룩한 이'라고 할 수는 없다. 앞에서 서술한 바와 같이 비구와 비구니들이 무리를 지어

---

60) 바일제 중 75, 139, 140, 141, 142, 143, 144, 145, 172, 174, 175 등은 비구와 비구니 사이에서 문제가 생겨 제정된 것이다.

61) 바일제는 계율 가운데 가벼운 것으로, 이를 범한 이는 범계에 관련된 재물을 내놓거나 혹은 다른 이에게 참회함으로써 죄가 없어지는 것이다.

62) 永崎亮寬, 앞의 논문, p.145.

다님으로써 거사들의 비난을 받아 이를 계기로 계율이 제정된 경우도 있고, 비구와 비구니가 으슥한 데서 단둘이 있는 것이 발견되어 거사들의 비난을 받는 경우도 있었다. 남녀 사이의 관계를 일체 부정했던 교단으로서는 이러한 사건들은 문제가 아닐 수 없었다. 《사분율》에 의하면 비구나 비구니들의 행동이 옳지 않았을 때 거사들이 이를 보고 '사문(沙門) 석자(釋子)가 부끄러움도 없고 범행을 닦지도 않는다.'고 하면서 비구나 비구니의 행동을 비난하면, 이 사실이 비구들을 통해 붓다에게 알려지고 이에 계율이 정해지는 형태가 많다. 외부에서 교단을 바라보는 시선에 무심할 수 없었다는 증거이기도 하다. 이때 외부의 비방에 대한 책임이 비구니에게 전가되는 것은 교단의 주도권을 비구들이 가지고 있는 상황에서 가능한 일이다.

율장 〈비구니건도〉의 기록대로라면 비구니가 팔경법을 수지하겠다고 한 것은 비구에 대해 일체의 공경심을 갖겠다고 한 것인데, 비구에 대해 공손치 못해 물의를 빚은 사건들이 적지 않다. 비구와 비구니들 사이에서 알력이 노출되는 경우이다.[63] 여성을 비하하는 인식이 뿌리 깊은 인도사회에서 보수적인 비구들이 비구니의 비구에 대한 반목을 받아들이기는 어려웠을 것이다. 비구니 교단이 형성됨으로써 발생했던 여러 가지 사건들은 그 책임이 비구니에게 돌려지고 비구니 교단을 마땅치 않게 생각한 비구들이 팔경법과 같은 계율을 제정했을 것이다. 그리하여 비구니 교단을 비구 교단의 하위에 두려 한 것은 위에서 열거한 계율상의 문제점에서 추정할 수 있는 사실이다. 더구나 제1, 제2의 결집에 비

---

63) 대표적인 예를 든다면 《사분율》 〈비구니건도〉의 끝 부분에 나오는 사건을 말할 수 있다. 아난의 제자 60명이 모두 젊은이였는데, 계를 바치려 하는 것을 알고 가섭이 아난을 비난한다. 이때 한 비구니가 아난의 편에 서서 아난을 변호하고 가섭을 비난한다. 비구와 비구니 사이에 존재했던 갈등의 일면이 표출된 사건이다. 《사분율》 제49권, 大正藏 22, p.930상-하.

구니가 참가했다는 전설은 없다. 비구니의 계율은 비구승가에 의해 결집되었으므로 비구니에 대한 비구들의 의식이 반영되었을 것이다.

(4) 여성의 성도

이상에서 살펴본 바와 같이 마하파사파제 구담미의 출가에서 비롯된 여성출가에 관한 율전의 기술은 논란의 여지를 내포하고 있음을 알 수 있었다. 그러나 이 율전의 기록이 부가나 첨삭이 없는 역사적 사실 그대로라고 하더라도 붓다가 여성을 교단에 받아들여 남성과 같이 정신세계의 동참자가 되는 길을 열어 준 것은 '자유의 역사에서 반짝이는 등불'[64] 이라고 할 수 있다.

정리해서 말하면, 비구니팔경법이나 정법 5백 년 감소설이 여성을 차별하는 근거로 쓰여 온 것은 가부장적인 남성 중심의 교단이 만들어 낸 산물일 뿐이다. 거슬러 올라가 붓다의 본회에 초점을 맞춘다면, 붓다가 여성은 도기(道器)가 아니라고 경시했거나, 여성의 정신적인 능력을 의심한 일은 없었다는 것이 많은 연구자의 주장이다.[65] 붓다가 여인의 출가를 즉석에서 허락하지는 않았지만, '여성이 불법(佛法) 가운데 출가하여 수도하면 남성과 같은 경지에 도달할 수 있는가'라는 아난의 질문에, 분명히 여성도 아라한이 될 수 있다고 확답했다는 사실, 다시 말해 붓다가 여성의 성도에 대해 부정적인 말을 하지 않았다는 사실은 불교의 여성관을 말할 때 놓쳐서는 안 될 착안점이다.

---

64) I.B. Horner, 앞의 책, p.113.

65) 木村泰賢, 朴京俊 譯《原始佛教思想論》p.247 ; I.B. Horner, 앞의 책, p.103. 호너 여사도 "붓다는 여자는 남자와 동등하지 않다거나, 여자의 본성이 니르바나를 성취하는데 적합하지 않다는 말을 한 일이 없다."고 주장했다.

만일 여성의 종교적 능력이 본질적으로 열등하다면, 아난의 권청이 있었다 해도 여성의 출가는 허락되지 않았을 것이다. 여성의 출가는 교단의 형태를 바꿔 놓은 대사건이며, 정법 5백 년의 감소라는 것은 교주로서는 적지 않은 부담이다. 이를 감수하면서까지 여성의 출가를 허용한 데에는 그럴 만한 이유가 있었던 것이다.

> 보통 고타마가 여인들이 교단에 들어오는 것을 마지못해 허가한 것처럼 해석하고 있지만 이 상황에 대한 그의 태도에 대해 우리의 전반적인 의견을 획일적으로 하는 것은 잘못이다. 또한 승려들이 고타마의 말을 편집하면서 고타마가 여인들에게 주었던 중요성을 최소화하려고 한 것을 기억해야 할 것이다.[66]

호너 여사의 이 말은 시사하는 바가 있다. 비구니 교단의 성립에 관한 불전의 기록들이 여성에 대한 편견의 소산이라면 이는 마땅히 불식되어야 한다. 특히 이 기록들에서 여성도 아라한이 될 수 있다는 붓다의 확언보다는 비구니팔경법이나 정법 5백 년 감소설과 같은 것이 더 강조되어 오고 있는 것은 남성 중심의 사고에 의한 결과이다.

성도(成道)에서 성의 차이가 문제가 안 된다는 것을 단적으로 증명하고 있는 문헌은 《장로니게(長老尼偈)》이다. 우리는 《장로니게》에서 비구니들의 성도 경지가 적나라하게 표출되고 있는 것을 볼 수 있다.

---

66) I.B. Horner, 앞의 책, p.105.

3.《장로니게》에 나타난 여성성도

(1)《장로니게(Therīgāthā)》의 구성

《장로니게》는《장로게(Theragāthā)》와 함께 붓다의 제자인 비구니들과 비구들의 게송을 모아 놓은 초기불교 문학 작품집이다. 유부(有部) 계통의 문헌에도 '제상좌소설게(諸上座所說偈)' '비구니소설게(比丘尼所說偈)'[67] 라고 기록이 남아 있는 걸 보면, 다른 부파에도 이것이 전해졌던 것 같다. 그러나 오늘날 우리가 그 내용의 전모를 볼 수 있는 것은 팔리 텍스트를 통해서이다.[68]

《장로니게》에는 게송의 수에 따라 각각 1수에서 75수까지 16장으로 편집되어 522개의 게송이 수록되어 있다. 작자로는 3명의 이름이 밝혀지지 않은 비구니를 포함하여 71명 비구니의 이름이 나온다. 이 71명 외에 파타차라 비구니의 설법을 듣고 붓다에게 귀의한 '30명의 장로 비구니'와 '파타차라의 제자인 5백 명의 비구니'라는 이름으로 각각 5수, 6수

---

67) 잡아함 제49권, 大正藏 2, p.362하.

68) *Theragāthā*와 *Therīgāthā*의 원문 출판은 Pali Text Socity가 세워지고 3년째인 1883년 H. Oldenberg와 R. Pischel 두 교수에 의해 편집, 발간되었다. 그때까지 거의 2천여 년 동안 이 게송들은 아무 주석 없이 종려나무 잎에 써진 필사본으로 남아 있었다. R. Pischel 교수는 *Therīgāthā*를 편집하면서 *Dhammapāla*의 주석을 발췌해서 실었다. *Therīgāthā*는 1909년, *Theragāthā*는 1913년에 Rhys Davids 여사에 의해 영역본이 출간되었다.

의 게송이 수록되고 있어, 작자를 중심으로 하면 73명으로 분류된다.[69] 이렇게 작자의 이름이 쓰여 있지만, 그 내용을 살펴보면 비구니의 게송이라고 하기가 어려운 것도 있다. 즉 게송 2에서 10까지 9개의 게송은 존경하는 스승 붓다가 9명의 장로니에게 했던 설법 내용을 그대로 기록한 것이다. 또 19와 20의 두 게송은 견습니 난다에게 내린 스승의 가르침 그대로이다. 개인이 아닌 그룹의 이름으로 기록되어 있는 두 무리의 게송을 보면 '30명의 장로 비구니'[70]의 이름으로 된 게송은 파타차라 비구니의 "비구니들이여, 붓다의 가르침을 실천하라. 그렇게 하면 후회할 일이 없으리. 서둘러 두 발을 씻고 한쪽에 앉으라. 마음의 평안을 얻는 일에 전념하면서 붓다의 가르침을 실천하라"는 설법을 듣고 "마음의 평안을 얻는 일에 전념하면서 붓다의 가르침을 실천하였다"는 공동의 체험을 내용으로 했다.

게송의 내용이 공동 체험이라고 하여 게송의 작자도 개인이 아닌 집단이라고 보기는 어렵다. '파타차라의 제자인 5백 명의 비구니'의 이름으로 된 6수의 게송[71]도 아이의 죽음을 괴로워하던 한 여성이 파타차라의 설법을 듣고 비탄에서 벗어나는 과정을 간결하게 그리고 있다. 이것은 5백 명 모두의 체험이라기보다는 어느 한두 명 비구니의 체험이라고 보는 것이 옳을 것이다. 그가 속해 있던 비구니 그룹에서 인지되어 전해진 것이라고 보는 것이 타당하다. 아이를 잃는 슬픔이란 여성들이 공통

---

69) 장로니의 수를 각각 71명 또는 73명으로 다르게 보는 견해가 있다. I.B. Horner, 中村 元 등은 73명으로 보고 있으며, Mrs. Rhys Davids, 李永子(〈인도불교 교단에서의 여성〉《李箕永博士古稀紀念論叢》p.58) 등은 71명으로 보고 있다.

70)《장로니게》117~121 ; *Psalms of The Early Buddhists : I .Psalms of The Sisters*, tr. by Mrs. Rhys Davids(London, P.T.S. 1909), p.73-75.

71)《장로니게》127~132 ; *Psalms of The Early Buddhists : I .Psalms of The Sisters*, tr. by Mrs. Rhys Davids(London, P.T.S. 1909), p.77-79.(이하에서 인용하는《장로니게》는 그 번호만을 적는다.)

으로 가질 수 있는 인생의 괴로움 가운데 하나이기 때문에 그 괴로움에 동감하고, 그 괴로움에서 벗어나는 종교적 체험은 공감대를 형성하여 전수되기에 충분하다. 또 312에서 337까지의 게송 26수는 순다리의 작이라고 되어 있지만, 수자타라고 하는 바라문과 장로니 바셋티와 수자타의 딸인 순다리의 문답으로 희곡적인 구성을 보여주고 있다. 157부터 162의 게송 6수는 붓다의 양모이며 비구니 교단 설립의 리더인 마하파자파티 고타미의 붓다에 대한 찬가이다.

이와 같이 형식상으로 볼 때 《장로니게》는 체계성이 없어 보이는 일면이 있다. 더구나 작자인 장로니들 가운데 20여 명의 이름만이 다른 팔리 성전 가운데서 발견되고 나머지 장로니에 대한 기록은 없어서 그들이 역사적인 인물이라는 확신을 갖기 어려운 점이 있다. 그렇다고 해서 그들이 실존 인물이 아니었다고 단정 지을 수는 없다.[72)]

이런 형식상의 문제 때문에 이 문집의 가치가 떨어지는 것은 결코 아니다. 형식이 담고 있는 내용을 보면 마치 전체가 한 사람의 정신세계를 보여주는 것처럼 전편에 흐르는 종교적 이상과 이 이상에 도달하려는 치열한 구도 정신이 통일성을 이룬다. 타협 없는 종교적 열정에서 우러나온 이 게송들은(*Theragāthā*를 포함해서) 《리그베다》의 찬가 이래 인도 서정시 가운데서 최상의 작품으로 손꼽히기도 한다. 특히 《장로니게》는 여성들의 작품으로, 당시 여성들의 생활 단면과 종교적인 내면세계를 엿볼 수 있는 귀중한 문헌이다.

《장로게》와 비교할 때 《장로니게》에는 여성적인 특성이 많이 반영되어 있다. 《장로게》에는 사회적인 경험과 자연에 대한 묘사가 많은 반면 《장로니게》에는 개인적인 체험이 적나라하게 나타나 있다.[73)] 그 체험에

72) Mrs. Rhys Davids, *Psalms of The Early Buddhists*(*Psalms of The Sisters*, P.T.S. London, 1909), p.xvii.

73) I.B. Horner는 장로니들이 자연현상에 무감각하기 때문이 아니라 장로들보다 명상에

는 세속에서 딸로서 아내로서 겪어야 했던 여러 가지 일들을 비롯해, 교단에 들어와 수행자로서 겪었던 갈등들이 포함되어 있다.

이 게송들에서 특히 주목해야 할 부분은 장로니들은 교단에 들어오면 그들이 속해 있던 종성을 초월하여 '여래의 딸'[74] 이 된다는 점이다. 비구들의 '나는 여래의 아들'이라는 자각에 대응하여 '나는 여래의 딸'이라는 자각을 보여주는 것이다. 이는 당시 일반 사회 여성들에게는 허용되지 않던 평등사상에서 비롯된 발상이다. 이 평등은 바꾸어 말하면 당시 최고의 종성에 속해 있던 여성들이 정신적인 수련을 위해 그들이 누렸던 사회적 특권을 포기한 용기에 대한 대가이기도 하다. 그들의 위대한 스승인 고타마 붓다가 앞서 걸어간 길을 장로니들은 따라간 것이다.

《장로니게》의 작자인 장로니들의 출가 전 사회적 신분을 보면 전체의 60%에 가까운 여성들이 당시 상류계급에 속해 있었다.[75] 《장로니게》에 나타난 것만으로 당시 비구니 교단 전체의 인원 구성이 상류계급 출신의 여성 중심이었다고 말할 수는 없다. 하지만 붓다에게 귀의하는 여성들 중에는 상류계급의 여성이 많았고, 창녀 같은 하급계층 여성들도 붓다는 소외시키지 않았음을 알 수 있다. 《장로니게》에는 마하파자파티 고타미와 같이 붓다 재세(在世) 시의 실존 비구니의 게송이 있는가 하면, 후대의 것으로 보이는 이시다시 비구니의 게송(400~447)[76] 과 같은 것도 있어 그 성립에 오랜 시간이 걸린 것으로 보인다. 그 원형이라

더 집중하기 때문이며, 마음을 산란하게 하는 사물을 차단하려는 의지에서 자연에 대한 묘사가 적다고 분석하고 있다. 앞의 책, p.209.

74) 《장로니게》 336, "저는 당신의 딸이며 당신의 입에서 태어난 친자식입니다."

75) I.B. Horner, 앞의 책, p.167-168. 왕가 또는 귀족 가문 23명, 대상(大商) 가문 13명, 명문의 브라만 가문 7명, 별로 유명하지 않은 브라만 가문 9명, 가난한 브라만 가문 2명, 다른 종성 4명, 종성이 분명치 않은 사람 11명, 창녀 4명.

76) 이 게송에서 언급되고 있는 Pāṭaliputta나 Ujjenī는 아쇼카 왕 시대의 불교의 최대 중심지로서 붓다 재세 시, 또는 불멸 후 즉시 지어진 게송으로 보이지는 않는다.

할까 중핵이 될 만한 것들은 붓다 재세 시, 또는 불멸(佛滅) 직후에 써진 것으로 보이지만, 위에서 언급한 게송과 같이 후대에 써진 것으로 보이는 것도 있어 *Therīgāthā*라는 묶음으로 형성된 것은 교단의 확립 이후에서 아쇼카 왕 이후 100여 년간이라고 볼 수 있다. 이 게송들이 구두로 전해지다가 문자로 옮겨진 것은 기원전 80년경이라고 본다.[77)]

족장이 지배하는 시대가 시작된 이래 여성이 자기 자신에 대한 것이나 그가 본 사물에 대한 표현을 기록으로 남기기 위해 여성에게 쳐진 장벽을 통과하는 데 성공한 예가 드물었다.

리스 데이비즈 여사의 위의 지적처럼[78)] 보수적인 남성 중심의 교단에서 이 기록이 살아남아 후대에 전해졌다는 것은 초기불교 시대의 수행자들이 이 문헌을 성전에 포함시켰을 만큼 소중히 여겼다는 것을 말해 주는 것이기도 하다. 우리는 이 문헌의 존재를 통해 당시 비구니들에게 표현의 자유가 있었음을 짐작할 수 있다. 만일 표현의 자유가 억제되었다면 이런 시구들은 단편적으로 남아 있거나 아니면 사장되어 버렸을 것이다. 그런 의미에서 《장로니게》는 "세계에 유례가 없는 종교문학 작품"[79)] 이라고 해도 지나치지 않다.

(2) 초기불교의 성도와 《장로니게》

초기불교에서 불제자(佛弟子)가 이르는 최고의 경지는 아라한과(阿羅

77) Mrs. Rhys Davids, 앞의 책, p.xv.

78) Mrs. Rhys Davids, 앞의 책, p.xxiii.

79) 岩本 裕, 앞의 책, p.124.

漢果)이며, 붓다와 동격인 자는 누구도 없었다. 초기불교에서 말하는 나한도의 사과(四果) 중 첫째는 예류과(豫流果)로서 이는 성자의 부류에 막 들어간 지위이다. 둘째 일래과(一來果)는 다시 한 번만 이 세계에 돌아오면 해탈을 얻기 때문에 일래라는 이름을 얻은 것이며, 셋째 불환과(不還果)는 이곳에서 죽으면 다시 돌아오는 일이 없이 천상 세계에서 열반을 얻기 때문에 불환이라 이름한다. 마지막 아라한과는 해탈을 성취한 최고의 지위로서 인간, 천상의 공양에 응할 자격이 있는 자라는 의미이며, '제루(諸漏)가 이미 다하고, 범행(梵行)이 이미 서고, 소작(所作)은 이미 갖추어지고, 또한 후유(後有)를 받지 않는다'는 경계이다. 앞의 3과까지는 아직 배워야 할 것이 있기 때문에 이를 유학(有學, sekha)의 성자라고 하며, 제4과에 이르면 할 바를 이미 다 마치고 배워야 할 것이 더 이상 없기 때문에 이것을 무학(無學, asekha)이라고 한다.

이렇게 말하면 간단한 것 같지만 이에 대해 다시 각 과에서 끊어야 할 번뇌의 종류와 성질, 그 번뇌를 끊기 위한 수단으로서 선정, 그 선정에서 야기되는 지혜의 종류를 생각하는 단계가 되면 번쇄한 아비달마론(阿毘達磨論)의 영역이 된다. 이렇게 되면 나한위(羅漢位)라는 것은 보통 사람은 감히 꿈꾸어 볼 수도 없는 경지가 된다.

장로니들의 성도 세계를 논함에 아비달마 불교적인 접근을 시도할 의도는 없다. 단편적인 기록들을 가지고는 불가능한 일일 뿐만 아니라 만약 가능하다고 하더라도 그것이 과연 종교적인 진수에 합당한 일일까 하는 의문을 갖게 된다. 《장로니게》에 의하면 수자타(Sujātā)와 같은 재가여성은 붓다의 설법을 듣자마자 그 자리에서 아라한이 되었다고 하는데,[80] 우선 초기불교에서 성도는 출가자의 몫이었다는 주장에도 들어맞지 않는 이런 예를 어떻게 설명할 수 있을까. 초기불교적인 의미에서 나

---

80) 《장로니게》 145~150.

한위는 이렇게 설명되고 있다.

> 아라한이란 요컨대 심지를 개발하여, 지적(知的)으로 말하면 스스로 존재의 의의에 대한 일체의 의심이 제거되고, 정의적(情意的)으로 말하면 작은 욕망적 자기가 해방되었다고 하는 자각의 당체(當體)를 지칭하는 것에 다름 아니었다. 다시 말해서, 이것을 4과에 배대(配對)시켜 말하면 예류과란 요컨대 사제(四諦)의 가르침에 있어서 '과연 그렇다'는 지적 확신이 일어난 단계를 말하고, 이 확신에 입각하여 여기에서 다시 정의적 측면으로 나아가는 경과는 곧 일래, 불환이며, 마지막으로 그것들의 결과로서 스스로의 내면에서 해방적 자각이 용솟음치는 것을 아라한이라고 이름한다.[81]

위와 같은 입지에서 장로니들의 성도를 살펴보는 것이 보다 더 진실에 가까워지는 것이 아닐까 한다. 우리가 《장로니게》에서 만나는 것은 이론 이전의 체험인 것이다.

(3) 장로니들의 성도

주목해야 할 것은 《장로니게》에 나타난 자료를 보면 도의 경지에서 비구에 못지않은 비구니가 적지 않았다는 점이다. 장로니들은 곳곳에서 '마음의 해탈을 얻었다' '붓다의 가르침은 실현되었다'고 당당하게 외치고 있다. 비구니도 아라한의 경지에 이르면 비구와 동등할 수 있다는 것을 실증적으로 보여주고 있다. 출세간의 경지에서는 성의 구별은 의미가 없다.

---

81) 木村泰賢, 앞의 책, p.331.

붓다가 제자들에게 가르친 근본 교설은 장로니들의 게송에서도 잘 나타나 있다. 붓다는 육근(六根) 십이처(十二處) 십팔계(十八界) 사성제(四聖諦) 오온(五蘊) 오력(五力) 칠각지(七覺支) 팔정도(八正道) 등의 교설을 비구니들에게도 설(說)했다. 여성이라고 해서 특별한 설법을 한 것은 아니다. 붓다 교단의 평등성은 설법의 내용에서도 적용되었다.

사성제 중 고제(苦諦)에 대한 자각은 《장로니게》의 전반에 흐르는 근본 개념이다.[82] 직접적인 출가 동기에는 개인적인 차이가 있겠으나, 고(苦)에 대한 자각에서 그들의 수행은 출발했다고 할 수 있다. "불교에서 실천도의 기본적인 양태는 불교 진리의 자각과 그 생활의 구현이라는 한 쌍의 말에서 표현된다"[83] 라는 입장에서 본다면 장로니들이야말로 불교적 자각을 생활에서 실천한 구도자들이다. 장로니들이 극복해야 할 고(苦)는 보편적인 인간고와 여성에 대한 편견 때문에 당해야 했던 고를 포함해 이중고로 표현되고 있다. 장로니들은 붓다의 가르침 속으로 들어오는 것만이 이 고에서 벗어나는 길임을 깨달았다. 인간이 겪어야 하는 보편적인 고를 직시한 장로니들은 이와 함께 여성으로서 출가 전 세속에서 겪어야 했던 갖가지 고통을 거리낌 없이 토로한다.

수마나(Sumanā) 비구니는 이렇게 말한다.

> 삶을 엮어 가는 열여덟 가지 구성 요소가 모두 고통인 줄 알아, 다시는 미혹한 생명으로 거듭나지 마라.[84]

정학녀 난다(Abhirūpa-Nandā)는 이렇게 말한다.

---

82) 金勝惠, "Some Sociological and Religious Implications of the Psalms of the Early Buddhist Sisters(Therīgāthā)" 《李箕永博士古稀記念論叢》 p.88.

83) 舟橋一哉 《原始佛教思想の硏究》 p.126.

84) 《장로니게》 14. 이하 게송의 번역은 《비구의 告白, 비구니의 告白》(박용길 역, 민족사)을 참조했다.

난다여, 병들어 구차한 네 몰골을 보라. 오직 마음을 하나로 다잡아, 육신은 원래 이러한 것이라는 사실을 깨닫도록 힘쓰라.[85)]

아바야(Abhayā) 비구니의 게송도 다를 바 없다.

아바야여, 어리석은 이들이 애지중지하는 이 육신은 반드시 허물어져 사라질 수밖에 없는 것이다. 나는 이를 깊이 깨닫고 육신을 버리고자 한다.[86)]

세상에는 괴로움을 일으키는 일이 적지 않아서……[87)]

밧다 카필라니(Bhaddā of the Kapilas) 비구니의 출가 이유는 이렇다.

세상에 화가 있음을 알고 저희 두 사람은 출가했습니다.[88)]

이런 게송들은 장로니들이 인간고의 밑바닥을 직시하고 있음을 보여준다. 그뿐만 아니라 그들에게는 여성이기 때문에 받아야 했던 고통이 적지 않았다. 뭇타(Muttā) 비구니의 게송 중 "육신을 굽게 하는 세 가지 – 절구통, 절굿공이, 그리고 포악한 남편"[89)]은 장로니들이 여성이기 때문에 받아야 했던 고통을 집약해서 나타내 주는 말이다.

소나(Soṇā) 비구니의 토로는 여성의 슬픔을 대변하고 있다.

---

85) 《장로니게》 19.
86) 《장로니게》 35.
87) 《장로니게》 36.
88) 《장로니게》 66.
89) 《장로니게》 11.

저는 이 몸으로 열 명의 아이를 낳은 뒤로 힘도 없어지고 나이도 들어 수도 중인 어떤 비구니 스님을 찾아갔습니다. 그 스님은 다섯 요소의 모임, 여섯 가지 감각 기관과 그 인식 대상을 합한 열두 영역, 이에 다시 여섯 가지 인식 작용을 더한 열여덟 요소에 대한 가르침을 말했습니다. 이를 듣고 저는 출가했습니다.[90]

찬다(Candā) 비구니의 토로에서는 인간적 아픔이 느껴진다.

저는 이전에는 궁핍했습니다. 남편은 죽고 자식도 부모도 친척도 없고, 그리고 음식도 옷도 얻을 수가 없었습니다.[91]

바싯티(Vāsiṭṭhī) 비구니의 고백은 가슴을 후벼 파는 듯하다.

아들의 죽음으로 마음이 흩어지고 갈피를 잡을 수 없어, 맨몸으로 머리를 산발한 채 저는 이곳저곳을 떠돌아다녔습니다.[92]

키사 고타미(Kisā-gotamī) 비구니도 같은 고통을 겪었던 것으로 보인다.

가난한 제게 두 아이마저 죽고, 남편은 길 위에서 죽고, 부모와 형제들도 화장터에서 함께 장사지냈습니다.[93]

이 게송들은 아내로서, 어머니로서 받았던 고통을 보여준다. 장로니

---

90) 《장로니게》 102, 103.

91) 《장로니게》 122.

92) 《장로니게》 133.

93) 《장로니게》 219.

중에는 보통의 여성으로서는 겪기 어려운 참담한 경험을 한 이들도 있다. 웃팔라반나(Uppalavaṇṇā) 비구니는 모녀가 한 남자를 남편으로 섬겼었다고 고백하고 있으며, 이시다시(Isidāsī) 비구니는 결혼을 세 번 했으나 모두 버림받았다고 출가 전의 경험을 이야기한다.

출가 전에 창녀였던 이들도 있다. 앗다카시(Aḍḍhakāsī) 비구니는 기생시절의 몸값이 카시국 전체 예산과 맞먹을 만큼 유명한 창녀로서 '돈으로 살 수 없는 여자'라고 불렸었다. 그러나 그녀는 출가하여 아름다워지고자 하는 일체의 욕망을 버리고 삼명지(三明知)를 얻었다고 고백한다. 역시 창녀였던 암바팔리(Ambapālī) 비구니도 자기 육체의 아름다움이 지금 어떻게 되었는가 고백하며, "여러 요소가 한데 어우러져 이루어진 몸뚱이는 늙고 찌들어서 온갖 괴로움만 가득합니다. 그것은 칠이 벗겨진 황폐한 집입니다. 붓다의 말씀에는 거짓이 없습니다."라고 설파한다.

고에 대한 자각으로부터 출가 생활을 시작한 이들은 인간고의 원인이 잘못된 견해와 부질없는 욕망으로부터 비롯된 것임을 깨닫고 붓다의 가르침에 의해 해탈에 이르렀음을 말한다. 그 좋은 예가 찰라(Cālā) 비구니의 고백이다.

석가족에서 붓다가 탄생하셨습니다. 맞설 자가 없는 분입니다. 그는 저에게 일체의 그릇된 견해를 초극하는 진리의 가르침을 설해 주셨습니다.

첫째 괴로움, 둘째 괴로움의 발생, 셋째 괴로움의 극복과 넷째 괴로움의 소멸로 이끄는 여덟 항목의 실천론(팔정도)이 그것입니다.

그분의 말씀을 듣고 저는 그 가르침을 음미하며 나날을 지냈습니다. 세 가지 명지(三明知)에 도달했습니다. 붓다의 가르침은 실현되었습니다.

쾌락의 즐거움은 모두 무너지고, 무명의 암 흙덩이는 산산이 부수어졌습니다. 악마여 명심하라, 그대는 완전히 패배했다. 멸망한 자여.[94]

---

94) 《장로니게》 185~188.

이 계송은 사성제라는 불교의 진리에 대한 자각으로부터 출발하여 사성제를 생활상에 구현하는 실천도로서 팔정도를 실천하고 있음을 극명하게 보여준다. 초기불교 실천도의 고전적인 형태라고 할 수 있다.

장로니들은 고의 원인인 잘못된 견해와 부질없는 욕망에서 벗어나기 위하여 여러 가지로 수행한 자취들을 기록으로 남기고 있다. "수행자로서 완전한 계율을 받아 지니고……"[95] "개개인을 구성하는 다섯 요소의 일어나고 스러지는 모습을 있는 그대로 관찰하고……"[96] "마음을 굳게 다잡아서 잘 안정시키고, 형성된 모든 것은 다른 것이며 본래의 자기가 아니라고 반성하여……."[97] 등의 게송 구절에서 장로니들의 수행 면모를 엿볼 수 있다.

그러나 마음의 해탈이나 욕망으로부터 자유스러워지는 것이 쉽게 되는 것은 아니다. 해탈에 이르기까지의 정신적인 갈등은 때로 장로니들을 죽음 직전으로까지 몰고 가기도 한다. 장로니들은 출가한 후에 겪었던 정신적인 갈등을 거리낌 없이 토로한다. 수행의 목표가 확실한 만큼 그 갈등도 적지 않았음을 알 수 있다.

사마(Sāmā) 비구니의 고백은 매우 인간적이다.

> 네 번인지 다섯 번인지, 저는 절을 뛰쳐나왔습니다. 평안을 얻어 마음을 다스릴 수 없었기 때문입니다.[98]

또 다른 사마(Another Sāmā) 비구니도 같은 고백을 한다.

---

95) 《장로니게》 100.

96) 《장로니게》 96.

97) 《장로니게》 177.

98) 《장로니게》 37. 마음의 갈등 때문에 "네 번인지 다섯 번인지 절을 뛰쳐나왔다"는 말은 42, 169게에도 나타난다.

출가한 지 어언 스물다섯 해가 지났습니다. 하지만 그동안 마음의 평안을 얻은 적은 한 번도 없었습니다.[99)]

마음의 평안 없이 그 마음을 다스리기란 불가능합니다.[100)]

시하(Sīhā) 비구니의 고백은 수행의 어려움을 짐작게 한다.

바르게 생각하지 못했기에 저는 욕정으로 괴로워하고 지금까지 계속 들떠 있어 마음을 다잡을 수가 없었습니다.

번뇌에 사로잡혀 쾌락적인 생각만 좇고 욕망으로부터 벗어나지를 못하여 저는 마음의 평안을 얻을 수가 없었습니다.

바짝 야위고 파리하게 흉한 몰골로 저는 7년을 헤맸습니다. 엄청난 고통으로 밤이고 낮이고 안락을 얻기란 불가능하였습니다.

그래서 저는 새끼줄을 구해 들고 숲 속으로 들어갔습니다. '비참하게 살아가기보다는 그만 목을 매는 것이 낫겠다.'라고 생각하면서.

단단하게 매듭을 지어 나뭇가지에 매고 저는 그것을 목에 걸었습니다. 순간 저의 마음은 해탈했습니다.[101)]

이 게송들은 장로니들이 목표에 도달하지 못하고 있는 자신들을 얼마나 경책하고 있는가를 보여준다.

장로니들의 정신적인 갈등은 마라(Māra)와의 대화로 표현되는 경우가 많다. 셀라(Selā) 비구니의 게송(57~59), 소마(Somā) 비구니의 게송(60~62), 케마(Khemā) 비구니의 게송(139~144), 찰라(Cālā) 비구

99)《장로니게》39.

100)《장로니게》40.

101)《장로니게》77~81.

니의 게송(182~188), 우파찰라(Upacālā) 비구니의 게송(189~195), 시수파찰라(Sīsupacālā) 비구니의 게송(196~203), 웃팔라반나(Uppalavaṇṇā) 비구니의 게송(224~235)에서는 마라가 나타나 수행을 방해하는 갖가지 유혹의 말을 장로니들에게 한다. 마라의 유혹 내용은 육체적 쾌락에 대한 것, 이교에 대한 권유, 천상에 태어나도록 하라는 등 다양하다. 마라는 장로니가 명상에 잠길 때, 또는 정신적으로 흔들릴 때 나타나며, 장로니들은 이 마라와의 싸움에서 승리자로 우뚝 서게 된다.[102)]

장로니들이 겪었던 정신적인 갈등의 내용을 몇 개의 유형으로 나눌 수 있다. 장로니들이 가장 심각하게 받아들인 좌절감은 자신이 수행의 목표에 도달하지 못하고 있다고 느끼는 것이다. 집과 가족 등 모든 것을 버리고 교단에 들어온 장로니들의 목표는 아라한이 되는 것이다. 아라한에 도달하고자 하는 목표는 《장로니게》의 전편에 흐르고 있는데, 장로니 자신이 그렇지 못하다고 생각되었을 때 느끼는 좌절감과 갈등은 극에 달한 듯 보인다. 앞에서 인용했던 77~81게에서 볼 수 있는 바와 같이 차라리 목숨을 끊겠다는 결의까지 하게 된다.

마음의 평안을 얻지 못하는 것은 아라한이 되지 못하는 것 다음으로 장로니들을 괴롭힌다. '마음의 평안 없이 그 마음을 다스리기란 불가능하다'고 생각하기 때문이다. "출가한 지 스물다섯 해가 지났으나 마음의 평안을 얻은 적이 한 번도 없었다." "마음의 평안을 얻어 마음을 다스릴 수 없었기 때문에 네 번인지 다섯 번인지 절을 뛰쳐나갔다."는 말은 앞에서 인용한 바와 같이 장로니들이 정형구처럼 반복하는 말이다.

---

102) Māra는 장로니들에게만 나타나는 유혹자의 표상은 아니다. 여러 성전에서 Māra는 붓다에게도 나타나고 있는데 붓다가 말하는 Māra란 수도에 장애가 되는 것을 당시의 세속 신앙에 비교하여 이름 붙인 것으로, 환영으로서 악마를 의미했던 것은 아니다. 木村泰賢, 앞의 책, p.38.

육체에 대한 헛된 집착, 번뇌, 욕망에서 벗어나지 못하는 것들은 마음의 평안을 차단하는 요소로 표현되고 있다.

물질과 명성에 대한 집착도 장로니들의 정신적인 갈등에서 한 부분을 차지하고 있다. 그것은 곧 최고의 목표를 등지는 일이며 이로 인해 갖가지 번뇌에 시달리게 되고 수행자의 경지에 도달하지 못하는 원인이 되기 때문이다.[103]

장로니들의 게송 어디에서도 아라한이 된다는 수행자의 최고 목표에 대한 의구심을 찾아볼 수 없다. 특히 여성이기 때문에 아라한의 목표를 가질 수 없다든지 하는 자기 비하는 누구에게서도 발견되지 않는다. 딸, 아내, 어머니라는 여성의 역할에서 오는 제약이나 고통에 대한 호소는 있으나 '여성'에 대한 본질적인 열등감은 없다. 오히려 수행에서 여인이라는 점이 무슨 장애가 되겠느냐고 당당하게 외치고 있다.

> (악마가 말하기를) "헤아리기 어려워 선인들만이 체득할 수 있는 경지를, 손가락 두 마디 정도의 지혜밖에 없는 여인이 깨달을 수는 없다."
>
> (소마 비구니가 말하기를) "마음이 잘 안정되고 지혜가 솟아날 때, 바르게 진리를 관찰하는 데에 여인이라는 점이 무슨 장애가 될까?"
>
> "쾌락에 의한 희열은 마침내 파괴되고, 무명의 암흑덩이는 산산이 부수어졌다. 악마여, 명심하라…… 그대는 완전히 패배했다는 것을. 멸망한 자여."[104]

특히 소마 비구니의 이 게송은 당시 장로니들의 당당한 일면을 보여주고 있으며 종교적 능력에서 여성이 결코 차별당할 수 없다는 의식을 보여주는 면에서 주목할 만한 게송이다.

---

103) 《장로니게》 92~96.

104) 《장로니게》 60~62.

소마는 종교적 삶을 포용하는 모든 명칭상의 목적인 아라한과를 얻는 데 성적인 능력은 유전상으로 똑같다고 확신한다. 그녀는 자신의 시구들이 그녀 개인의 성취감에 대한 개인적인 찬양이 아니고 모든 성을 구분짓는 원인에 대한 도전이라고 자신 있게 확신한다. 그녀는 다른 모든 비구니들보다 넓은 견해를 가지고 있었기에, 자기 스스로 그리고 홀로 법(Dhamma)에 대해 이해를 한 것이 아니라 모든 여자들이 하고 있다고 주장했다. (중략) 소마의 시구에는 아라한과의 목적에 성(性)의 관련성을 인정하는 것을 거부하는 데에 그 독특함이 있다.[105)]

종교적 수행이란 타인이 나를 어떻게 보는가 하는 문제가 아니고 자기가 자신을 응시하는 문제이기 때문에, 이러한 자각에서 우러나오는 평등 의식은 오히려 당연한 것인지도 모른다. 장로니들이 "이성적인 존재로서 성과 관계없이 아라한인 그녀의 남자 형제들(비구들)에 의해 인정받는 엄격한 기쁨을 가질 수 있었던 것"[106)] 은 그들의 치열한 수행의 대가이기도 하다.

게송의 내용만으로 장로니들 중에서 몇 명의 장로니가 아라한의 과위에 올랐는지를 가늠하기란 쉽지 않다. 장로니들은 득과의 경지를 여러 가지로 표현하고 있다. "무명의 암 흙덩이는 부수어졌다" "번뇌의 오염에서 벗어났다" "삼명지(三明知)를 얻었다" "붓다의 가르침은 모두 성취되었다" "최후신(最後身)을 얻었다"고 장로니들은 말하고 있다. 그 가운데서도 '최후신을 얻는 것(The End of Living or of Rebirths)'은 게송 대부분에서 인식되는 지표파(地表波)를 형성하고 있다.[107)] 이 몸이

---

105) I.B. Horner, 앞의 책, p.164.

106) Mrs. Rhys Davids, 앞의 책, p.xxvi.

107) Mrs. Rhys Davids, 앞의 책, p.xxxvi-xxxviii. Mrs. Rhys Davids는 구원, 열반, 아라한과의 성취가 장로니들의 시에서 어떻게 표현되고 있는가를 다음과 같이 분석했다.(괄호

최후신이 되는 것은 초기불교에서 최고 목표인 아라한이 되는 것을 의미한다. 이제 더 이상의 윤회를 하지 않음으로써 고의 연결 고리에서 해방되는 것에 대한 장로니들의 열망에는 한 치의 후퇴도 발견할 수가 없다. 장로니들의 시에서 성취된 목표가 '해방' '자유의 획득' 등으로 마음을 묘사한 비율(23%)이 장로들의 시에서 이에 일치하는 몫의 비율(13%)보다 많다.[108] 즉 자유의 획득이나 해방은 죽음과 재탄생의 순환인 윤회로부터 해방을 의미하는 것으로, 이들이 아라한의 과위에 올랐음을 의미한다고 할 수 있다. 이렇게 본다면 당시 장로니 중에서 아라한이 된 이가 장로들보다 결코 적지 않았음을 알 수 있다.

> 아, 정말 자유롭다! 아, 영광스럽게 자유롭다.
> ……(중략)……
> 아, 나는 재탄생과 죽음으로부터도 벗어났다.[109]

뭇타(Muttā) 비구니의 이 게송은 수행의 결과로서 장로니들이 숨 쉬었

안은 표현이 나와 있는 게송의 숫자)
A.해방, 제거의 부정적인 모습으로서는 a.열반(5) b.자유(17) c.안락, 죄의 종료(11) d.생성 또는 생의 끝(9) e.갈망의 종료(10) f.휴식(3)으로 나타나고,
B.긍정적인 모습으로서는
1.주관적으로 a.정신적인 교화가 ①빛(12) ②통찰력(8)으로 마음에 그려지고, b.느낌의 상태는 ①행복(5) ②냉정, 고요, 만족(12) ③평화, 만족(11)으로 마음에 그려지고, c.의지의 상태는 ①자제(14)로서 마음에 그려진다.
2.객관적으로는 a.진실(3) b.최고선(1) c.최고의 기회(1) d.절제된 생활(2) e.최고자와의 영적인 교섭(6) f.취미에 맞는 일을 하는 것(5)으로 여겨진다.
그러나 이러한 모든 표현 가운데서도 "더 이상 몸을 받지 않는 것"은 모든 게송에서 직접적 표현이 없는 경우에도 항상 내재하는 인식이라고 분석하고 있다.

108) Mrs. Rhys Davids, 앞의 책, p.xxiv.

109) O free, indeed! O gloriously free(중략) Ay, but I'm free from rebirth and from death, 《장로니게》 11.

던 정신적인 공기의 내용이 무엇이었는가를 가늠케 하고 있다. 붓다 당시 수행의 기회가 성과 관계없이 주어지고 수행의 경지에서도 성의 차별을 말하는 것은 부당했음을 알 수 있는 증거가 되기도 한다.

《장로니게》에서 특히 주목되는 것은 두 명의 재가여성이 과위에 오른 기록을 보여주고 있다. 물론 이들은 과위에 오르자마자 곧 출가하여 비구니가 되었다. 앞에서도 언급한 바 있는 수자타(Sujātā)는 결혼한 여성으로서 시종을 거느리고 놀러 갔다 오다가 한 정사에서 붓다의 설법을 듣게 되었다. 수자타는 그 자리에서 진리를 깨쳐 아라한의 과위에 오른다. 그녀는 집에 돌아가 남편과 부모의 동의를 얻어 출가했다고 주석서는 기록하고 있다. 또 한 명의 여성 아노파마(Anopamā)는 부호의 딸로 아름다워서 많은 청혼이 있었으나 이를 뿌리치고 붓다의 설법 장소를 찾아갔다. 거기서 진리의 말씀을 듣고 그 자리에서 불환과에 들었다고 한다. 그 후에 출가해서 아라한이 되었다.[110] 물론 이것은 드문 예로, 이러한 사실을 들어 초기불교에서 재가여성의 성도가 일반적이었다고 말하기는 어려우나 이러한 예외도 있었다는 사실을 부정할 수는 없다. 후에 이르러 《승만경》에서 표현된 승만 왕비와 같은 경우는 이러한 재가신녀의 이상으로 표현된 것이라고 볼 수 있다는 학자의 견해도 있다.[111]

110) 《장로니게》 151~156.

111) 木村泰賢, 앞의 책, p.250.

제3장

부파불교의 여성불성불(女性不成佛)

1. 불신관(佛身觀)의 변화

초기경전에 의하면 붓다는 성도 후 녹야원에서 함께 구도 고행을 했었던 5비구에게 최초로 설법했다고 한다. 5인의 비구는 가까이 다가오는 붓다를 향해 "벗이여"라고 불렀는데, 이에 대해 붓다는 "비구들이여, 여래에게 이름을 부르거나 혹은 '벗이여'라고 하면 안 된다."[1] 라고 말하고 설법을 시작했다. 이 경우의 여래는 물론 붓다 자신을 가리키는 것이지만, 동시에 여래를 객관화하는 의미도 포함되어 있다. 객관화된 여래의 의미 속에는 인간의 육체를 가지면서 그 위에 증오(證悟)의 입장에서 미망의 세계를 초탈하고 있다는 자각이 나타나 있다. 역사적인 사실로서 붓다관은 이 정각 이후의 인격에 대한 해석으로부터 출발한다.

붓다 재세 시 직제자의 눈에 비친 붓다는 어떤 인격이었을까. 보는 입장에 따라 다소의 차이는 있었겠으나 인천(人天)의 도사(導師), 삼계(三界)의 구제주(救濟主)로서 거의 초인에 가까운 인격이었던 것 같다.

> 사리불이여, 여래는 청정하고 초인적인 천안(天眼)으로서 유정(有情)의 생사를 보고, 비천한 자와 고귀한 자, 아름다운 자와 추한 자, 행복한 자와 불행한 자를 각각의 업(業)에 따라서 안다. 즉 실로 이들 유정은 몸으로 악행을 하고, 입으로 악행을 하고, 뜻으로 악행을 하고, 성자를 비방하고 사견업(邪見業)을 가진다. 이들은 몸이 무너지고 명을 마친 후에 악생(惡生),

---

1) 《율장 대품》〈제1대건도〉 南傳藏 3, p.16.

악취(惡趣), 타처(墮處), 지옥에 태어난다.[2)]

이러한 기록에서 나타나는 여래는 인간 붓다의 한계를 초월하는 인격임이 분명하다. 그러나 직제자들의 눈에 비친 붓다가 반드시 초인적인 존재이기만 했을까? 그들은 붓다의 출가 전 경력이나 수행 시의 괴로움, 교단의 지도자로서의 일상생활, 병으로 괴로워하고 최후에는 복통으로 입멸했던 붓다도 기억하고 있을 것이다. 그러므로 붓다에게서 초인적인 면모와 인간적인 면모의 양면을 모두 보았을 것이며, 재세 시나 입멸 직후에는 그러한 양면이 포함된 인격으로서 붓다에 대한 귀의가 이루어졌다고 할 수 있다.

여기서 한 가지 고찰해볼 것은 붓다를 신격화하는 사례가 붓다 재세 시에는 어떠했을까 하는 점이다. 특히 신체적인 면에서 붓다에 대한 생각은 어떠했는가를 살펴보는 것은 흥미로운 일이다. 이와 관련해 붓다가 탄생했을 때 아시다 선인이 태자를 직접 보고 그의 미래를 점친 이야기는 유명하다. 32상이라는 위인의 덕상을 갖춘 고타마 싯다르타 태자가 집에 머무른다면 무기를 쓰지 않고 덕으로 세계를 정복하는 전륜성왕이 될 것이고, 만약 출가한다면 정신계의 왕자로서 인류를 지도, 구제하는 붓다가 될 것이라고 했다는 것이다. 그러나 붓다 자신은 도리어 외모라는 것에 대해 집착하지 말라는 설법을 남기고 있다.

나타난 그 형상을 봄으로써/ 그 사람의 선악을 알지 마라/ 또 잠깐 동안 서로 보고서 마음과 뜻을 같이하지 마라/ 나타난 몸과 입에는 비밀이 있어/ 속된 마음을 거둬 잡지 않는 것/ 마치 놋쇠나 돌이나 구리쇠를/ 순금 빛으로 바른 것 같으니/ 안으로는 더럽고 잡된 마음을 품고서/ 겉으로는

---

2) 중부 1《사자후대경》南傳藏 9, p.115.

거룩한 위의를 나타내어/ 여러 나라를 돌아다니며/ 세상 사람들을 속이느니라.[3)]

사람의 내실을 외모에 의해서 쉽게 판단해서는 안 된다는 평범한 교훈이고 상식인으로서 붓다의 일면이 나타나는 말이다. 그런데 이와 같은 설법과는 달리 다른 한편으로 사람의 용모에 특별한 관심을 기울인다면 이는 모순이라고 하지 않을 수 없다. 사람의 외모로 그 사람을 판단하는 일은 적어도 붓다 당시에는 꺼렸음에 틀림없다.[4)] 더욱이 32상에는 보통의 사람에게는 있을 수 없는 특상이 많이 설해져 있기 때문에 붓다를 직접 대했던 직제자의 시대에는 그와 같은 신체관은 일어나기가 어렵다고 할 수 있다. 따라서 32상설이 성립된 것은 훨씬 뒤의 일이라고 보는 것이 타당성이 있다. 또 그 시대의 설정에 대해서는 전륜성왕설 발생의 배경이 되었다고 하는 아쇼카 왕 시대가 아니었을까 하는 추정도 가능하다.[5)]

붓다나 전륜성왕에게 나타난다는 32상이라는 것은 대인상(mahā-puruṣa-lakṣaṇa)으로, 종교적 세속적 최고 권위자가 갖춰야 할 인상이다. 이 대인상은 비슈누 신화에 근거를 둔 것으로, 지상의 주인으로서 전륜성왕이 갖춰야 할 인상이다. 초기경전에도 바라문의 말로써 32상에 대한 것이 전해지고 있다.

모든 베다 가운데 완전한 32의 위인의 특상이 전해져 있고 차례로 설명하고 있다. 몸에 이런 서른두 가지 위인의 상이 있는 사람, 그에게는 두 가지 앞길이 있을 뿐 다른 길은 없다. 만약 그가 집에 머문다면 이 대지를 정

3) 잡아함 제42권, 大正藏 2, p.306상.

4) 關稔〈釋尊觀の一斷面〉《釋尊觀》日本佛教學會編, p.53.

5) 關稔, 앞의 논문, p.53.

복하리라. 형벌에 의하거나 무기에 의존함이 없이 법으로써 통치한다. 또 그가 집을 나와 집 없는 사람이 된다면 덮여 있는 것을 벗기고 더없이 높은 눈뜬 사람, 존경받을 만한 사람이 된다.[6)]

전륜성왕이란 원래 카크라발라(Cakra-vāla) 지방의 지배자라는 뜻으로, 붓다 시대보다 조금 앞서 인도 사람들 사이에 일어난 이상적인 통치자에 대한 동경에서 비롯된 말이며, 나중에는 세계 통일의 이상적 제왕의 명칭이 되었다. 그는 비슈누의 상징이 된 바퀴를 얻음으로써 위대한 왕의 자격을 얻고, 그 자격의 징표인 윤보(輪寶)의 위력에 의해서 세계를 평화적으로 통일한다고 한다. 또 인상도 페르시아의 영향을 받아 32상을 구비했다고 생각하기에 이르렀다.

이 왕과 붓다를 결부시켜서 생각하게 된 것은 붓다는 태자 시대에 그 이상에 의해 길러지고, 성도 후에도 시종 법계(法界)의 전륜왕의 자각을 하고 있었을 것이며, 정법(正法)으로 세계를 통치한다는 뜻에서 전륜왕과 상통하는 점이 있었기 때문이라고 추측된다. 32상이란 여기에서 비롯되었다. 붓다의 용모가 단엄(端嚴)했던 것은 사실이지만, 32상 80종호가 정해지고, 드디어 붓다의 전생을 말하는 부파불교의 보살론(菩薩論)에서 그 수득기(修得期)까지도 명료해진 것은 이 전륜왕 신화에서 온 것이다.[7)]

아비달마 논사(阿毘達磨 論師)들은 붓다가 불도(佛道)에 발심했을 때부터 붓다 석가모니로 성도에 이르는 사이, 즉 보살 시대와 붓다 시대를 4단계로 나누어 고찰했다. 제1단계는 삼아승지수행시대(三阿僧祇修行時代, 南傳藏에서는 四阿僧祇라고 한다)로 이 시기에는 무수한 유정류

6) 《숫타니파타》 1000~1003.

7) 木村泰賢 《小乘佛敎思想論》 p.101.

(有情類)로 태어나서 바라밀을 닦으며[8] 수많은 붓다(過去佛)를 만나 찬탄하고 공양하는 시기이다.[9] 제2단계는 백겁(百劫)수행 시대로[10] 이 겁(劫) 위(位)의 특징은 삼아승지의 수행을 쌓은 결과 자각적으로 장래에 붓다가 된다고 감득할 수 있는 시기다. 그런 의미에서 이 시기를 주정위(住定位)라고 한다. 이 시기에는 수행에 의해 보살의 32묘상이 얻어진다. 뿐만 아니라 이 겁 위에 들어갈 때는 앞의 수행에 의한 결과로 오열사(五劣事)를 버리고 오승사(五勝事)를 얻게 된다고 한다. 그 내용을 보면 "제악취(諸惡趣)를 버리고 항상 선취(善趣)에 태어나며, 하열한 집을 버리고 항상 귀가(貴家)에 태어나며, 여자의 몸을 버리고 항상 남자의 몸으로 태어나며, 불구근(不具根)을 버리고 항상 제근(諸根)을 갖추고, 유망실념(有忘失念)을 버리고 항상 자성생념(自性生念)을 얻는다."[11] 고 한다. 제3의 단계는 왕성강탄(王城降誕)과 유성출가(踰城出家), 제4단계는 심단결성도(心斷結成道, 降魔成道)이다. 즉 과거세를 둘로 나누고 현재세를 둘로 나누어 고찰한 것이다.

---

8) 이때에 닦는 바라밀은 남전에서는 10종류가 있으며, 《대비바사론(大毘婆沙論)》은 시(施), 계(戒), 정진(精進), 반야(般若)의 4종류를 들고 있다. 시(施)라는 것은 비심(悲心)으로서 자기의 육체마저도 버릴 수 있는 것을 그 바라밀의 원만이라고 하고, 육신 수족을 끊어도 일념의 진심(嗔心)을 일으키지 않는 데까지 가는 것을 계(戒)의 원만이라 하며, 7주(晝) 동안 정립(停立)해서 붓다 찬탄을 그치지 않음을 정진바라밀의 원만이라고 하고, 금강유정(金剛喩定)으로 정각을 성취함을 반야바라밀의 원만이라고 한다. 《대비바사론》 제178권, 大正藏 27, p.892상.

9) 《대비바사론》에 의하면 초겁 아승기야(初劫 阿僧企耶)에는 7만5천 불에 봉사(逢事)하고(처음은 석가, 최후는 보계), 제2겁 아승기야에는 7만6천 불에 봉사하고(최초는 보계, 최후는 연등), 제3겁 아승기야에는 7만7천 불에 봉사(최초는 연등, 최후는 승관)했다고 한다. 大正藏 27, p.892하.

10) 이 시기의 봉불(逢佛)은 승관 이하 가섭불에 이르는 6불이다.

11) 《대비바사론》 제176권, 大正藏 27, p.887상.

제2 백겁수행 시대에 성취했다는 32상은[12] 그 하나하나가 다 백복장엄(百福莊嚴)의 결과로, 다시 말해 십선업도(十善業道)를 백사(百思)로 행해서 얻은 결과이다. 이러한 수행기를 지내고 현세에서 일체중생 가운데 최상의 성자가 되었다는 붓다의 입멸 후, 그 제자들을 중심으로 한 붓다 숭배에서부터 붓다관이 형성되었다. 붓다관은 두 방향으로 발전했는데 하나는 불신(佛身)의 영원성을 추구하여 그 속에서 붓다의 위치를 생각하는 것이며, 다른 하나는 법 중심의 붓다관이다. 앞에서 언급했던 붓다 과거세의 수행에 대한 것은 이 불신 중심의 붓다관에서 나온 붓다의 이상화라고 할 수 있다. 그리하여 전세의 보살 시대뿐만 아니라 붓다가 된 이후의 신체에 대해서도 법상(法相)의 문제가 아비달마 논사들에

---

12) 32相의 명칭과 순서는 經論에 따라 다르다. 《大智度論》 제4권에 의해 그 명칭을 알아보면 다음과 같다. 1) 발바닥이 평평하고 유연하여 발이 땅에 밀착됨(足下安平立相). 2) 양발바닥에 바퀴 무늬가 있음(足下二輪相). 3) 손가락과 발가락이 가늘고 곧음(長指相). 4) 발뒤꿈치가 넓고 평평함(足跟廣平相). 5) 손가락과 발가락의 사이마다 얇은 막이 있음(手足指縵網相). 6) 손발의 피부가 부드럽고 연함(手足柔軟相). 7) 발등이 높게 솟고 원만함(足趺高滿相). 8) 장딴지가 사슴의 장딴지같이 밑으로 갈수록 가늘고 고름(伊泥延膊相). 9) 똑바로 서면 손이 무릎까지 닿음(正立手摩膝相). 10) 남근이 오므라들어 몸 안에 감추어져 있는 것이 말과 같다 하여 붙여진 이름(陰藏相 · 馬陰藏相). 11) 팔을 양쪽으로 쭉 편 길이와 키가 같음(身廣長等相). 12) 몸의 털이 위를 향함(毛上向相). 13) 피부 하나하나의 구멍에 털이 하나씩 나 있음(一一孔一毛生相). 14) 몸이 금빛을 띰(金色相). 15) 몸에서 나오는 빛이 사방으로 1장(丈)이 됨(丈光相). 16) 피부가 얇고 부드러움(細薄皮相). 17) 양손, 양발, 양어깨, 목덜미 등의 일곱 군데가 두툼하고 단정함(七處隆滿相). 18) 양어깨가 두툼하면서 높지도 낮지도 않아 원만함(兩腋下隆滿相). 19) 상반신이 사자와 같이 크고 넓어 위엄이 있음(上身如師子相). 20) 몸이 크고 곧게 뻗음(大直身相). 21) 양어깨가 둥글며 두둑함(肩圓好相). 22) 치아가 40개임(40齒相). 23) 치열이 고름(齒齊相). 24) 치아가 흼(牙白相). 25) 뺨과 턱이 사자와 같이 넓음(師子頰相). 26) 최상의 맛을 느낄 줄 아는 미각을 가지고 있음(味中得上味相). 27) 혀를 내밀면 얼굴을 덮을 정도로 혀가 큼(大舌相). 28) 목소리가 맑고 큼(梵聲相). 29) 푸른 연꽃처럼 눈이 푸름(眞青眼相). 30) 눈썹이 소의 눈썹처럼 길고 가지런함(牛眼睫相). 31) 정수리에 주먹 크기의 상투가 있음(頂髻相). 32) 눈썹 사이에 오른쪽으로 감긴 희고 깨끗한 털이 남(白毛相). 大正藏 25, p.90상-91상.

의해 전개되었다.

신체라는 문제를 생각할 때 붓다의 신체도 생신(生身)에 속하는 한 본질적으로 우리와 공통되는 바가 있을 것은 두말이 필요치 않다. 다른 한편으로는 다겁의 수행에 의해서 이미 보살 시대에 32상을 갖출 정도이기 때문에 붓다가 되면 초자연의 영체가 된다고 생각하는 면도 있다. 이렇게 불신을 생각하는 견해에 따라 부파 간에 불신관의 차이가 나타나게 되었다.

붓다를 초자연의 영체로 보는 입장은 대중부계로 붓다는 정신 면에서 무루(無漏)일 뿐만 아니라 육체 면에서도 무루라고 하는 주장이다. 대중부계(일설부, 설출세부, 계윤부 포함)는 "여래의 색신(色身)은 실은 한계가 없다. 여래의 위력도 또한 한계가 없다. 제불의 수명도 또한 한계가 없다."[13] 라고 하여 붓다는 시간과 공간의 제약을 완전히 벗어나 있다고 주장했다. 이러한 대중부계의 불신관은 십팔계유무루(十八界唯無漏)라고 한다. 이는 붓다의 생신(生身)은 업의 소혹(所惑)이 아니고 단지 중생제도를 위해서 권현적(權現的)으로 탁태(托胎)했다고 보는 보살관에서 나온 불신관이다.

이에 반해 붓다를 어디까지나 인간이라는 관점에 입각해서 그 본성을 보려고 한 것은 상좌부계이다. 붓다가 붓다인 까닭은 어디까지나 정신적 측면에 있는 것으로 육체가 32상을 갖추고 대위력을 갖춘 것은 인정하나 육신은 역시 육신이라고 주장한다. 물론 스스로는 번뇌를 떠났지만 적어도 타인에 대해서는 때로 번뇌를 일으킨다는 점에서 유루법(有漏法)이라고 해야 한다는 것이 상좌부계의 입장이다. 경전에 붓다는 세법(世法)에 물들지 않는다고 하는 것은 세간의 이해, 득실, 고락 등에 움

---

13) 如來色身實無邊際. 如來威力亦無邊際. 諸佛壽量亦無邊際. 《異部宗輪論》 제1권, 大正藏 49, p.15중-하.

직이지 않는다는 뜻으로, 다시 말해 이(利), 예(譽), 칭(稱), 낙(樂), 쇠(衰), 훼(毁), 기(譏), 고(苦)의 8법을 벗어난다는 뜻이다. 따라서 붓다의 배설물이라도 역시 더럽고 수명으로도 3개월 유수(留壽)하고 20년 사수(捨壽)하는 자유가 있지만 결코 무제한인 것은 아니며(四神足에 의해 일겁 연장하는 것이 가능하다고 유부는 말한다.), 그 용적도 무한한 것은 아니라고 본다. 이것을 십오계유유루(十五界唯有漏), 후삼계무루(後三界無漏)라고 한다. 붓다의 본서(本誓)는 중생제도에 있는 바로서 반드시 생신(生身)으로 모두를 교화할 필요는 없다는 것이 상좌부계의 불신관이다.

이 견해의 차이를 요약하면 상좌부는 사람이 붓다가 된다고 보는 입장이며, 대중부는 소위 법신(法身, Buddhahood)의 권화(權化)로 붓다를 보는 입장이다. 그러므로 상좌부의 입장에서 본다면 승가(僧伽)와 법의(法義)가 있는 한 생신의 유무와 관계없이 붓다의 정신은 살아 있지만, 대중부의 입장에서 본다면 어디까지나 붓다를 중심으로 하고 승가나 법의 위에 다시 원천으로서 붓다의 상주를 인정하지 않으면 안 된다.

2. 여인오장설(女人五障說)

(1) 경·율의 여인오장설

한국, 중국, 일본 등 동양권에서는 예로부터 여자는 어렸을 때는 부모를, 결혼하면 남편을, 늙어서는 아들을 따라야 한다는 삼종(三從)의 관념이 뿌리 깊이 박혀 있다. 이 삼종설은《예기(禮記)》나《공자가어(孔子家語)》와 같은 유교의 전적에도, 또한《마누법전》이나 초기경전과 같은 인도의 고전에도 있다. 우리 사회에서는 일반적으로 이 삼종의 관념이 유교 쪽에서 전래한 것으로 인식됐으나 초기경전에도 삼종설이 있다.

삼종설과 함께 불전에서 여성을 차별하는 대표적인 관념이 여인오장설(女人五障說)이다. 이 여인오장설은 여자는 범천(梵天), 제석(帝釋), 마왕(魔王), 전륜성왕(轉輪聖王), 붓다[佛]가 될 수 없다는 설이다. 삼종설은 그렇다 하더라도, 여인오장설의 경우는 불교도인 여성에게는 문제가 된다. 여자는 수행을 해도 붓다가 될 수 없다면 불교가 여성에게 주는 의미가 무엇일까 하는 의문을 갖게 된다. 여성의 성불 문제를 논의하면서 이 여인오장설은 반드시 짚고 넘어가야 할 중요한 문제이다.

여인오장설을 말하고 있는 경전은 다음과 같다.

①《오분율》제29권, 大正藏 22, p.186상[14)]

---

14) 女人有五礙. 不得作天帝釋魔天王梵天王轉輪聖王三界法王.

② 중아함 제28권《구담미경》大正藏 1, p.607중[15)]

③《불설구담미기과경》大正藏 1, p.858상[16)]

④《중본기경》하권〈구담미래작비구니품〉大正藏 4, p.159중[17)]

⑤《묘법연화경》제12〈제바달다품〉大正藏 9, p.35하[18)]

⑥《불설초일명삼매경》하권, 大正藏 15, p.541중[19)]

⑦《불설용시녀경》大正藏 14, p.909하[20)]

⑧ 중일아함 제38권〈마혈천자문팔정품〉大正藏 2, p.757하[21)]

⑨ 중부 115경, 南傳藏 제11권, p.62-63

⑩ 증지부 1집 15경〈무처품〉南傳藏 제17권, p.40-41

위의 문헌 가운데 ①~④에는 여인오장이 마하파사파제 구담미의 출가와 관련되어 나타난다. 구담미가 비구니팔경법을 수지한다는 조건 아래 출가한 경위에 대해서는 앞장에서 서술했다. 그런데 구담미는 그 팔경법의 조목 가운데 한 조목에 대하여는 재고해 줄 것을 요청한다. 아난

---

15) 女人不得行五事. 若女人作如來無所著等正覺. 及轉輪王. 天帝釋. 魔王. 大梵天者. 終無是處.

16) 無有是處不可容女人. 終不得五事. 不得成如來無所著等正覺. 及轉輪王. 不得爲釋. 不得爲魔. 不得爲梵.

17) 女人有五處不能得作. 何等爲五. 女人不得作如來至眞等正覺. 女人不得作轉輪聖王. 女人不得作第二忉利天帝釋. 女人不得作第六魔天王. 女人不得作第七天梵天王.

18) 又女人身猶有五障. 一者不得作梵天王. 二者帝釋. 三者魔王.四者轉輪聖王. 五者佛身.《正法華經》에는 天帝 · 梵天 · 天魔 · 轉輪聖王 · 大士로 되어 있다. 大正藏 9, p.106상.

19) 不可女身得成佛道也.所以者何.女有三事隔五事礙. ……何謂五礙. 一曰女人不得作帝釋. ……二曰不得作梵天. ……三曰不得作魔天. ……四曰不得作轉輪聖王. ……五曰女人不得作佛.

20) 龍施報言. 我亦聞女人不得作轉輪聖王. 不得作帝釋. 不得作梵王. 不得作佛.

21) 夫處女人之身. 求作轉輪聖王者終不獲也. 求作帝釋者亦不可獲也. 求作梵天王者亦不可得也. 求作魔王魔王者亦不可得也. 求作如來者亦不可得也.

을 통해 붓다의 허락을 받아달라고 요청하는 것이다. 《오분율》을 보면 붓다가 제정한 '팔불가월법'을 아난으로부터 전해 들은 구담미가 다음과 같이 덧붙여 아난에게 말한다.

> 원컨대 나를 위하여 세존께 사뢰어 주십시오. 내가 이미 팔법을 받들어 지니오나 팔법중에 일원만 청하고자 합니다. 원컨대 비구니가 대소를 따라 비구에게 예하도록 해 주십시오. 어떻게 백 세 비구니가 새로 수계한 비구에게 예배를 하겠습니까.[22]

②《구담미경》 ③《불설구담미기과경》 ④〈구담미래작비구니품〉에도 구담미의 요청이 들어 있는데, 이 경우는 《오분율》과는 다르게 구담미의 출가 이후 비구니 교단이 커지고 비구니들이 범행을 오래 닦아 어느 경지에 올라간 이후의 일로 되어 있다. 《구담미경》《불설구담미기과경》에도 같은 내용으로 구담미가 이의를 제기하는데, 〈구담미래작비구니품〉을 중심으로 보면 구담미는 여러 장로 비구니들과 함께 아난에게 와서 다음과 같이 요청하고 있다.

> 아난다여, 이 여러 장로 비구니들은 모두가 오랫동안 범행(梵行)을 닦았고, 또한 진리를 이미 보았는데, 어떻게 새로 큰 계율을 받은 어린 비구승들에게 예배를 하여야 합니까?[23]

이에 대한 붓다의 대답은 부정적인 것이었다. 붓다는 그 이유로 만약 여인들이 그의 도에서 사문이 되지 않았더라면 외도와 범지며 여러 거

---

22) 《오분율》 大正藏 22, p.186상.

23) 《중본기경》 하권 〈구담미래작비구니품〉 大正藏 4, p.159상.

사들이 모두 옷을 땅에 깔아 놓고 여러 사문들에게 그 위를 다니게 할 것이며, 천하의 인민들 모두가 머리칼을 풀어서 땅에 깔아 놓고 여러 사문들에게 그 위를 다니게 할 것이며, 의복, 음식, 침상, 의약을 사문들에게 보시할 것이며, 사문을 받들어 섬기기를 해와 달을 섬기듯 할 것이라고 말한다. 더구나 여인들이 그의 법 안에서 출가하였기 때문에 천 년은 갈 정법이 5백 년밖에 못 가게 되었는데, 그 까닭은 여인으로서는 다섯 가지가 될 수 없기 때문이라고 했다. 즉 여인은 여래지진등정각(如來至眞等正覺)이 될 수 없으며, 전륜성왕이 될 수 없으며, 제2도리천(第二忉利天)의 제석(帝釋)이 될 수 없으며, 제6 마천(魔天)의 왕이 될 수 없으며, 제7천의 범천왕(梵天王)이 될 수 없다고 했다. 이 다섯 가지는 장부만이 될 수 있다고 했다.[24)]

한편 ⑤~⑦의 경전에서는 여인오장이 변성남자성불설과 관련하여 나타난다. ⑤의 《묘법연화경》에서는 사가라 용왕의 딸이 남자로 변하여 성불하기에 앞서 사리불이 여인오장을 말한다.(사가라 용왕 딸의 변성성불에 대한 내용은 다음 장의 변성남자성불설에서 서술한다.) 즉 사리불은 용녀에게 다음과 같이 말하고 있다.

> 네가 오래지 않아 위없이 높은 도를 얻겠다고 말하지만 그런 일은 믿을 수 없다. 왜냐하면 여자의 몸은 때 묻고 깨끗하지 못하므로 법의 그릇이 아니기 때문이다. 그런데 어떻게 위없는 도를 능히 얻을 수 있다고 말하는가. 붓다의 도는 멀기 때문에 한량없는 겁 동안 부지런히 고행을 쌓고 모든 법도를 닦아 갖춘 뒤에 이루어지는 것이요, 또한 여자의 몸에는 다섯 가지의 장애가 있으니, 그 첫째는 범천왕이 될 수 없는 것이요, 둘째는 제석이며, 셋째는 마왕이요 넷째는 전륜성왕이요, 다섯째는 불신(佛身)이니,

---

24) 《중본기경》 하권 〈구담미래작비구니품〉 大正藏 4, p.159상-중.

어떻게 여자의 몸으로 빨리 성불할 수 있다고 하느냐.[25)]

《불설초일명삼매경》에서도 《법화경》에서처럼 여인오장이 있기 때문에 여자 몸으로는 성불할 수 없고 남자로 변해야 성불할 수 있음을 말하고 있다. 이 경에서는 여인오장의 이유를 제시하고 있다. 《불설초일명삼매경》에서 말하는 여인오장의 이유는 다음과 같다.

①제석천이 되기 위해서는 용맹소욕하지 않으면 안 되는데, 그것은 남자로서는 가능한 것이고, 잡악다태한 여인으로서는 할 수 없다.

②청정행을 행하여 때와 더러움이 없고, 사등심(四等心・四無量心, 慈悲喜捨)을 닦고 사선(四禪)을 닦으면 범천을 이룬다. 그러나 여자는 음자무절(婬恣無節)이기 때문에 범천이 안 된다.

③ 십선(十善)을 구비하고 삼보(三寶)를 공경하고, 양친에게 효사하고 장로에게 겸순한 자가 마천(魔天)이 된다. 그런데 여자는 경만불순(輕慢不順)하고 정교(正敎)를 훼실(毀失)하는 까닭에 마천이 될 수 없다.

④보살도(菩薩道)를 행하여 사람들을 자비스러운 마음으로 불쌍히 여기고 삼존(三尊)과 선성(先聖)과 사부(師父)를 봉양하여야 비로소 전륜성왕으로 사천하(四天下)의 주인이 된다. 인민을 교화해서 십선을 널리 행하고 도덕을 존숭하여 법왕의 가르침을 이룬다. 그런데 여자는 익태(匿態)가 84가지여서 청정행이 없는 까닭에 성제(聖帝)가 될 수 없다.

⑤보살심으로 일체를 민념하고, 대자대비로서 대승의 갑옷을 입고, 오음(五陰)이 공한 것임을 깨닫고, 육쇠(六境)가 정화되고, 육도(육바라밀)를 행하고, 심혜(深慧)를 요달해서 공무상원(空無相願)을 행하고, 삼탈문(三脫門)에 이르고, 아인(我人)이 없고, 수(壽)가 없고 명(命)이 없음을 깨달아

---

25)《묘법연화경》 大正藏 9, p.35하.

서 본무불기법인(本無不起法忍)을 얻고, 일체가 환(幻)과 같고 꿈(夢)과 같고 그림자(影), 파초(芭蕉), 취말(聚沫), 야마(野馬), 번개(電), 불꽃(焰), 물속의 달과 같이 오처(五處)에 본래 없다고 분별해서, 삼취(三趣)의 상이 없으면 바로 성불한다. 그러나 여자는 색욕에 집착하고 정에 빠지고, 익태가 있어서 신구의(身口意)가 다르기 때문에 성불하지 못한다.[26)]

즉 여자는 모두가 '잡악다태하고, 음란하고 방자하며 절제가 없고, 경만불순하고 정교를 훼실하며, 익태가 84가지여서 청정행이 없고, 색욕에 집착하며 겉모양과 속마음이 다르다'는 것이 이 경에서 들고 있는 오장의 이유이다. 여성이 가지고 있는 이러한 악덕을 완전히 초극하지 않는 한 제석에서 붓다에 이르는 어느 하나도 될 수 없다는 것이다.

《불설용시녀경》에서도 여인오장이 변성성불과 관련하여 나타나고 있는데 여기서는 오장설이 악마를 통하여 보살도를 닦아 성불하려는 것을 방해하는 수단이 되고 있다. 내용을 요약하면 다음과 같다.

수복 장자에게 용시라는 14세 된 딸이 있는데 어느 날 부처님과 제자들을 뵙고는 기뻐하여 '보살행을 닦고 도를 얻어 부처님과 같이 되어지이다.'라고 원을 세웠다. 그러자 악마가 용시의 발심을 보고 그 마음을 꺾으려고 용시의 아버지로 변해 말하기를 "불도는 얻기 어려워서 억백천 겁을 부지런히 수고하고 게으르지 아니한 뒤에야 이룰 수 있다. 차라리 아라한을 구함이 나을 것이다."라고 유혹하였다. 용시가 말을 듣지 않자, 악마는 다시 "여인이 전륜성왕이 되었다는 말도 아직 듣지 못하였는데 하물며 붓다가 되겠다고 하느냐. 불도는 장구하니 차라리 아라한이나 구하여 일찍이 열반을 취하는 것이 나을 것이다."라고 거듭 유혹하였다. 그러자 용시

26) 《불설초일명삼매경》 하권, 大正藏 15, p.541중.

가 대답하기를 "저 역시 여인은 전륜성왕, 제석, 범천이 될 수 없고 붓다가 될 수 없다고 들었습니다. 나는 마땅히 정진하여 여자의 몸을 바꾸어 반드시 남자 몸을 받겠습니다. 저는 보살도를 받들어 게으르지 아니하면 붓다가 될 수 있다고 들었습니다."라고 하였다. 그리고 용시는 남자로 변하여 성불수기를 받는다.[27)]

⑧의 증일아함에는 앞에서 서술한 비구니 교단 성립 과정의 구담미의 이의 제기나 변성남자성불설과는 다른 형태의 여인오장이 나타난다. 이 경에는 성불의 서원이 중요함을 강조하는 예로 붓다의 전생 이야기가 나오는데 거기에 여인오장설이 덧붙여진다.

붓다는 전세의 한때에 모니라는 왕녀로 태어났던 일이 있다. 그 무렵 보장여래를 공양하려고 성안을 돌아다니며 등유를 구하는 노(老)비구가 있었다. 왕녀는 그 노비구에게 등유를 보시하여 그로 하여금 보장여래를 공양하게 하였다. 그 공덕으로 노비구는 무수한 아상카 겁을 지난 뒤에 등광여래가 될 것이라는 수기를 받았다. 노비구가 성불수기를 받았다는 말을 들은 모니 왕녀는 보장여래에게 나아가 자신에게도 성불의 수기를 줄 것을 간청하나 거절당한다. 여자의 몸으로는 전륜성왕, 제석, 범천왕, 마왕, 붓다[佛]가 될 수 없다는 것이 그 이유였다. 그러나 장래에 등광여래가 세상에 출현할 때 성불의 수기를 구하라고 한다. 수많은 아상카 겁 뒤에 앞의 비구는 등광여래가 되고, 모니 왕녀는 바라문의 남자로 태어나 등광여래에게 나아가 성불의 수기를 간청한다. 그러자 등광여래는 이 바라문 남자에게 내세에 석가문여래가 될 것이라는 수기를 내린다. 여기서 붓다는 모니 왕녀야말로 자신의 전세 모습이라고 한다. 이 전생의 이야기는 붓다가 전세에 여성으로 태어난 일이 있었다는 사

27) 《불설용시녀경》 大正藏 14, p.909하-910상.

실을 등광여래의 예언과 결부시키는 데에 특징이 있다. 한역 아함에서도 중아함, 장아함, 후대에 성립된 증일아함 가운데 이미 대승불교의 변성남자성불설의 싹이 보인다. 팔리어 경전의 중부 115경과 증지부 1집 15경에도 여러 가지 가능한 것과 불가능한 것을 열거하는 가운데 여인오장이 나온다. 즉 사려 깊은 사람이 5대 죄를 범하는 것은 불가능하지만, 사려 없는 자가 그렇게 하는 것은 가능하다. 2인의 붓다가 동일의 세계에 존재하는 것은 불가능하지만 1인의 붓다가 하나의 세계에 존재하는 것은 가능하다. 이와 같이 가능한 것과 불가능한 것을 열거하는 가운데 여성은 붓다, 전륜왕, 마왕, 제석천, 범천왕의 어느 것도 되는 것이 불가능하지만 남자는 가능하다고 한다.

(2) 여인오장설의 성립 시기

위에서 살펴본 경전에 나타난 여인오장설을 몇 개의 패턴으로 나누어 정리할 수 있다. 첫째는 마하파사파제 구담미의 출가로 비롯된 비구니 교단의 성립과 관련된 기사에서 여인오장설이 나타난다. 둘째는 《법화경》을 비롯한 대승경전에 나타난 변성남자성불설에서 여자가 변성성불할 수밖에 없는 이유로서 여인오장이 열거되는 경우가 있다. 셋째는 증일아함에서 여자가 성불하겠다는 서원을 세우는 경우 이를 부정하는 방편으로 열거되는 경우가 있다. 넷째는 팔리어 경전에서 일반화된 개념을 말하면서 그 예의 하나로서 드는 경우이다.

마하파사파제 구담미의 출가와 관련된 전후 사정은 《오분율》《구담미경》《불설구담미기과경》《중본기경》〈구담미래작비구니품〉 외에 《사분율》, 남전 증지부 〈구담미품〉, 남전 《율장 소품》〈비구니건도〉에도 등장함은 앞장에서 살펴본 바와 같다. 그런데 《사분율》이나 증지부

〈구담미품〉, 《율장 소품》〈비구니건도〉에는 여인오장에 대한 것이 없다. 《율장 소품》〈비구니건도〉에는 구담미가 팔경법의 한 조항 중 '백 세 비구니라도 새로 수계한 비구에게 예를 해야 한다'는 한 조항만은 거두어 달라는 이의를 제기하는 기사가 있으나 《사분율》과 증지부 〈구담미품〉에는 구담미의 이의 제기도 없고, 여인오장에 대한 것도 없다. 《율장 소품》〈비구니건도〉에는 구담미의 이의 제기는 있으나 여인오장은 없다.

이들 자료를 상호 비교해보면 비구니 교단이 성립한 이후에 비구니 교단과 비구 교단 사이에 팔경법을 둘러싸고 갈등이 있었음을 알 수 있다. 즉 《오분율》을 제외한 다른 문헌에서는 구담미의 이의 제기가 '오랫동안 범행을 닦고 진리를 본 후에' 이루어진 것으로 되어 있다. 출가 이후의 서열이 법랍으로 되는 것은 승가의 규칙인데, 이 규칙이 여성에 한해서 무시되는 것에 대해 이의를 제기하는 것은 비구니들의 입장에서는 자연스러운 일이다. 그런데 '어떻게 백 세 비구니가 새로 수계한 비구에게 예를 하겠는가.'라는 구담미의 이의 제기에 대해 이를 묵살하는 이유로, 정법 5백 년 감소설이나 여인오장이 설해지고 있다. 이것은 비구들의 기득권 확보에 대한 의지를 시사하는 대목이다. 이의 제기가 없는 문헌에서는 여인오장도 나오지 않는 것이 그런 추정을 가능하게 한다.

마하파사파제 구담미의 출가로 비롯된 비구니 교단 성립과 관련된 문헌 가운데 한역 문헌에는 여인오장이 있으나 팔리어 경전에는 여인오장이 없다. 이를 보면 여인오장은 후대에 부가된 증광 부분이라고 볼 수 있다.[28] 즉 같은 사건을 기록하는 문헌 가운데 한역 문헌에는 있으나 팔리어 문헌에는 없다면 이는 후대의 부가라는 의문을 제기해 볼 수 있다.

구담미의 출가와 관련된 팔리어 경전에는 여인오장이 없으나 앞에서

28) 梶山雄一《空の思想》p.197.

언급한 다른 팔리어 경전에 여인오장이 나온다. 중부 115경과 증지부 1집 15경에는 여러 가지 가능한 것과 불가능한 것을 열거하는 가운데 여인오장이 나온다. 그런데 중부 115경에 대응하는 한역(漢譯)의 중아함 115경에는 여인오장이 없다. 증지부 1집 15경은 한역 아함(阿含)에 대응 경전이 없다. 또한 증일아함 권38 43집 2경의 모니 왕녀 이야기는 《현우경》 20화[29] 에서도 보이지만 거기서는 오장설은 전혀 언급되고 있지 않다. 증일아함 43집 2경에 대응하는 팔리어 경전 증지부 8집 41경에는 모니 왕녀의 이야기도 없다. 이와 같이 오장설은 팔리어 경전과 한역 아함의 어느 쪽에만 나올 뿐, 팔리어 경전과 한역 아함이 대응하는 곳에서 공통으로 존재하지는 않는다. 이런 사실은 오장설이 근본분열 이전부터 존재했는지 의심케 한다. 결국 오장설은 기원전 3세기 이후에 출현한 것으로 추정된다.[30]

초기경전에서 붓다의 여성관을 나타내는 경으로 앞 장에서 인용했던 《불설옥야녀경》《옥야녀경》《옥야경》 가운데 《불설옥야녀경》에만 여인삼종이 있고 다른 경전에는 삼종이 없다. 여성에 대해 보수적인 태도를 보여주는 이 경전에도 여인오장에 대한 것은 없다. 이는 오장설이 여인삼종보다 후대에 생겼다는 것을 시사한다.

한편 《법화경》과 같은 초기 대승경전에 변성남자성불설과 관련하여 오장설이 등장하는 것을 보면 초기 대승경전이 성립되기 이전에 오장설이 이미 생겨났어야 한다. 《법화경》의 성립 시기를 기원후 2세기라고

---

29) 《현우경》 大正藏 4, p.371중-하.

30) 梶山雄一, 앞의 책, p.199. 한역 아함과 팔리어 문헌의 양쪽에 동일의 경전이나 기술이 존재한다면 그것은 근본분열 이전부터 존재했다고 확정할 수 있다. 그러나 한역 아함에 있는 것이 팔리어 경전에 없다든지, 팔리어 경전에 있는 것이 한역 아함에 없다면 그것은 근본분열 이후, 즉 기원전 3세기 후반 이후에 새로 부가된 부분이라고 결론을 내릴 수 있다.

볼 때 오장설은 그보다 훨씬 이전에 출현했다고 보아야 하는 것이다. 따라서 오장설의 성립 시기는 근본분열 이후[31] 부터 초기 대승경전이 성립되기 이전까지로 추정할 수 있다.

그런데 마하파사파제 구담미의 출가에 대한 사정을 기록한 문헌에서 이 오장설과 함께 정법 5백 년 감소라는 붓다의 개탄이 기록된 것을 보면, 이 문헌들이 불멸 후 약 5백 년이 지나 현재의 형태로 만들어졌다고 추정할 수 있다.[32] 이 시기는 마우리아 왕조 멸망 후 계속되었던 그리시아, 박트리아, 쿠샤나의 침입이 북인도를 괴롭혔으며, 불교의 입장에서 보면 대승불교의 발흥이 부파불교를 위협하던 시기였다. 여기에서 말하는 불법의 쇠퇴는 부파불교와 부파교단의 쇠퇴를 말하며,[33] 불교교단이 많은 부파로 분열된 이후에 여인오장설이 출현하여 각 부파의 경전과 율장에 부가되었다고 볼 수 있다. 이상과 같은 정황들을 감안하여 여인오장설의 성립 시기를 구체적인 연대로 추정하면 기원전 1세기경이라고 할 수 있다.[34]

(3) 서력기원 전후 인도 여성의 지위

부파불교의 시대인 서력기원 전후 일반적인 인도사회에서 여성의 지위는 어떠했을까. 부파불교 시대에 불교 내에서 여성의 지위는 붓다 재

31) 근본분열 이전, 즉 붓다 재세 시나 불멸 직후에는 여성이라고 하여 아라한이 될 수 없다는 차별은 없었음을 앞의 《장로니게》를 통해서 알아보았다. 당시에는 최고의 깨달음의 경지가 아라한이었고, 그런 의미에서 붓다의 제자는 성과 관계없이 모두 동격이었기 때문이다.

32) 梶山雄一, 앞의 책, p.197.

33) 全海住, 앞의 논문, p.336.

34) 梶山雄一, 앞의 책, p.206.

세 시에 비해 상당히 저하되었다. 여성을 비하하는 인도인의 관념이 워낙 뿌리 깊었기 때문에 "그렇게 위대하고, 폭넓게 존경받았던 고타마의 노력에 의해서도 완전히 없어지지 않았다"고 호너 여사는 지적했다.[35] 붓다에 의해 향상되었던 여성의 지위는 붓다 입멸 후 서서히 낮아졌다.

호너 여사는 베다 시대와 불교 시대의 여성에 대한 인식의 차이점은 결혼하지 않은 여성에 대한 태도에서 나타난다고 했다. 결혼을 안 하는 것이 불명예라는 강한 생각은 완전히 없어지지는 않았지만 불교 시대에는 상당히 줄어들었다. 결혼하지 않고도 여성은 떳떳하게 살 수 있었음을《장로니게》를 통해 알 수 있었다.

그러나 기원전 2세기 후반에 쓰인《밀린다팡하(Milindapañhā)》[36] 에는 여성의 인격이 저열하게 표현되고 있다. 서로 담론했던 비밀을 폭로하는 저열하고 경박한 종류의 사람을 9가지 부류로 지적하고 있는데, 그중 여자는 "지혜가 낮고 열등하기 때문에 담론한 비밀을 유지하지 못한다"고 하였다. 여성 이외의 8가지 부류의 인격은 탐욕적인 사람, 화 잘 내는 사람, 미망의 생활을 하는 사람, 속병이 든 사람, 재물을 중시하는 사람, 술을 좋아하는 사람, 거세된 사람, 어린이 등이다. 이들은 비밀을 지키지 못하는 신의 없는 사람, 다시 말해 믿을 수 없는 사람들이라는 의미이다. 또한, 남녀관계에 대한 여자의 속성도 "만일 기회가 있고 혹은 비밀로 간직할 수만 있다면, 혹은 또 적당히 손짓하여 부를 사람만 있다면, 모든 여성은 못된 짓[情事]을 할 것이다. 어울릴 다른 사람(남성)을 얻을

---

35) I.B. Horner, 앞의 책, p.26.

36) 기원전 2세기 후반에 서북 인도를 지배하고 있었던 그리스인 국왕인 Milinda(Menandros)와 불교의 논사인 Nāgasena(那先)가 불교의 교리에 대하여 문답한 후, 왕이 출가하여 아라한이 된 전말을 대화의 형식으로 엮었다. 불설(佛說)은 아니기 때문에 스리랑카에서는 팔리 삼장에 넣지 않았다.《밀린다왕문경》([1]동봉 역; [2]이미령 역) 불전간행회 편(민족사) 참조.

수 없다면, 앉은뱅이하고라도 그 짓을 할 것이다."라고 하였다.

붓다 시대 장로니들의 수행을 통해 보여주었던 과부의 떳떳한 삶도 과거로 회귀했다. 세상에서 천시당하고, 존경받지 못하는 10종류의 사람 중에 과부를 첫째로 꼽았다. 허약한 사람, 벗이나 친척이 없는 사람, 많이 먹는 사람, 존경받지 못하는 집에 사는 사람, 사악한 자를 친구로 둔 사람, 재산을 낭비한 사람, 올바른 행을 하지 않는 사람, 직업이 없는 사람, 노력하지 않는 사람들과 같은 부류로 과부를 동일시한 것이다.

앞 장에서 살펴본 초기불교에 나타난 여성의 10악사는 여성에 대한 사회적 편견으로 인하여 여성이 당하는 고통이었다. 그 악사라는 것을 뒤집어 보면 '사회적으로 불리한 조건'이라는 의미를 포함하고 있기 때문이다. 그러나 후대의 《밀린다팡하》에서는 여성의 본성 자체를 저열한 것으로 여기고 있다. 《밀린다팡하》는 붓다의 설법이 아니다. 당시 불교인들의 여성에 대한 인식이 반영된 경전이라고 하겠다. 이 시기 불교인들의 여성에 대한 인식은 당시 인도사회의 여성에 대한 인식을 반영했다고 볼 수 있다.

기원전 2세기에서 서기 2세기 사이에 성립된 《마누법전》은 베다시대 이래로 형성되어온 힌두 사회의 가치관을 실생활에 적용해서 규범화한 법전으로, 인도의 모든 법전 중에서 최고의 권위를 갖고 있다. 당시 인도사회에서 여성을 어떻게 생각하고 있었는가를 알아볼 수 있는 척도인 《마누법전》에서도 《밀린다팡하》와 같은 맥락으로 여성을 멸시하고 있다. 여자들의 본성은 남자를 타락시키는 것이니 방만한 여자를 멀리해야 하며, 심지어는 어머니, 누이, 딸과도 한자리에 같이 앉지 말라고 한다.(《마누법전》 2-213, 214, 215)[37]

---

37) 현존하는 《마누법전》은 12장, 2,685게(偈)로 이루어져 있다. 《마누법전》의 인용에는 장 번호와 게 번호만을 표시한다. 번역은 이재숙 · 이광수 옮김 《마누법전》(한길사)을 참조했다.

여자들은 외모를 살피지 않으며 나이에도 매이지 않는다. 잘생겼든 못생겼든(상대가) 남자라는 것에 매달린다.(9-14)

여자의 지성이란 믿을 수 없으므로 증인이 될 수 없다.(8-77)

여자들에게는 다르마(법)로 정해진 베다 구절로써 행하는 의식이 없다. (여자는) 분별력이 모자라고 베다 구절을 취할 수 없기 때문에 허구이다.(9-18)

이런 표현은 여성을 비인격체로 보고 있음을 말해준다. 또 가정 내에서도 여성은 독립적이지 못하다.

여자는 어리든, 젊든, 늙든 간에 집에서라도 어떤 일도 독립적으로 해서는 안 된다.(5-147)

어려서는 아버지 집에, 젊어서는 남편의 집에, 남편이 죽어서는 아들의 집에 머물러야 한다. 여자는 독립해서는 안 된다.(5-148)

여자는 아버지, 남편, 자식에게서 떨어지고자 해서는 안 된다. 그것은 양쪽 집안에 화가 되는 것이다.(5-149)

결혼하는 경우 여자는 남편에게 절대적인 복종이 강요된다.

남편을 공경하는 것은 스승의 문하에 머무는 것이며……(2-67)

정숙한 처는 남편이 잘못 행동할지라도, 욕정에만 몰두하더라도, 좋은

점이 전혀 없더라도 그를 항상 신처럼 섬겨야 한다.(5-154)

못난 남편(남자 구실을 못하는 남자, 낮은 신분의 남자, 혹은 가난한 남자 등)을 버리고 잘난 자(브라만 남자)와 사는 여자는 세상에서 비난의 대상이 되고……(5-163)

여자가 그 친족이나 (자신의) 자질을 이유로 건방지게 남편을 무시하는 경우에(남편이 있는데도 다른 남자와 성관계를 가지는 경우를 말한다) 왕은 많은 사람이 보는 가운데 개가 그 여자를 먹게 해야 한다.(8-371)

여자는 어떤 성품을 가진 남편이든 법도에 따라 그와 맺어지면, 그에 맞는 여자가 되어야 한다. 강물이 바다에 맞는 것처럼.(9-22)

남편의 사후에도 아내에게는 정절을 요구하고 있다. "원한다면, 남편이 죽은 후 길조의 꽃, 뿌리채소, 과일만 먹음으로써 몸을 마르게 한다. 다른 남자의 이름을 입에 올려서는 안 되며……"(5-157), 자식 욕심에 남편에 대한 정절을 지키지 않는 여자는 이 세상에서 비난을 받고 천상에도 가지 못한다고 한다. 반면 남편의 경우에는 처가 죽은 후에 화장을 치러 준 후, 새 처를 맞이하여 제2의 인생을 살 수 있다고 한다.

여기서 한 가지 특기할 것은 여성에 대한 멸시 가운데서도 '어머니'에 대해서는 존경을 표시하고 있는 것이다. "고모, 이모, 손위 누이들은 어머니 대하듯 하라. 그러나 어머니는 이 모든 여인들 중에 가장 훌륭하다"(2-133) "스승보다는 아버지가 백 배 높으며, 아버지보다는 어머니가 천 배 높다."(2-145) 등의 구절이 보이는 것이다. 《마누법전》에 나타나는 인도 여성의 지위는 극도로 저하되었음을 알 수 있다.

3. 불신관의 변화와 여인오장설과의 관계

앞 장에서 살펴본 바와 같이 붓다 재세 시 또는 입멸 직후에는 성도(成道)에서 남성과 여성 사이에 아무런 차이도 없었다. 《장로니게》라는 문헌이 이를 증명해 주고 있다. 그런데 붓다 입멸 후 수세기에 이르는 사이에 남성은 성불할 수 있지만 여성은 성불할 수 없다는 여인오장설이 생겼다. 부파불교 시대에 사주(師主) 붓다의 위대함을 찬탄하고 숭배한 나머지 붓다를 신격화하는 여러 가지 법상(法相)의 문제가 대두되었다는 것을 앞에서 살펴보았다. 여인불성불의 문제는 이 붓다를 이상화, 초인화하는 과정에서 나온 붓다관, 불신관(佛身觀)과 관련이 있다는 것이 학자들의 대체적인 견해이다.

남전《율장 대품》 등에 의하면 붓다가 처음 5비구를 교화한 후 이 세상에는 6명의 아라한이 있었다는 기록이 있다.[38] 붓다도 또한 아라한이었음을 알 수 있다. 성자가 견도(見道), 수도(修道)의 과정을 거쳐 모든 번뇌를 다 끊어 버렸을 때의 그를 아라한이라 하며, 붓다의 제자로서 모든 번뇌에서 벗어난 사람들도 아라한이라고 불렀다. 붓다 재세 시에는 여래와 아라한은 붓다의 다른 이름으로 쓰였다고 할 수 있다. 그러나 붓다의 위대함은 가섭이나 사리불, 목건련과 같은 대제자로서도 미치지 못하는 점이 있었던 것이 사실인 만큼 붓다와 제자들 사이에 차별이 있을 수밖에 없었다. 그러므로 아라한과에 도달한 많은 제자들이라도 붓

---

38) 《율장 대품》〈제1대건도〉 南傳藏 3, p.26.

다와 동격인 것은 아니었다. 그러나 아라한이 되는 데에 남녀의 구별을 두지는 않았다.

부파불교 시대에 이르러 붓다에 대한 탐구는 과거불(過去佛) 사상을 낳았다. 붓다가 출가 후 6년의 고행과 보리수 아래의 명상만으로 붓다가 되었다고는 생각할 수 없었다. 헤아릴 수 없이 오랜 세월 동안 무수한 유정류로 태어나서 윤회를 거듭하면서 바라밀을 닦고 수많은 붓다 밑에서 공양하고 무한한 이타행을 베푼 후에, 금생에 붓다가 될 수 있었다는 것이다. 여기에서 석가모니와 같은 과정을 거친 붓다가 과거에도 있었다는 사상에서 과거7불 사상이 생겼다. 과거뿐만 아니라 미래에도 미륵의 하생성불이 생김으로써 붓다의 계보가 확정되었다. 그러므로 붓다가 되는 것은 특별한 인격에 한정된 것으로서 아라한의 경지와는 분명히 구별되었다.

여러 부파 가운데서 가장 세력이 강했던 설일체유부(說一切有部)에서는 범부로부터 성자로, 그리고 아라한이 되는 도는 보살로부터 붓다에 이르는 도와 다르다고 주장했다. 아라한에 이르는 도는 번뇌의 단절을 목표로 한 수행자의 도이지만, 보살로부터 붓다에 이르는 도는 번뇌의 단절 이외에 자비로서 중생을 이익 되게 하는 이타행이 있어야 한다고 했다. 그 이타행이란 것은 무한한 것으로 보통의 인간으로서는 감히 생각할 수도 없는 것이다. 이렇게 희유한 인격만이 붓다가 될 수 있으며 그렇기 때문에 전 세계 가운데 한때 존재할 수 있는 붓다는 1인뿐이라고 주장했다. 아비달마 논사들은 붓다를 숭앙하는 깊은 마음에서 스스로 목적하는 바를 아라한과에 두어 아라한과 붓다의 거리를 엄격하게 유지함으로써 불과(佛果)를 넘보는 불손을 범하지 않았다. 그러므로 부파불교에서 아라한이란 붓다 재세 시의 아라한의 의미와는 구별된다. 부파불교의 시대, 즉 기원전 3세기 후반부터 서력기원 초기에 걸친 시대에는 여자뿐만 아니라 남자도 붓다가 되려는 희망을 품지 않았다. 따라서 이

시대에는 여자가 성불할 수 없다는 것이 실질적으로 큰 의미가 있었던 것은 아니다. 남자의 경우도 성불의 도에는 제한이 있었기 때문이다. 그러나 남녀의 차별을 둔 것 또한 부정할 수 없는 사실이다.

여성이 성불할 수 없다는 사상이 출현했던 이유로서 가장 중요하고 동시에 구체적인 것은 그것이 우연에 의한 것인지 또는 의도적이었는지는 분명치 않지만, 붓다를 신격화하는 과정에서 유래했다고 할 수 있다.[39] 붓다가 백겁수행 시대에 갖추었다고 하는 32상의 제10 음마장상(陰馬藏相)[40]은 여성에게는 없다. 보살에서 붓다에 이르는 성불의 도는 아라한의 도와는 달리 제한되어 있고, 이 시기에 성취한 32의 묘상 중의 하나인 음마장상은 남성만의 것이라는 사상의 전개가 여성은 성불할 수 없다는 사상을 낳게 되었다. 즉 여성은 성불할 수 없다는 사상은 이 붓다의 제10상인 음마장상에서 유래했다고 보는 견해[41]가 아직까지는 가장 타당성이 있는 것으로 여겨지고 있다.

보살이 백겁위에 들어갈 때 그간의 수행 결과로서 이미 5열사를 버리고 5승사를 얻게 된다는 것은 앞에서 살펴본 바다. 그런데 그 내용에서 여자 몸을 받는 것은 열사에 속하는 것이고 남자 몸을 받는 것은 승사에 속한다고 분류한 것을 보면 부파불교의 논사들이 여성에 대해 얼마나 보수적인 인식을 가졌는지를 알 수 있다. 이러한 인식은 앞에서 《마누법전》을 통해 살펴본 바와 같이, 당시 인도사회에 팽배했던 모멸적인 여성관과 무관하지 않다. 기원 전후해서 극도로 저하된 인도 여성의 사회적 지위와 부파불교의 불신관, 붓다관의 변화가 맞물려 여성은 성불할 수 없다는 새로운 사조를 만들어낸 것이다.

---

39) 梶山雄一, 앞의 책, p.209.

40) '음마장상'이라는 한역어는 붓다의 남근이 말의 남근과 같이 감추어져 있다는 의미이다.

41) 横超慧日 編著《法華思想》p.98.

제4장
대승불교의 여성성불

1. 대승불교의 보살사상과 여래장사상

보살사상(菩薩思想)과 여래장사상(如來藏思想)은 대승불교를 특징짓는 중요한 사상이다. 대승불교의 주체자는 보살이며, 누구라도 보리심(菩提心)을 일으키면 보살이 될 수 있고, 보살이 보리심을 일으켜 수행을 쌓아 가면 성불에 이를 수 있는데, 일체중생에게는 불성(佛性)이 있기 때문이라는 것이 대승불교의 주장이다.

이렇게 대승불교에서 성불의 길은 일체중생에게 열려 있다. 그렇다면 여성을 일체중생으로부터 제외시킬 수는 없다. 만일 여성을 제외시킨다면 대승의 교리는 스스로 모순을 내포하는 것이 되기 때문이다. 따라서 대승불교는 부파불교의 여성불성불설에 대한 문제를 해결하지 않을 수 없는 처지에 직면했다.

대승의 교리 전개와 밀접한 관계를 맺고 있는 대승불교의 여성성불 문제는 '변성남자성불(變成男子成佛)'과 '여신성불(女身成佛)'의 두 가지로 요약되는데, 경전에서 이를 살펴보면 당시 대승교단이 여성의 문제에 대해 소홀히 할 수 없는 사정에 처해 있었음을 알 수 있다. 교리적으로도, 교단적으로도 여성은 부파불교에서 차지했던 것과는 다른 지위를 가졌던 것이다.

여성의 입장에서 볼 때, 대승불교가 대승다운 점은 '여성은 성불할 수 없다'는 부파불교의 가부장적 사고를 깨트려버린 데 있다고 할 수 있다. '여성은 성불할 수 없다'는 명제는 여성과 남성 사이의 우열을 가려 여성을 차별하는 것이라기보다는 여성을 불교라는 장에서 배제하는 '장소적 이원론'이라고 하는 것이 더 정확한 말이 된다.[1] 부파불교가 장외로 밀어냈던 여성을 대승불교는 다시 장내로 끌어들였다.

대승불교의 보살사상과 여래장사상은 여성의 성불을 인정하지 않을 수 없게 한 교리적 근거이다. 이를 이해하기 위해서는 우선 이 두 사상에 대한 간략한 개관이 필요하다.

'보살'은 bodhisattva(bodhisatta)의 음사어인 보리살타(菩提薩埵)의 약어이다. 이 '보살'이라는 말의 의미를 규정지었던 이는 구마라집(鳩摩羅什, 343~413)이다.[2] 이 말이 어떤 경로를 거쳐 언제 성립되었는지, 최초의 의미는 무엇이었는지에 대해서 아직까지는 정설이 없다. '보살'에 대해서는 그간 여러 학자의 글이 발표되었으나 여기서는 타당성이 있다고 생각되는 몇 가지 견해만을 살펴보고자 한다.

가장 보편적인 보살에 대한 정의를 보면, 보살의 기원적 의미는 '보리(菩提)를 구하고자 머무는 유정(有情)으로서 보리를 얻게 될 것이 확정된 유정'을 말한다. 더 알기 쉽게 설명하자면 '지혜 있는 유정' '지혜를 본질로 하는 유정' '지혜를 가진 유정'으로 정의할 수 있다.[3]

bodhisattva에서 보리(bodhi)란 budh(자각하다)에 근거한 말로 지혜, 깨달음, 불지(佛智)에 상당한다. 유정(sattva)은 원래 as(있다, 존재한다)를 어원으로 하는데 이는 생명이 있는 것을 말한다. 현장(玄奘, 600~664) 이전에는 보편적으로 '중생'이라고 번역되었다. 따라서 위에서 말한 정의를 줄여서 말하면 '보살이란 붓다의 지혜를 갖고 살아 있는 것, 붓다의 지혜를 구하면서 그것이 반드시 성취되도록 살아 있는 것'이라는 의미가 된다.

《대지도론》 제4권에서는 보살을 해석하여 "보리란 모든 불도(佛道)

---

1) 菱木政晴〈佛教の性差別〉《佛教と女性》日本佛教學會 編, 1991, p.130.

2) 宇井伯壽《大乘佛典の硏究》p.815-820.

3) 干潟龍祥《本生經類の思想史的硏究(개정증보판)》p.57.

라 이름하고 살타는 중생, 혹은 대심(大心)이라 이름한다."[4] 고 설명하고 있다. 《대비바사론》 제176권에서는 "보리를 구하여 마음을 잠시라도 버리지 않는 자를 보살로 삼는다."고 해석하고 있다.[5] 그러므로 보살이란 '깨달음을 위하여 노력하고 있는 자'라고 일반적으로 이해되고 있다.

보살이라는 말은 초기불교의 문헌 가운데 《숫타니파타》, 4 니까야, 장아함, 증일아함, 《사분율》 《오분율》 등에 나타난다. 한역의 중아함과 잡아함에는 보살이라는 말이 보이지 않는다. 잡아함에서는 후세에 혼입된 것이라고 보이는 《아육왕전》과 합치하는 곳에서만 보살이라는 말이 있다. 팔리어 경전의 중부[6] 와 상응부[7] 에서 붓다를 언급하면서 '보살'이라는 말을 번번이 사용하고 있음에 반하여 이에 상응하는 한역 경전 중아함[8] 과 잡아함[9] 에는 '보살'이라는 말이 보이지 않는다. 따라서 팔리어 경전에 이 말이 있는 것은 후대의 삽입이라고 보며, 더 나아가 아함부 경전에 나타나는 '보살'이라는 말도 후대의 삽입으로 본다. 마찬가지로 여러 부파의 율장에 나타난 '보살'이라는 말도 후세에 증보된 부분에서 나타나는 경우가 많으므로 이 역시 후세에 삽입된 것으로 보는 것이다.[10]

'보살'이라는 말과 관념은 기원전 3세기(내지 4세기) 이후 부파불교가 어느 정도 진전된 시대에 넓은 의미의 불전문학이 유행하면서, 이 불전문학에서 출현하였다고 보는 것이 여러 학자의 공통적인 견해이다.

---

4) 《대지도론》 제4권, 大正藏 25, p.86상.
5) 《대비바사론》 제176권, 大正藏 27, p.887중.
6) 南傳藏 9, p.294.
7) 南傳藏 13, p.6.
8) 중아함 제56권, 大正藏 1, p.776상.
9) 잡아함 제15권, 大正藏 2, p.101상.
10) 平川 彰 《初期大乘佛教の研究》 p.141.

보살이라는 말은 신어로서 붓다 석가모니를 초인시하여 강하게 신앙하고 있는 무리들, 또 붓다 석가모니의 전생 이야기를 열렬히 만들어 이용하고 있는 신도들 사이에서 생겼던 것이라고 생각된다. ……일단 어느 곳에선가 생겨나자 부파의 여하를 불문하고 즉시 불교교단의 도처에 널리 퍼져 이용되고 있었다고 생각된다. 그러한 까닭에 맨 처음 어느 곳의 어느 부파에서 생겨났던 것인지가 확실히 밝혀지지 않고 있다.[11)]

보살의 기원에 대해서는 석가모니라는 인간을 찬양하는 사람들 사이에서 석가모니의 전생을 이야기하면서 '보리를 구하는 사람'으로서 보살의 이름이 처음으로 설해졌던 것이라고 생각할 수도 있다.……본생의 보살은 이미 초기 전승 속에 나타났다고 보아도 좋을 것이다.[12)]

같은 불전문학 속에서도《자타카》종류는 붓다가 전생에 갖가지 다른 모습의 신체로 태어나서 수행했다는 문학인 데 반해 '연등불수기(燃燈佛授記)'는 과거세에 바라문이었던 붓다가 어느 때 연등불(Dīpaṃkara-buddha, 정광여래)을 보고 반드시 붓다가 되어야 하겠다고 원을 세우자, 연등불이 붓다에게 미래세에 석가모니라는 붓다가 될 것이라는 기별을 주었다는 내용이다. '연등불수기'의 사상은 부파가 분열하고 대승이 홍기하던 와중에 출현하였던 것으로 보며, 보살이라는 관념은 이 '연등불수기'를 계기로 하여 고안되었을 것이다.

보살이라는 관념은 아마도 이 연등불수기를 계기로 하여 고안되었던 것이라고 생각한다. 바라문이었던 붓다는 이때 장차 붓다가 되리라는 기별

11) 干潟龍祥〈菩薩思想の起源と展開〉宮本正尊 編《佛教の根本眞理》p.225.

12) 山田龍城《大乘佛教成立論序說》p.147.

을 받았기 때문에, 그 이후 바라문이었던 붓다가 수행한 것은 깨달음을 실현하려고 노력하는 사람, 깨달음을 구하는 사람이 되었음을 의미한다. 이 '깨달음(보리, bodhi)을 구하는 사람'이 바로 '보살(bodhisattva, 보리살타)'이다. 수기(授記)를 받은 후 붓다는 자각적으로 보리를 구하고자 노력하고 육바라밀의 수행에 힘썼던 것이다. 그는 수기를 받음으로써 성불할 것이 확정되고, 뿐만 아니라 스스로 그것을 알고 있었다. 그러나 그는 아직 붓다가 아니다. 이 수행자는 수기를 받지 않은 사람과 구별되어야 한다. 이와 같은 구별이 부득이 필요해서 '보살'이라는 말이 만들어졌던 것인지도 모른다. 적어도 이런 사람은 '보리를 구하는 사람'으로, 보살이라고 불리기에 어울리는 사람이다.[13]

현존하는 불전문학을 통해서는 이 주장을 문헌으로써 논증하는 것이 사실상 불가능하다. 그럼에도 부파불교나 불전문학에서 보살은 '불타의 전생'을 가리켰던 용어임은 확실하다.

이 보살이라는 관념은 대승불교에 이르러 변화했다. 《반야경》 중 고층(古層)에 속하는 《도행반야경》에서는 보살을 정의하여 다음과 같이 말하고 있다.

빈기문타불(邠祁文陀弗)이 부처님께 여쭈었다. "어떤 인연이 있어 보살이라고 부릅니까? 큰 서원의 갑옷을 입고 대승에 도달하기 때문입니까?" 부처님이 말씀하셨다. "그렇다, 큰 서원의 갑옷을 입고 대승에 발취(發趣)하기 때문이다." 수보리가 다시 부처님께 여쭈었다. "보살마하살은 어떤 인연이 있어 큰 서원의 갑옷을 입습니까? 어떻게 보살마하살이 큰 서원의 갑옷을 입은 것을 알 수 있습니까?" 부처님이 말씀하셨다. "보살마하살

---

13) 平川 彰, 앞의 책, p.170.

은 이와 같이 생각한다. 나는 헤아릴 수 없이 많은 사람을 제도하여 다 열반에 들게 하리라고. 이와 같이 다 열반에 들게 하여도 이 법은 열반에 든 사람이 한 사람도 없는 것이다. 왜 그런가. 본래 없기 때문이다. 마치 환사(幻師)가 넓은 곳에 두 개의 큰 성을 짓고 사람을 만들어 가득 채운 뒤 그 사람들의 머리를 모두 잘라 버린다면 수보리야 어떻게 생각하느냐? 그중에 다치거나 죽은 사람이 있다고 생각하느냐?" "없습니다." 수보리는 대답하였다. "보살마하살이 헤아릴 수 없이 많은 사람을 제도하여 열반에 들게 하여도 열반에 든 사람은 한 사람도 없느니라. 보살이 이 말을 듣고 두려워하지도 않고 무서워하지도 않고 화내지도 않고 포기하지도 않고 다른 길을 나아가지도 않으면 이것이 보살이 큰 서원의 갑옷을 입었다고 하는 것이니라."[14]

무량중생을 열반으로 이끌더라도 열반에 든 중생이 하나도 없는 것은 보살이 공(空)에 머무르기 때문이다. 공에 머물러 모든 중생을 열반으로 인도하는 일에 헌신하는 이가 보살이라는 의미이다. 불전문학에서는 보살이 '불타의 전생'인 데 비해 《반야경》에서 보살은 일체중생을 제도하겠다는 큰 서원의 갑옷을 입고, 그러나 열반에조차 집착하지 않는 존재다. 불전문학에서 석가보살은 장차 성불하리라는 기별을 받은 보살인데 비해 《반야경》에는 성불의 수기를 받지 못한 보살이 많다. 《대지도론》 제40권에서 "불퇴전의 보살에 두 종류가 있다. 하나는 수기를 받고, 또 하나는 수기를 아직 받지 못했다."[15] 라고 하여 불퇴전의 보살이라도 수기를 받지 못한 보살이 있음을 나타내고 있다. 대승에는 불퇴전에 이르지 못한 보살이 대부분이므로 대승의 보살은 성불이 보장되지 않은

---

14) 《도행반야경》 제1권 〈도행품〉 大正藏 8, p.427중-하.

15) 《대지도론》 제40권, 大正藏 25, p.349하.

범부보살이다.

여기에서 '누구라도 보살'[16] 이라는 개념이 생겼다. 즉 누구라도 붓다가 되겠다는 서원을 일으켜서 보살의 도에 정진한다면 그 사람이 보살이고, 장래에 반드시 성불할 수 있다는 의미이다. 이 성불의 수기를 받지 못한 범부보살이 보살이라는 자각을 할 수 있는 것은 '발보리심(發菩提心)'에 의해서이다. 보리심을 일으킴으로써 자기가 보살이라는 확신을 할 수 있다. 성불의 수기를 받지 못한 범부보살이 보리심을 일으켜서 보살의 자각을 가질 수 있는 것은 자성청정심(自性淸淨心)에 근거를 두고 있다.[17] 대승의 수행자는 대승의 가르침을 듣고서 자기의 마음속 깊은 곳에서 자성청정심을 발견하며 그에 의해서 보살이라는 자각을 하고, 보리심을 일으킬 수 있다.

이 자성청정심이란 마음의 본성은 청정하다는 의미로서, 초기불교의 심성본정설(心性本淨說)에서 연유한다. 초기경전에서는 다음과 같이 말하고 있다.

> 이 마음은 장야(長夜)에 걸쳐서 욕심과 성냄과 무지에 의해 물들고 있다. 비구들이여, 마음이 물들었기 때문에 중생이 물들고, 마음이 깨끗하기 때문에 중생이 깨끗하다.[18]

> 비구들이여, 이 마음은 극광정(極光淨)이다. 다만 객진(客塵)의 수번뇌(隨煩惱)에 물들어 있다. 이것을 아직 가르침을 듣지 않은 범부들은 여실히 알지 못한다. 그래서 그들은 마음을 닦지 않는다고 나는 말한다. 비구들이여, 이 마음은 극광정이다. 그리하여 객진의 수번뇌로부터 해탈하였

16) 靜谷正雄《初期大乘佛教の成立過程》p.238.

17) 平川 彰, 앞의 책, p.200.

18) 상응부〈건도편〉22, 南傳藏 14, p.237.

다. 이것을 가르침을 들은 성스러운 제자는 여실히 안다. 그리하여 그들은 마음을 닦는다고 나는 말한다.[19]

여기서 마음은 두 측면으로 파악된다. 본래 청정하다는 긍정과 객진인 번뇌에 물들고 있다는 부정의 양면이다. 그러나 객진번뇌에 물든 마음은 정화가 가능하다. 칠불통계게(七佛通戒偈)의 '자정기의(自淨其意)'도 현실의 마음은 오염되어 있지만 정화가 가능하다는 것을 전제하고 있다.

이 심성본정설은 대승불교에서 자성청정심으로 이어지고 불성, 여래장사상으로 발전했다. 불성(佛性)이라는 말은《대반열반경》제36권에 "일체중생실유불성(一切衆生悉有佛性)"[20] 으로부터 보편화되었으며, '일체중생은 여래장(如來藏)을 가지고 있다.'고 처음 선언한 경전은《대방등여래장경》이다.[21] 《대방등여래장경》의 이 여래장설은《불설부증불감경》《승만경》으로 계승되었다. 불성과 여래장은 동의이어(同義異語)라는 것이 보편화된 학설이다.[22] 일체중생이 불성, 여래장을 가지고 있다는 것은 장래 붓다가 될 수 있는 가능성, 즉 붓다의 성품이 중

---

19) 증지부 1집 제6〈탄지품〉南傳藏 17, p.15.

20)《大般涅槃經》제36권, 大正藏 12, p.574하.

21) 一切衆生. 雖在諸趣煩惱身中. 有如來藏常無染汚.《大方等如來藏經》大正藏 16, p.457하.

22)《열반경》의 산스크리트어 원본은 발견되지 않았기 때문에 정확히는 알 수 없으나 티베트본과 한역본으로 추리해 볼 때,《열반경》에 나오는 불성의 산스크리트어는 대략 ①tathāgata-garbha ②dhātu ③buddhadhātu 등으로 볼 수 있다. 高崎直道《如來藏思想の形成》p.137-142. 한편 불성, 여래장으로 번역되는 산스크리트어를 보면, 불성은 ①buddhadhātu ②tathāgata-dhātu ③gotra ④buddha-garbha, 여래장은 ①tathāgata-garbha ②buddha-garbha ③tathāgata-dhātu 등이다. 市川良哉〈如來藏の漢譯の例について〉《印度學佛教學研究》8-1, p.184-185. 이상의 연구에서 불성과 여래장은 같은 개념임을 알 수 있다.

생 속에 내재한다는 의미이다. 여래장의 산스크리트어 tathāgata-garbha는 'tathāgata=여래'와 'garbha=태, 태아'의 합성어로서 여래의 태, 여래의 태아라는 의미이다. 본래 청정한 중생의 마음에 깨달음의 가능성, 다시 말해 여래가 될 수 있는 원인을 발견하고, 그 중생 가운데 있는 여래의 인(因)을 가리켜 부르는 이름이라고 해석된다. 요컨대 일체중생에게는 성불의 가능성이 있다는 것이다.

깨달음은 붓다가 성도 후 교화를 시작한 이래 그 가르침을 들은 이들에게는 가장 중요한 문제였다. 불교는 교조인 붓다와 같은 깨달음을 구하는 종교다. 붓다의 법음이 들리는 시간 속에서는 많은 제자들이 아라한의 과위에 올랐다. 그러나 불멸 후 붓다의 신격화와 반비례해서 범인의 약함은 더욱 강조되어 부파불교에서는 감히 성불을 생각할 수 없게 되었다. 대승불교는 보살사상, 불성 · 여래장사상을 전개함으로써 금지되었던 성불의 가능성을 다시 중생에게 돌려주었다. 대승불교에서 여성성불의 문제는 이러한 맥락에서 생각해야 한다. 여래장사상의 전개에 대해서는 추후 여신성불을 고찰하는 절에서 다시 서술하기로 한다.

2. 변성남자성불설(變成男子成佛說)

(1) 경전에 나타난 변성남자성불설

이상에서 살펴본 바와 같이 대승불교가 전개된 후 여성성불의 문제는 어떤 형태로든지 해결되어야 할 문제의 하나가 되었다. 부파불교의 여성불성불을 계속해서 고집한다면 대승불교의 교리는 스스로 모순을 내포할 수밖에 없게 되었다.

이러한 시대적 추세는 대승경전에 자주 쓰이는 '선남자' '선여인'이라는 표현에서 잘 나타나 있다. 《소품반야경》에서는 '선남자' '선여인'이 《반야경》을 수지, 독송하면 마의 화를 피할 수 있다고 하고,[23] 《금강반야바라밀경》에도 "아뇩다라삼먁삼보리심을 발한 '선남자' '선여인'이 어떻게 머물며 어떻게 그 마음을 항복 받아야 합니까."라는 수보리의 유명한 질문이 있다. 《법화경》에 이르면 "이 '선남자' '선여인'은 여래의 방에 들어가 여래의 옷을 입고 여래의 자리에 앉아 마땅히 사중(四衆)을 위하여 이 경전을 널리 설해야 한다."[24] 라고 하여, 경전의 선설자를 '선남자' '선여인'이라고 부르고 있다. 대승경전에서 '선남자' '선여인'은 대승불교의 지지자로 자리 잡고 있으며, '선남자'와 '선여인'은 차별 없이 취급되고 있다.

---

23) 《소품반야바라밀경》 제2권, 大正藏 8, p.541하.
24) 《묘법연화경》 제4〈법사품〉 大正藏 9, p.31하.

그러나 이렇게 대승불교의 지지자로서 여성을 남성과 같은 위치에 놓았으면서도 여성의 성불 문제에 대하여 대승불교가 처음부터 여성에게 문호를 활짝 개방한 것은 아니다. 초기 대승경전에서는 변성남자성불(變成男子成佛)이라는 형태로 타협을 시도했다.

변성남자성불설이란 여자의 몸으로는 성불할 수 없고, 남자의 몸으로 바뀌어야만 성불할 수 있다는 설이다. 대승의 공사상(空思想) 입장에서 보면 한마디로 척파될 수 있는 이 변성남자의 사상은 서력기원 무렵에 성립된 최고(最古)의 대승경전인 《소품반야경》에 이미 나타나 있다. 《소품반야경》의 〈항가제바품〉에 의하면 항가제바(Gangadeva)라는 여인이 불퇴전지(不退轉地)에 머물러서 붓다 앞에 나아가 자기 마음의 '불경불포(不驚不怖)'를 고백하고 금화(金華)를 붓다 위에 뿌렸다고 한다. 붓다는 그 항가제바에게 장차 성불하리라는 수기를 주었다. 그녀는 여자의 몸을 바꾸어 남자가 되어 아촉불토에 태어나 그 불토(佛土)에서 범행(梵行)을 닦고, 명(命)이 다한 후에는 일불토(一佛土)에서 항상 범행을 닦아서 미래 성숙겁(星宿劫)에 성불해서 금화불(金花佛)이라고 이름한다고 말한다.[25)]

이 '변성남자 당래작불(變成男子 當來作佛)'의 이야기는 《도행반야경》《대명도무극경》《범본팔천송반야경》《불설출생삼법장반야바라밀다경》《대반야바라밀다경》 등에도 있으며, 대품 계통의 《반야경》에도 있다. 그 이외에도 《법화경》을 비롯하여 《대집경》《보적경》 등에도 있다. 이 변성남자성불은 여인들의 발보리심이 동기가 되고, 그 발보리심이 성불로 이어지기 위해서 거쳐야 하는 과정으로 나타나는데, 변성남자성불이라 하여도 한 가지 유형만 있는 것이 아니라 여러 형태로 나타난다.

---

25) 《소품반야바라밀경》 제7권 〈항가제바품〉 제18, 大正藏 8, p.568중.

첫째, 여인오장과 관련하여 변성남자성불을 말하고 있는 경전은 앞에서 언급했던 《법화경》《불설초일명삼매경》《불설용시녀경》[26] 등이다. 여인은 오장이 있어서 성불할 수 없으므로 성불하려면 남자의 몸으로 바뀌어야 한다는 것이다. 《법화경》에서 변성남자성불의 내용을 살펴보면 다음과 같다.

> 지적보살은 문수사리에게 《법화경》대로 수행하면 빨리 성불할 수 있느냐고 묻는다. 이에 대한 대답으로 문수사리는 사가라 용왕에게 8세 된 딸이 하나 있는데 찰나 사이에 보리심을 일으켜서 불퇴전을 얻었으며 능히 보리에 이를 수 있다고 한다. 지적보살은 석가여래를 보아도 무량겁 동안의 공덕이 쌓여 보리 도를 이루었는데 용녀가 어찌 잠깐 사이에 정각을 이루겠는가 하고 의문을 제기한다.
>
> 이때 용녀가 그들 앞에 나타나 보리심을 일으켜서 속히 성불할 것임을 게송으로 말한다. 여기에서 사리불이 용녀에게 여자에게는 오장이 있어서 성불할 수 없다고 한다. 용녀는 자신이 가지고 있던 보주를 붓다에게 바치면서, '이 일이 빠르지 않는가'라고 지적보살과 사리불에게 반문한다. 그들이 빠르다고 대답하니, 용녀가 다시 말한다.
>
> "여러분들은 신통력으로 내가 성불하는 것을 보시오. 내가 붓다에게 보주를 바친 것보다 나의 성불이 더 빠를 것이나이다."
>
> 그때 모인 대중이 모두 용녀를 보니 홀연지간에 남자의 몸으로 변하여 보살행을 갖추고 남방 청정한 세계에 가서 보배 연꽃에 앉아 등정각을 이루었다. 그러자 32상과 80종호를 갖추어 시방의 온갖 중생을 위하여 미묘한 법을 널리 연설하고 있었다.[27]

---

26) 《불설초일명삼매경》과 《불설용시녀경》에서 여인오장과 관련하여 변성남자성불을 말하고 있음은 앞 장에서 서술하였으므로 이 장에서는 생략한다.

27) 《묘법연화경》 제12〈제바달다품〉 大正藏 9, p.35하.

그러자 사바세계의 보살, 성문(聲聞), 하늘, 용의 8부와 인간과 인간 아닌 것들은 용녀가 성불하여 설법하는 것을 멀리서 보고 마음이 크게 환희하여 예배하였으며, 그 설법을 듣고 깨달았고, 지적보살과 사리불을 비롯한 모든 대중이 용녀의 성불을 아무런 이의를 달지 않고 믿었다고 한다.[28)]

여인오장과 관련하여 변성남자성불을 말하고 있는 이들 경전의 공통된 특징은 부파불교의 여인오장을 정면으로 부정하려는 의도가 보인다는 것이다. 《법화경》에서는 사리불이 여인은 오장이 있어서 성불할 수 없다고 부정하지만 용녀는 이를 긍정하지 않고 남자로 변하여 성불하는 것을 보여준다. 《불설초일명삼매경》에서도 여인이 오장을 가지지 않을 수 없는 이유까지 열거되지만 결국 상도 비구로 하여금 '원래 남녀의 구별은 없고 인연소성이다.'라는 것을 인정하게 한다. 《불설용시녀경》에서도 용시녀는 여인에게 오장이 있다고 해도 '보살도를 받들어 게으르지 않으면 붓다가 될 수 있음'을 의심하지 않는 자세를 보여준다.

《법화경》에서 여인은 도기(道器)가 못 된다고 부정하는 역할을 하는 것이 사리불이라는 점이 흥미롭다. 사리불은 성문승의 대표로 등장했다. 지적보살과 사리불이 함께 등장함으로써 당시의 보살사상과 성문사상이 대비되는데, 하지만 이 변성남자성불은 보살사상의 완전한 승리라고 말할 수 있는 것은 아니다.

둘째, 변성남자성불을 말하면서도 공의 입장에서 남녀의 차별을 부정

---

28) 이 용녀의 성불에 대해 생리적인 문제를 제기하여 어떻게 여자가 한순간에 남자가 될 수 있느냐는 의문을 갖기보다는 상징성으로 해석해야 하리라고 본다. 명종(命終) 후에 남자의 몸으로 다시 태어나는 상징으로 받아들일 수도 있다. 또 용은 불법을 수호하는 팔부중(八部衆)의 하나로 본래 인도에 사는 용종 족들이 뱀을 숭배하는 신화에서 온 것으로 보인다. 용에는 여덟 종류가 있는데 그중 Sāgara(海) 용은 기우(祈雨)의 용이라고 한다. 용녀는 이런 재래 신앙에서 온 설정으로 보며 이 또한 상징성으로 해석할 수 있을 것이다.

하는 경전들이 있다. 이들 경전은 대승불교 여성관의 전개 과정으로 보면 같은 변성남자성불설이라 해도 여인오장을 부정하면서 그 해결책으로 변성남자성불을 말한 것보다는 한 단계 진전된 것이라고 할 수 있다.

《수능엄삼매경》은 반야공(般若空)의 입장에 있기 때문에 남녀의 차별을 보는 것조차 미망이라는 견해를 나타내고 있다. 대승의 수행자는 남녀의 차별에 얽매이지 않고 공의 입장에서 평등을 관해야 한다고 하고, 그런 관점에서 남녀의 차별 문제를 해결하고 있다. 견의보살이 구역천자에게 "무슨 공덕을 행하면 여인의 몸을 바꾸겠는가?"라고 물은 데 대하여 구역천자는 다음과 같이 대답한다.

> 선남자여, 대승을 발한 자는 남녀의 구별이 있음을 보지 않는다. 그 이유는 무엇인가. 살바야(薩婆若, sarvajña, 일체지)는 그 마음이 삼계에 있지 않다. 분별이 있기 때문에 여자도 있고 남자도 있다. 인자가 묻는바, 무슨 공덕으로 여인의 몸을 바꾸겠는가 한다면, 옛날부터 보살에게는 사(事)에 있어서 마음에 첨곡함이 없다고 한다. 사란 무엇인가. 답하기를 붓다에게 공양하는 것과 같다. 그 마음에 첨곡함이 없다는 것은 무엇인가. 답해서 말하기를, 신업(身業)은 입에 의해 일어나며, 구업(口業)은 뜻에 의해 일어난다. 이것을 여인의 마음에 첨곡함이 없다고 이름하는 것이다. 묻기를, 여인의 몸을 바꾸는 것은 무엇인가. 답하기를, 이루는 것과 같다. 묻기를, 이루는 것과 같다는 것은 무엇인가. 바꾸는 것과 같다. 또 묻기를, 이 말이 무슨 뜻인가. 답하기를 선남자여, 일체 법 가운데는 이루는 것도 없고 바꾸는 것도 없다. 제법은 일미(一味)이다. 법성의 미를 말하는 것이다. 선남자여, 내가 소원하는 데 따라서 여인의 몸이 있다. 만약 내가 남자의 몸으로 된다 해도 여자의 몸에는 무너짐도 없고 버려짐도 없다. 그러므로 선남자여, 마땅히 알라. 이 남자, 이 여자라는 것은 함께 전도(顚倒)가 되는 것

이다. 일체 제법과 전도라는 것은 필경에는 이상(二相)을 떠난다.[29]

생리적 의미로서 여자의 몸이나 남자의 몸에 집착하는 차별관을 버리라고 말하고 있다. 그러나 이렇게 반야 공의 입장에서 남녀차별을 부정하는 입장을 보여주면서도 경의 후반부에 가서는 "아난아, 이제 천녀는 명종 후에 여자의 몸을 바꿀 수 있다."[30] 라고 하여 변성남자의 설을 완전히 떨쳐 버리지는 못하고 있다.

《불설무구현녀경》에서는 어머니의 태내에 있으면서 부처의 설법을 들었던 여아가 어머니의 옆구리에서 태어나 대중 속에서 사자후(獅子吼)를 하며, "대승 속에는 법으로서 여자도 없고, 남자도 없다."[31] 라고 말한다. 그리하여 일체의 여인이 무상도의 보리심을 일으킨 것을 보고 용약 환희하여 "바로 부처님 앞에 서서 남자로 변했다."라고 한다.

《불설장자법지처경》에서는 장자 법지의 처가 붓다의 설법을 듣고 무상정진도의(無上正眞道意)를 일으켜 불퇴전지(不退轉地)에 섰으며, 장차 성불하리라는 수기를 얻었다고 한다. 그때 천제석(天帝釋)은 법지의 처에게 "남자의 몸으로 바뀌기를 구하는 것보다 훌륭한 일은 없다."[32] 고 권하지만, 그녀는 "일체는 환화(幻化)와 같이 공이다. 누가 남자이고 누가 여자인가."라고 답한다. 그러면서도 그녀는 무아를 깨달았기 때문에 변해서 남자가 되어 붓다로부터 장차 성불하리라는 수기를 받았다고 한다.

이상에서 살펴본 바와 같이 남자, 여자라는 생리적인 의미에 집착하는 것은 반야 공의 입장으로 보면 미망을 벗어나지 못한 것이라고 주장

---

29) 《불설수능엄삼매경》 상권, 大正藏 15, p.635상.

30) 《불설수능엄삼매경》 하권, 大正藏 15, p.639하.

31) 《불설무구현녀경》 大正藏 14, p.914상.

32) 《불설장자법지처경》 大正藏 14, p.945상.

하면서도, 거기에서 끝내지 않고 대중으로 하여금 여자가 남자로 변하는 현장을 목격하게 하는 경의 구성은 당시의 의식을 반영하는 것이라고 할 수 있다. 즉 대승의 공사상을 천명하면서도 여성에 대한 차별을 확실하게 부정하지는 못하는 것이다. 그 저변에는 여자보다는 남자가 우월하다는 의식이 깔려 있기 때문이다. 여성의 발보리심을 부정할 수는 없으나 그렇다고 하여 성불에 여자의 몸이 전혀 문제가 되지 않는다고 하기가 어려운 인도인의 전통적 여성관이 그대로 반영되었다고 할 수 있다.

셋째, 변성남자성불을 말하고 있는 경 가운데는 남자로 태어나기 위해서 닦아야 할 수행 덕목을 구체적으로 밝히고 있는 경전들이 있다. 《불설전녀신경》에서 무구광녀가 "어떻게 닦아야 여자의 몸을 벗어나서 빨리 남자가 되어 능히 무상의 보리심을 발할 수 있습니까?"라고 물은데 대해 붓다는 10법의 수행덕목을 말한다. 그 몇 가지만을 예로 든다면 1법은 보리를 깊이 구할 것, 2법은 만심(慢心)과 기광(欺誑)을 버릴 것, 3법은 첫째, 신업(身業)을 청정하게 하여 몸으로 3계를 지킬 것, 둘째, 구업(口業)을 청정하게 하여 입으로 짓는 4과(四過)를 멀리할 것, 셋째, 의업(意業)을 청정하게 하여 진에(瞋恚), 사견(邪見), 우치(愚癡)를 멀리할 것 등이다. 이렇게 10법까지 열거하고 있다.[33]

《현수경》에는 붓다의 회상에 모여 있던 사람들 중에 우바이인 발타사리가 붓다로부터 시방불명(十方佛名), 보살 및 찰토(刹土)의 이름을 듣고 보리심을 일으켜서 '마땅히 어떤 행을 해야 모인(母人)의 몸을 떠날 수 있는가'를 묻는 장면이 있다. 이에 대해 붓다는 1사부터 10사까지 제시하고 있다. 제1사는 일체지의 마음을 일으키고 무앙수(無央數)의 공덕을 이루되 잊음이 없는 것, 제2사는 하늘을 섬기지 않고 제불(諸佛)에

33) 《불설전녀신경》 大正藏 14, p.918하-919상.

만 귀의하는 것, 사(邪)를 믿지 않는 것, 제3사는 신삼(身三), 구사(口四), 의삼(意三)의 3업을 호지하는 것, 제4사는 보시에 유첨(諛諂)이 없고 계에 유첨이 없고, 스스로 깨끗함을 지키고 육법을 청문하는 데 유첨이 없는 것이며, 제10사는 일체에 자비롭고, 일체의 인물을 탐하지 않고, 타인 남자의 몸을 염하지 않고, 양설(兩舌), 악구(惡口), 망언(妄言), 기어(綺語)를 하지 않고, 기락(伎樂)을 즐기지 않고, 한을 품지 않으면서 정주(正住)하고, 복사(福事)에 사인연(邪因緣)을 맺지 않는 것 등이다.[34)]

《대보적경》 제111권 〈정신동녀회〉에는 파사익 왕의 딸 정신동녀가 붓다의 설법을 듣고 마지막으로 "어떠한 법을 성취하면 능히 여자의 몸을 바꿀 수 있습니까"라고 물은 데 대해 붓다는 8법을 성취하면 여자의 몸을 바꿀 수 있다고 한다. 그 8법이란 불질(不嫉), 불간(不慳), 불첨(不諂), 불진(不瞋), 실어(實語), 불악구(不惡口), 사리탐욕(捨離貪慾), 이제사견(離諸邪見)이다.[35)]

《대방등대집경》 제19권 〈보당분중왕고품〉에는 다라니문(陀羅尼門)의 수습에 의해 여자의 몸을 떠날 수 있음을 말하고 있다. 과거세에 향공덕여래(香功德如來)가 출세했을 때 화목왕이라는 전륜성왕이 있었다. 그가 그의 부인 선견과 같이 향공덕여래를 예배했다. 그때 선견 부인은 향공덕여래에게 "나는 이미 일체의 원망을 멀리하고 진실하게 생로병사를 보고 있습니다. 어떻게 하면 나는 여인의 몸을 떠날 수 있겠습니까. 원컨대 내가 남자의 몸을 얻는 길을 가르쳐 주십시오."라고 게송으로 물었다. 이에 대해 향공덕여래는 "선여인이여, 교방편(巧方便)이 있어서 여인의 몸을 떠나 능히 여업(女業)을 무너뜨릴 수가 있고, 내지는 아뇩다라삼먁삼보리를 얻어서 나중에는 여인의 몸을 받지 않는다.

---

34) 《불설현수경》 大正藏 14, p.943중-하.

35) 《대보적경》 제111권 〈정신동녀회〉 大正藏 11, p.626중.

그 교방편을 닦는 것은 말하자면 이 보당다라니문이다. 만약 능히 이 다라니를 수행하면 여인의 몸을 떠날 수 있다. 신구의(身口意)를 깨끗이 하고, 삼장(三障)을 멀리하고 이 다라니의 이름을 들으면 여인의 몸을 떠나서 남자의 몸을 받고 미묘한 지혜를 몸에 구족할 수 있다."라고 대답한다.[36)]

지금까지 여자가 남자의 몸을 얻기 위해 수행해야 할 덕목들을 살펴보았다. 그 내용은 대체로 남녀를 불문하고 불도 수행에 뜻이 있는 사람이라면 누구나 닦아야 할 것으로, 남자라고 해서 이러한 수행을 하지 않아도 성불할 수 있다고 할 수는 없는 것들이다. 그렇다면 여자의 몸을 벗어나기 위한 10법, 8법, 다라니 같은 것은 결국 여성에 대한 편견에서 생긴 것에 지나지 않는다.

넷째, 변성남자성불을 말하고 있는 경전 중에는 여자의 몸을 가지고 있는 것은 중생제도를 위한 방편일 뿐이라고 하는 방편여신(方便女身)의 설도 있다. 《순권방편경》과 《낙영락장엄방편품경》은 동본 이역인데, 수보리와 왕사성 미녀의 문답을 통해 그녀가 전녀신보살(轉女身菩薩)이라는 것을 말하고 있다. 즉 그녀가 여자인 것은 방편일 뿐이라는 것이다. 붓다는 전후로 무수한 중생을 권도하여 무상정진도의를 일으키게 한다고 증명한다.[37)]

《대보적경》 제99권 〈무외덕보살회〉에서는 아사세 왕의 딸인 무외덕이 불전에서 사자후를 하는데, 붓다는 사리불에게 말하기를 이 무외덕녀는 과거 90억 불에 있어서 보리심을 일으키고 그 불처(佛處)에서 선근

---

36) 《대방등대집경》 〈보당분중왕고품〉 大正藏 13, p.132하-133상. 《보성다라니경》 10권은 이 품의 이역인데, 거기서의 불명은 월광명향승여래이며, 전륜성왕은 우발라왕, 제1부인은 손타리로 되어 있고 내용은 합치한다.

37) 《순권방편경》 하권, 大正藏 14, p.930상 ; 《낙영락장엄방편품경》 大正藏 14, p.935하-936상.

을 심고 무상보리를 구했다고 말한다. 거기서 사리불은 "이 여인은 여자의 몸을 바꾸는 것이 가능합니까?"라고 묻는다. 붓다는 "너는 그를 여자로 보는데, 그렇게 보아서는 안 된다. 그 보살은 발원력 때문에 여자의 몸을 시현한 것이며 중생을 제도하고 있는 것에 지나지 않는다."고 대답했다. 그때 무외덕은 서원하기를 "만일 일체법이 남자도 아니고 여자도 아니라면 나는 지금 장부의 몸으로 나타나 일체 대중으로 하여금 보게 하겠다."라고 말하고 곧 여자의 몸을 남자의 몸으로 바꾸어 허공에 올라가 머물며 떨어지지 않았다. 거기서 무외덕 보살의 어머니인 일월광은 아사세 왕과 같이 이 기적을 보고 붓다를 예배하고 무상도를 닦겠다는 보리심을 일으켰다고 한다. 여기서 "일체법비남비녀(一切法非男非女)"라는 것은 남녀의 차별에 얽매이지 않는 것을 의미한다. 이 경의 품명에는 〈무외덕보살회〉라고 하여 무외덕녀를 보살로 부르고 있다. 축법호 역으로 되어 있는 《불설아사세왕녀아술달보살경》은 이 〈무외덕보살회〉의 이역이며, 내용은 유사하다.[38)]

《대방등대집경》 〈보녀품〉에는 보녀라는 동녀가 붓다에게서 문법하고 여러 가지 사자후를 하는 장면이 있는데, 그것이 가능한 이유는 불퇴전인(不退轉印)을 얻었기 때문이라고 하며, 불퇴전인에 대해서 상세히 설명하고 있다.[39)] 《대방등대집경》 〈보녀품〉은 거기에서 끝났지만, 이역(異譯)인 축법호 역 《보녀소문경》 제4권에는 그 이후의 것을 말하고 있다. 그녀는 과거세에 유위불(維衛佛) 아래서 처음으로 무상정진도의(無上正眞道意)를 일으킨 보살이다. "그 보녀는 무슨 죄 때문에 여인의 몸을 받았습니까?"라는 사리불의 질문에 대해 붓다는 "보살대사는 죄 때문에 여인의 몸을 받은 것이 아니다. 보살대사는 혜(慧), 신통(神通),

---

38) 《대보적경》 제99권 〈무외덕보살회〉 大正藏 11, p.555상 ; 《불설아사세왕녀아술달보살경》 大正藏 12, p.88하.

39) 《대방등대집경》 제6권 〈보녀품〉 大正藏 13, p.39상.

선권방편(善權方便), 성명(聖明)에 의해서 여인의 몸을 나타내어 군여(만민)를 개화하는 것이다."라고 대답하고 있다. 그리고 "남자의 법도 없고 여자의 법도 없다. 일체 제법에는 오는 것도 없고 가는 것도 없다." 라고 말하고 있다. 사리불이 "지금 나와 같이 남자의 몸을 좋아하지 않고 오히려 여인의 상을 받아야 하는가?"라고 묻는 것에 대해 보녀는 "성문의 집에서는 더러워서 싫어하는 바가 보살에게는 환난이 되지 않는다."라고 대답한다.

여자가 여자의 몸을 가지고 있는 것은 중생을 제도하려는 방편일 뿐이라는 이 방편여신의 사상은 겉으로 보기에는 변성남자성불에 대한 부정으로 보이지만 그 저변에는 남녀평등에 관해 부정적인 입장이 깔려 있다. 사리불은 여러 경전에서 '왜 보리심을 발한 지가 오래되었다면서 남자의 몸을 받지 않고 여자의 몸을 가지고 있는가?'라든가, '왜 남자의 몸을 좋아하지 않는가?'라는 질문을 하는데 이는 사리불을 통해 당시 부파불교의 여성관이 표출되는 것이라고 할 수 있다. 즉 여성은 남성에 비해 무엇인가가 결여된 존재, 천한 존재라는 것이 그 저변에 깔린 것이다. 중생제도를 위해서 임시로 여자의 몸을 가져야 하는 이유에 대해서는 설명이 없다.

이상에서 살펴본 변성남자성불설의 몇 가지 형태를 통해 초기의 대승불교가 여성성불의 문제를 어떻게 해결했는가를 알 수 있었다. 그러나 이 변성남자성불은 여성성불에 대한 완전한 해결은 아니며 여자는 남자보다 열등하다는 것이 항상 전제되고 있다.

(2) 본원사상과 변성남자원

본원(本願)이란 산스크리트어 'pūrva-praṇidhāna'의 역으로 '예부터의

원' '인위(因位)의 서원' '숙원'이라는 의미이다. 붓다와 보살이 과거세에 수행했을 때 일으킨 원으로 중생의 교화 구제를 맹세한 원이기 때문에 서원(誓願)이라고도 한다. 따라서 중생제도의 맹서를 내포하지 않은 단순한 원망(願望)은 단지 발원이라고만 하지 서원이라고 하지 않는다. 이 보살의 서원의 경우, 보살이면 누구라도 마땅히 일으켜야 하는 서원을 총원이라 하고 보살 자신이 가지고 있는 특별한 서원은 별원이라고 한다. 널리 알려진 사홍서원은 모든 보살이 일으키는 총원,《무량수경》에서 말하는 법장비구의 48원은 피토(彼土, 현세와는 다른 타방의 정토) 성불의 별원이다. 이 본원사상은 현재는 극락신앙과 결부되어 정토교의 중심 사상으로 알려져 있지만 원래는 대승불교에서 보살사상 전개와 함께 발달한 사상이다.

변성남자와 관련된 본원으로 많이 알려진《무량수경》의 제35원은 보통 변성남자원, 여인왕생원, 전녀성남원이라고도 부른다.

> 제가 붓다가 될 적에, 시방세계의 헤아릴 수 없고 불가사의한 부처님 세계의 여인들이 제 이름(아미타불)을 듣고 환희심을 내어 보리심을 일으키고 여자의 몸을 싫어한 이가 목숨을 마친 후에 남자가 되지 않고 다시 여자가 된다면 저는 차라리 붓다가 되지 않겠습니다.[40]

최고(最古)의 대승경전에 속하는《대아미타경》에서는 모두 24원이 있는데 그중 제2원도 같은 내용을 담고 있다.

> 나의 나라에는 여인이 없고, 나의 나라에 태어나는 여인이나 부인은 모

40) 設我得佛. 十方無量不可思議諸佛世界. 其有女人聞我名字. 歡喜信樂發菩提心厭惡女身. 壽終之後復爲女像者. 不取正覺.《무량수경》상권, 大正藏 12, p.268하.

두 남자로 변하길 바란다.[41)]

또한《약사유리광여래본원공덕경》의 12대원 가운데 제8원도 변성남자원이다.

> 내가 내세에 보리를 얻을 때, 만약 여인이 있어 여자의 온갖 악한 것 때문에 쫓기고 괴로워하여 극히 싫어하는 마음이 나서 여자의 몸을 버리고자 원한다면 나의 이름을 듣기만 하여도 모두 여자의 몸을 바꾸어 남자가 되게 하고 장부상을 갖추며 내지 무상보리를 증득하게 될 것을 원한다.[42)]

이 일련의 경전들에서 여자의 몸에 대한 몇 가지 인식이 표출된다. 즉 여자 자신이 여자인 것을 싫어한다, 여자인 것을 싫어할 경우 아미타불이나 약사유리광여래의 본원력으로 여자의 몸을 벗어날 수 있다, 여자의 몸을 남자의 몸으로 바꾸어 무상보리(無上菩提)를 증득한다는 등의 인식이다. 여자가 여자인 것을 싫어한다는 데서 여성에 대한 차별이 정당화될 수 있고, 상대적으로 변성남자가 그 해결책이 되고 있다. 그러나 《대아미타경》에 의하면 변성남자가 왕생의 직접적인 조건은 아니다.

이 변성남자의 원에서 우리는 여성 차별의 한 단면을 발견할 수 있고, 그 원인이 편견에서 비롯된다는 것을 알 수 있다. 즉 여자가 여자인 것을 싫어하는 이유는 여자에게 고통이 있기 때문이다. 여자의 고통은 무

---

41) 使某作佛時. 令我國中. 無有婦人女人. 欲來生我國中者. 卽作男子.《불설아미타삼야삼불살루불단과도인도경》상권, 大正藏 12, p.301상.《불설아미타삼야삼불살루불단과도인도경》은 吳의 支謙(223~282) 역으로《대아미타경》이라고도 한다. 한역 경전에서 '아미타불'이라는 명칭이 최초로 쓰인 경전이다.

42) 願我來世得菩提時. 若有女人. 爲女百惡之所逼惱. 極生厭離願捨女身. 聞我名已 一切皆得轉女成男具丈夫相. 乃至證得無上菩提.《약사유리광여래본원공덕경》大正藏 14, p.405중.

엇인가. 초기경전에서 볼 수 있었던 '여자에게 있는 십악사' 가운데 여자가 생래적으로 가지고 있는 고통은 임신과 출산의 고통뿐이었다. 나머지는 여성에 대한 편견에서 오는 상대적인 고통이었다. 사회가 여성을 차별하지 않는다면 여성의 고통은 제거될 수 있는 것들이다.

여기서 이 본원사상과 관련하여 나타나는 변성남자원을 긍정적으로 해석해서 여성은 성불할 수 없기 때문에 변성남자의 원을 갖게 되는 것이 아니고 육체적인 또는 사회적인 고난으로부터 여성을 해방하려는 의도라는 견해도 있다.[43]

(3) 변성남자성불설의 문제

이상에서 살펴본 바에 의해 변성남자성불은 초기 대승경전에 폭넓게 나타나 있음을 알 수 있다. 최고의 대승경전인 《소품반야경》에 이미 나타나고 안세고(安世高)와 더불어 최초의 한역 역경가였던 후한 지루가참(支婁迦讖)[44] 의 번역인 《불설순진다라소문여래삼매경》에도 들어 있다. 대승경전의 성립 연대를 한역의 전역 시기로부터 거슬러 올라가 대개 100년 이내라고 추정한다면 서력기원을 전후해서 편찬된 대승경전에 변성남자성불이 이미 들어 있었다고 볼 수 있다. 한역 연대를 기준으로 추정해보면, 변성남자성불설은 서력기원 전후에 시작해서 3세기 전반까지에 이르는 동안 많은 경전에서 여러 가지 패턴으로 나타나기 때문이다. 변성남자성불설이 경전의 전면에 나타난 것은 대승경전이지만 그 싹은 아함경(증일아함 제38권 〈마혈천자문팔정품〉)에서 이미 보이

---

43) 梶山雄一《空の思想》p.214.

44) 지루가참은 월지국 사람으로 후한 永康 1년(167)에 중국 낙양에 와서 영제 때까지《반주삼매경》《무량청정평등각경》등 23부 67권을 번역했다.

고 있음은 앞 장에서 살펴본 바와 같다.

그러나 변성남자성불설은 부파불교의 여인불성불설을 부정한 면에서는 의의가 있다고 하겠으나 대승불교의 해결책으로서는 어딘가 궁색한 면이 없지 않다. 즉 대승 교리의 입장에서 볼 때, 변성남자를 해야만 성불할 수 있는 필연성이 부족하다. 여인오장을 부정하면서 그 해결로 변성남자를 통해 성불하는 경의 구성은 대승의 근본사상과는 거리가 있다. 또한 남자의 몸을 얻기 위해서 수행해야 할 덕목들의 내용도 설득력이 없으며, 방편으로 여자의 몸을 나타낸다고 하는 설도 왜 여자의 몸을 갖는 것이 방편이 되는가에 대한 설명이 없다. 대승의 수행자는 남녀의 차별상을 벗어나야 한다고 주장하면서 변성남자의 장면을 보여주는 것은 이율배반적이다.

그렇다면 초기의 대승불교도는 왜 이렇게 석연치 않은 형태로써 여성의 성불 문제를 해결해야 했을까.

대승경전의 도처에서 선남자와 선여인이 동격으로 열거되고 있는 것을 보면 대승교단에서 여성 신자는 처음부터 무시할 수 없는 존재였음을 알 수 있다. 그러므로 여성의 보살행에 어떤 해결책을 제시해주어야 할 필요가 있었다. 대승불교도가 여성은 성불할 수 없다는 차별사상을 배제하려고 하는 의도는 경전의 도처에서 발견된다. 그러면서도 인도사회 전반에 널리 유포되어 있는 여성에 대한 편견을 아주 무시하는 것이 불가능했던 것이다. 그래서 타협의 산물로서 이 변성남자성불설을 고안해 낸 것이라고 할 수 있다.[45)]

따라서 이 변성남자성불설을 여성성불관의 하나로 고찰함에 있어서 이 성불관을 어떻게 보느냐는 해석의 문제가 중요하다고 생각된다. 경전의 기술 그대로 여자는 남자의 몸을 얻어야 성불할 수 있다는 인식을

45) 梶山雄一, 앞의 책, p.210.

어떻게 받아들일 것인가 하는 문제가 그것이다. 여기에서 한 가지 전제해야 할 것은 경전상의 어떤 주장들은 대부분 경전 성립 당시의 사회적인 배경과 무관하지 않다는 것이다. 그러므로 시대상이 반영된 것을 감안해야 한다. 만약 경전의 기술을 액면 그대로만 받아들인다면 대승의 본질에도 어긋날 뿐 아니라 경전 자체가 가지고 있는 이율배반적인 요소들을 해소할 방법이 없다. 즉 대승불교의 교리에 입각해 볼 때 이 변성남자성불설은 그 타당성이 결여되어 있다고 할 수밖에 없다. 그럼에도 대승에서 변성남자성불설이 주장 되는 것은 여성을 비하하는 인식이 팽배한 힌두사회를 배경으로 하는 대승교단이 그 사회와의 조화를 염두에 두고 설정한 타협안이라고 생각된다. 한 걸음 더 나아가서, 앞에서 살펴본 바와 같이 대승경전이 편찬된 시기와 거의 비슷한 시기에 완성된 것으로 알려진《마누법전》에서 여성이 얼마나 모멸적으로 취급되고 있었는가를 고려한다면, 이 변성남자성불설은 당시 인도사회에서는 오히려 획기적이었다는 역설도 가능하다.

3. 여성 성불수기(成佛授記)

(1) 수기사상(授記思想)의 기원과 전개

불교 사상의 전개 과정에서 수기사상이 의미를 지니는 것은 본생경류[46]로부터 시작하여 초기 대승경전이 성립되는 시점까지라고 할 수 있다. 이 시기에 수기사상은 보살사상 전개의 기반으로서 조건과 전기를 마련한 중요한 요소라고 할 수 있다. 수기사상은 《법화경》에서의 이승작불(二乘作佛)의 수기로서 그 정점을 이룬다. 그러나 중기 대승경전에 오면 불성·여래장사상이 전개됨으로써 그 지위를 잃게 된다.

수기사상은 이미 초기경전에서 그 기원을 찾을 수 있다. 한역 경전에서 수기(受記), 수기(授記), 수결(授決), 기(記), 기설(記說), 기별(記別)이라고 번역되는 말의 원어는 ① vyākaraṇa(vy-ā라는 접두사를 어근 √kr에 부치고, 다시 중성명사를 만드는 접미사 ana를 부친 것) ② 동사 vyā-√kr의 여러 가지 변화어라고 할 수가 있다. 이 말은 대승경전에서는 '수기작불(미래성불의 예언)'이라는 의미로 한정되어 쓰이고 있지만, 초기경전에서는 여러 가지 의미로 쓰이고 있다.

②의 동사 vyā-√kr의 여러 가지 변화어가 팔리어 경전에서 쓰인 예를

---

46) 干潟龍祥《本生經類の思想史的研究》p.2.《본생경》및《본생경》과 밀접한 관계를 갖고 있는 다른 우화류, 즉 일반 우화(한역에서 말하는 비유), 제자 전생화, 미래기, 수기, 인연담 등의 일체를 포함하여 본생경류로 분류한다.

살펴보면,

① 바라문이 배워야 할 '문법'을 의미하는 경우[47)]

② 구분교의 일지(一支)를 의미하는 경우[48)]

③ 예언과 기설을 의미하는 경우[49)]

④ 설명이라는 의미로 쓰이는 경우[50)]

⑤ 질문에 대한 답이라는 의미로 쓰이는 경우[51)] 등이다.

이 다섯 가지 용례 가운데서 ③의 예언과 기설을 의미하는 경우가 대승경전에 와서 '수기작불'의 의미로 발전했다. 이 '예언과 기설'은 팔리어 경전, 한역 아함경에서 공통적으로 1)붓다에 의해 설해진 사후의 재생에 대한 기설(記說), 살아 있는 사람에 대해서는 2)붓다에 의한 증과(證果)의 기설 3)자기에 의한 기설 등 세 가지 의미로 쓰였다고 할 수 있다.[52)] 이 세 가지 유형을 다시 둘로 정리하면, 득과의 가능성을 붓다에 의해 보증받는 것과 절대적인 법의 실천으로 득과의 가능성을 자증하는 것이다.

붓다 재세 시나 불멸 후, 아직 사람들 사이에 붓다에 대한 기억이 남아 있을 때에는 붓다에 의한 증과의 기설을 받을 필요가 없었다. 수행의 결과로 완전원만한 인격을 완성했던 붓다를 눈앞에 보면서 수행자 또는 붓다가 될 수 있는 가능성을 의심할 필요가 없고, 또 자기가 실천한 법을 붓다에 의해 보증받을 필요도 없었기 때문이다. 그러나 시대가 흐름에 따라 붓다의 신격화와 반비례해서 불제자들의 성불 가능성은 희박해지

---

47) 증지부〈바라문품〉南傳藏 19, p.312.

48) 증지부〈묘법품〉南傳藏 19, p.248.

49) 장부《사니사경》南傳藏 7, p.205.

50) 상응부〈가섭상응품〉南傳藏 13, p.325.

51) 장부《범망경》南傳藏 6, p.34.

52) 田賀龍彦《授記思想の源流と展開》p.11-39 참조.

자, 위대한 인격인 붓다에 의해서 자기가 실천한 법에 대한 보증, 즉 증과의 기설을 받는 형식이 생겼다. 법을 절대시하는 경향과 함께 절대적인 법의 실천에 의해서 스스로 자기의 증과를 기설한다는 형식이 생긴 것이다.

붓다에 의해 증과의 기설을 받는다는 수기사상의 원류는 연등불수기에서 찾을 수 있다. 연등불수기는 석가모니의 본생담에서 나온 것으로, 석가모니가 보살로서 수행하던 먼 과거세에 반드시 붓다가 되어야 하겠다는 서원을 세우자, 연등불(Dīpaṃkara-buddha, 정광여래)이 '그대는 미래세에 석가모니라는 붓다가 되리라'고 기별(記別)을 주었다는 이야기이다. 연등불수기에 대한 자료는 팔리어 경전에서는 비교적 후대의 성립에 속하는 《자타카(Jātaka)》《니다나카타(Nidānakathā)》《아파다나(Apadāna)》《부다방사(Buddhavaṃsa)》《마하방사(Mahāvaṃsa)》 등에만 있다. 4아함에서는 대승적 색채를 띠고 있는 증일아함에서만 보인다.[53] 연등불 이외의 과거 6불은 5부 4아함에 모두 나오고, 후기에 이르면 연등불이 과거 제불과 관련이 있는 것으로 되어 있다. 따라서 연등불의 설정은 과거 6불의 설정보다 후기에 속하고, 또 그 성립의 원천을 달리한다고 볼 수 있다.[54]

붓다가 과거세에 연등불로부터 수기를 받는 과정은 자료에 따라 고유명사나 그 순서에서 차이가 있으나 기본적인 틀은 다음과 같다.

석가모니의 전생신인 보살이 연등불에게 공양하기 위해서 꽃을 구했

---

53) 연등불수기에 관한 자료는 다음과 같다. 《반주삼매경》(후한, 지루가참 역), 증일아함 제38 · 11 · 40 · 13권, 《육도집경》(오, 강승회 역), 《생경》(서진, 축법호 역), 《수행본기경》(후한, 축대력 · 강우상 역), 《과거현재인과경》(유송, 구나발타라 역), 《사분율》(요진, 불타야사 · 축불념 등 역), 《불본행집경》(수, 사나굴다 역), 《현우경》(원위, 혜학 등역), *Mahāvastu*, *Jātaka*, *Nidānakathā*, *Apadāna* 등이다.

54) 田賀龍彦, 앞의 책, p.132.

으나 구하지 못했다. 물병에 연꽃을 담아 가지고 가는 한 여자를 만나, 그녀에게 돈을 주고 꽃 다섯 송이를 사고, 또 두 송이를 빌려서 연등불에게 뿌렸다. 그리고 머리카락을 펴서 연등불로 하여금 그 위를 밟고 지나가게 하고 서원을 하니 연등불이 성불하리라는 수기를 주었다.

수기를 표현하는 요건으로서는 국토의 이름, 붓다의 이름, 때, 겁명(劫名), 권속, 정법 존속의 기간에 대한 것이 정해진다.

연등불수기는 두 개의 유형으로 나뉜다. 하나는 인행에 의한 과보로서 받는 업보수기이고, 다른 하나는 상구보리하화중생의 서원을 세우는 것에 의해서 받는 서원수기이다. 《육도집경》에서는 인행에 의한 과보로서만 수기를 받는데, 그 내용을 보면 도로수치(道路修治), 산화(散華), 포발(布髮)에 의해서 '너는 91겁 후에 능인여래무소착정진도최정각도법어천인사라는 이름의 부처가 되리라'는 수기를 받으나, 여기에 서원은 없다.[55]

반면 증일아함 제38권과 제11권에서는 서원이 강조되고 있다. 제11권 〈선지식품〉에는 서원이 먼저 있고 다음에 보시를 강조하는 붓다의 교계가 있고, 그리고 산화가 있고, 또다시 서원이 있어서, 서원을 중시함을 알 수 있다.[56] 제38권 〈마혈천자문팔정품〉에는 연등불 본생화에 이어서 수기가 있는데, 여기에는 붓다의 교계는 없고 불미소와 방광이 덧붙여져 있다. 산화, 서원, 수기라는 틀은 양품이 같은데, 양품 모두 그 서원에 있어서는 상구보리(上求菩提)만이 있고 하화중생(下化衆生)은 없다. 이것은 서원수기로서는 원시적인 형태라고 할 수 있다. 한편 《대사(大事, Mahāvastu)》에서는 미래세에 성불하리라는 수기를 받은 뒤, 이어서 다음과 같이 서원한다.

---

55) 《육도집경》 大正藏 3, p.48중.

56) 《증일아함경》 제11권 〈선지식품〉 大正藏 2, p.599상.

이제 세존은 연등과 같이 32상 80종호 18불공법을 갖추고 10력이 있고 4무소외로서 숙달되리. 또 무상의 법륜을 굴리고, 일체의 제자들을 보호하고, 천인은 들어서 믿을 가치가 있다고 생각하고, 이미 스스로를 제도해 마쳤으므로 다른 사람을 제도하고, 해탈했으므로 다른 사람을 해탈케 하고, 안온을 얻었으므로 다른 사람을 안온케 하고, 대중의 이익과 행복을 위해서, 세계를 불쌍히 여기기 때문에, 대중을 위해서, 하늘과 사람의 이익과 행복을 위해서 나는 이와 같이 될진저.[57)]

설출세부(說出世部)의 문헌인 《대사》와 증일아함은 같은 대중부계로 증일아함에는 상구보리의 서원만 있는 데 비해, 《대사》에는 상구보리에 하화중생이 포함됨으로써 보다 발전된 형태의 서원을 보여주고 있다.

연등불수기에서 시작하는 수기작불(授記作佛) 사상은 본생경류에서 성불 확정자로서 보살에의 제불수기가 되고, 또 그것이 제불차제수기(諸佛次第授記)로 발전했다. 초기경전의 '예언과 기설'이 대승경전에서 '수기작불'로 발전하면서, 그 중간적 위치를 차지하는 본생경류에는 보살사상 및 붓다관과 관련해서 '예언과 기설'이 '수기작불'로 이행해 가는 과정이 나타나고 있다. 이 수기작불 사상은 초기 대승경전으로 이어진다. 아함경에서 미래에 대한 예언과 기설이라는 의미로 쓰였던 수기사상은 대승불교에 오면 거의 성불의 보증, 즉 아뇩다라삼먁삼보리의 기별을 주는 의미가 된다.

초기 대승경전인 《아촉불국경》[58)] 에서는 대목여래가 아촉보살에게 수기를 준다. 사리불이 과거 보살의 소원과 행과 승나(僧那 · 弘誓)를 물으니 붓다는 "동방 아비라 제국의 대목여래세에 한 비구가 여래를 뵙

---

57) *Mahāvastu*, vol.I, p.238 ; 田賀龍彦《授記思想の源流と展開》京都 · 平樂寺書店, 1974, p.158에서 재인용.

58) 후한 지루가참 역. 이역(異譯)은 당 보리류지 역의 《대보적경》 제19권 〈부동여래회〉.

고 보살의 행을 가르쳐줄 것을 청하자, 여래는 '보살의 수행은 심히 어렵다. 왜냐하면 보살은 일체의 중생에 대해서 진에(瞋恚)를 일으키면 안 되기 때문이다.'라고 말했다. 비구는 이를 듣고 '나는 이제부터 보리심을 발하여 진에의 마음을 일으키지 않고 성문(聲聞), 연각(緣覺)의 마음도 일으키지 않고 음욕을 일으키지 않고 호의(狐疑)의 염도 일으키지 않겠다.'고 서원하는 것에 의해, 진에에 동란됨이 없었으므로 아촉 즉 부동의 이름을 얻었다."라고 말한다. 여기서 대목여래는 아촉보살에게 수기를 준다.[59] 《아촉불국경》은 왕생정토와 수기를 관련시킨 것이 특징이다.[60] 《소품반야경》《수능엄삼매경》 등의 수기에 대해서는 앞에서 약술한 바와 같다.

초기 대승경전에서 수기는 여러 곳에서 찾아볼 수 있는데 그 정점은 《법화경》이다. 《법화경》에 나오는 수기를 보면 〈서품〉에서는 일월중명불이 덕장보살에게 수기하고, 〈비유품〉에서는 석가모니불이 사리불에게 수기하고, 〈수기품〉에서는 마하가섭, 수보리, 대가전연, 대목건련의 4대 성문에게 수기했다. 〈오백제자수기품〉에서는 부루나에게 수기하고, 또 1200 성문에게 차제로 수기하리라 하였고, 교진여를 상수로 하여 5백 아라한에게도 수기하리라고 하였다. 〈수학무학인기품〉에서는 아난과 라후라를 상수로 하여 학, 무학, 성문 2천 인에게 수기하고, 〈법사품〉에서는 천용(天龍), 야차(夜叉), 건달바(乾達婆), 아수라(阿修羅), 가루라(迦樓羅), 긴나라(緊那羅), 마후라가(摩睺羅伽), 인비인(人非人), 비구(比丘), 비구니(比丘尼), 우바새(優婆塞), 우바이(優婆夷), 구성문자(求聲聞者), 구벽지불자(求辟支佛者), 구불도자(求佛道者) 등 일체중생이 《법화경》의 일게일구(一偈一句)라도 들어 일념이라도 수희(隨喜)하

59) 《아촉불국경》 大正藏 11, p.753중.
60) 《아촉불국경》 大正藏 11, p.760중.

면 수기하리라고 하였다. 또한 〈제바달다품〉에서는 제바달다에게, 〈권지품〉에서는 마하파사파제 비구니와 야수다라 비구니에게 수기하였다. 〈종지용출품〉에서는 미륵보살에게 수기하였고, 〈상불경보살품〉에서는 상불경보살이 사중(四衆)에게, 〈묘장엄왕본사품〉에서는 운뇌음숙왕화지불이 묘장엄왕보살에게 수기하였다.

위에서 본 바와 같이 《법화경》에서는 보살과 이승(二乘), 비구와 비구니, 우바새와 우바이, 인(人)과 천(天)을 구별하지 않고 일체중생에게 수기하였음을 알 수 있다. 그중에서도 특히 《반야경》 《유마경》에서 배척했던 성문승을 포섭하여 수기함으로써 수기작불 사상의 발전 과정에서 《법화경》이 독특한 위치를 점유하게 되었다. 즉 초기의 대승불교도들은 붓다의 지원자로서 보살의 실천도를 주장한 나머지 다른 이승의 불성불(不成佛)을 강조하고 그들을 소승이라고 폄하하여 불렀다. 하지만 대승이 정말로 대승다우려면 다른 이승을 포섭해야 한다는 필연성이 요구되었다. 《법화경》에서 이승 수기작불의 의미는 '《법화경》의 성문승 수기작불의 교설은 법화운동자들이 모색해낸 대·소승 합일운동의 방법 중에서 중추적인 것'[61] 이라고 요약해서 말할 수 있다.

이상에서 아함에서 대승에 이르는 사이에 수기작불 사상의 전개 과정을 간략하게 살펴보았다. 그러나 《법화경》에서 성문 수기작불을 정점으로 하는 수기사상은 중기 대승경전에서는 성불의 가능성을 이론화한 여래장사상의 출현으로 그 빛을 잃게 된다. 물론 여래장사상을 설한 《승만경》 같은 경에서도 수기가 설해지지만 그 비중이 수기에 있다기보다

61) 洪庭植 〈法華經 成立過程에 관한 硏究〉(東國大 博士學位論文, 1974), p.24. 홍정식 박사는 "《법화경》은 제법실상, 일승진실을 기치로 하고, 상쟁하는 대승과 소승의 이대불교를 귀일케 하려는 조화 방법으로 회삼귀일(會三歸一)의 이상을 반야철학으로서 실현시킨 경전이다."라고 정의하고 있다. 따라서 성문수기작불은 법화운동자들이 그들의 종교적 이념을 실현시키기 위해 모색한 방법이라는 것이다.

는 여래장에 있는 만큼 초기 대승경전에서와 같은 의미는 퇴색했다고 볼 수 있다.

(2) 여성이 성불수기를 받는 경전과 그 내용

수기사상의 전개 과정에서 나타난 여성에 대한 성불수기는 다음과 같은 몇 개의 유형으로 분류하여 생각할 수 있다.

①연등불 본생화에 나타난 여성 성불수기
②변성남자성불과 관련된 수기
③이승작불수기에 포함된 수기
④여신(女身) 성불수기

우선 제①의 연등불의 본생화에서 나타나고 있는 여성 성불수기를 보면 석가모니가 과거세에 여인으로 태어나 보살행의 결과로 성불의 수기를 받는다는 구성으로 되어 있다. 즉 연등불은 석가모니에게 성불의 수기를 준 과거불로서 연등불 본생담에는 석가모니의 본생담이 항상 수반된다. 앞 장의 여인오장설을 설한 경전들에서 예로 들었던 증일아함 제38권 〈마혈천자문팔정품〉과 《현우경》 〈빈녀난타품〉에서 석가모니는 과거세에 모니라는 왕녀로 태어나 비구에게 등유를 보시하여 그 비구로 하여금 과거불을 위해 등불을 켜도록 도왔다고 한다. 《육도집경》에서도 비슷한 구성으로 되어 있는데 거기서는 모니 왕녀 대신 독모로 되어 있다. 여기서 석가모니의 전신인 여인들은 모두 성불의 수기를 받는데, 그러나 성불수기를 받는 과정이나 동기가 경에 따라 조금씩 다르다.

증일아함에서 보장여래는 수기를 간청하는 모니 왕녀에게 '여인에게는 오장이 있으므로 성불의 수기를 줄 수 없다'고 하고 미래에 등광여래가 출현할 때 성불의 수기를 구하면 수기를 받을 것이라고 한다. 여인오장이 있어 내세에 수기를 구하라는 보장여래에게 모니 왕녀는 "저는 결코 위없는 도를 이루지 못하겠나이까?"라고 묻는데 보장여래는 "이룰 수 있다."라고 대답한다. 도를 이룰 수 있다고 하면서도 내세에 수기를 구하라는 보장여래에게 모니 왕녀는 다시 "보시를 받는 이는 청정한데 주는 이는 탁하나이까?"라고 묻는다. 보장여래는 "내가 지금 말한 것은 마음이 청정하고 발원이 견고함을 말하는 것이다."라고 대답한다.[62)]

같은 모니 왕녀라는 이름으로 나오지만 《현우경》에서는 여인오장이 없고 대신 변성남자의 설이 나타나며 작불수기(作佛授記)를 그 자리에서 받는다. 즉 "너는 오는 세상 2아승지의 91겁 후에 붓다가 되어 석가모니라 할 것이요, 열 가지 호를 완전히 갖출 것이다."라는 수기를 받은 뒤 모니 왕녀는 "기쁨이 마음에서 터져 나오면서 갑자기 남자로 변하였다."라고 서술하고 있다.[63)]

석가모니의 전생이 독모로 되어 있는 《육도집경》에서는 독모가 과거불에게 수기를 구하자 과거불은 여자는 불(佛), 연일각도(緣一覺道), 범(梵), 석(釋), 마천(魔天), 비행황제(飛行皇帝)가 될 수 없다고 하며 이것을 받으려면 예체(穢體)를 버리고 청정신을 받아야 한다고 말한다. 독모는 누에 올라 "이제 예신(穢身)으로서 중생에게 은혜를 베풀고, 남자의 몸을 얻어서 붓다가 되어 탁세의 중생을 제도하리라."라고 발원하고, 투신하여 즉시 변화해서 남자가 되고 과거불로부터 수기를 받았다고 기술하고 있다.[64)]

---

62) 증일아함 제38권 〈마혈천자문팔정품〉 大正藏 2, p.757하-758상.

63) 《현우경》〈빈녀난타품〉 大正藏 4, p.371하.

64) 《육도집경》 제6권, 大正藏 3, p.38하. 여인의 불성취로서 여인오장에 연일각도가 하나 더 들어간 것이 이 경의 특징이다.

위에서 살펴본 연등불 본생담 중에 나오는 여인 성불수기는, 보시공양에 의한 수기, 변성남자 서원에 의한 수기, 중생제도의 서원에 의한 수기, 등의 형태로 분류할 수 있다. 또한 이러한 수기에 의해서 여인오장이 극복되고 있다.

제②의 변성남자성불과 관련된 여인 수기는 그 형식상으로 보면 세 가지로 구분된다.

㉮변성남자 후에 수기를 주는 것(《장자법지처경》《용시녀경》《아사세왕녀아술달보살경》 등)
㉯수기 중에 변성남자를 말하는 것(《범지녀수의경》《대방등무상경》제6권,《부자합집경》제5권,《견고녀경》《수능엄삼매경》하권 등)
㉰수기를 받은 후에 변성남자하는 것(《순권방편경》《월상녀경》《불설칠녀경》《낙영락장엄방편경》 등)

변성남자성불의 전개도 위와 같은 순서로 나아갔다고 할 수 있다. 앞의 변성남자성불에서 살펴본 바와 같이《불설용시녀경》에서는 여인오장에 대한 해결책으로 변성남자를 말하고 그 변성남자의 결과로 성불수기를 받는다. 그러나《수능엄삼매경》에서는 공사상에 입각해서 보면 남녀의 차별상은 있을 수 없다고 하면서도, 동시에 변성남자를 말하고 수기를 받는다.《순권방편경》은 여자의 몸을 나타내고 있는 것은 방편일 뿐이라고 하면서 수기를 받은 후에 변성남자를 말한다.

제③의 경우는《법화경》에서 일체의 성문승(聲聞乘)들이 수기를 받는데, 그 가운데 마하파사파제 비구니와 야수다라 비구니를 비롯한 그 권속인 비구니들이 수기를 받는다.(《법화경》의 성불수기에 대해서는 다음 절에서 상술한다.)

제④의 경우는《승만경》이 그 대표적인 경우이다. 승만 왕비는 재가

여성으로서 붓다를 뵙자 곧 수기를 받고 붓다 앞에서 설법한다.

이 외에도 여성에 대한 성불수기를 말하고 있는 경전이 적지 않다.

(3)《법화경》의 성불수기

《법화경》의 〈제바달다품〉에 나오는 용녀의 변성성불은 가장 널리 회자되는 이야기이다. 용녀의 변성성불은《법화경》이 대승경전에서 차지하는 비중 때문에 초기 대승경전에 나타나는 변성남자성불을 대표한다고 할 수 있다. 여기서 〈제바달다품〉의 용녀성불과 《법화경》의 성불수기를 검토해 보는 것은《법화경》의 여성관을 바르게 이해하는 데 필수적이다.

우선, 〈제바달다품〉의 용녀성불이《법화경》의 여성관을 대표하는 것처럼 되어 있지만 이 같은 인식에는 문제가 있음을 알 수 있다. 용녀의 변성남자성불의 근저에 있는 것은 여인오장설이고, 그에 대한 부정에서 변성남자성불을 말하기는 했어도 여인오장설에 대한 해결책으로서 변성남자성불은 남녀평등관에 입각해 있다고 말할 수는 없기 때문이다.

그런데 〈제바달다품〉의 용녀성불과는 달리《법화경》곳곳에서 여성은 남성과 동등한 대우를 받고 있는 것을 볼 수 있다.《법화경》에서는 청문자, 선설자를 '비구, 비구니' '우바새, 우바이' 혹은 '선남자, 선여인'이라고 하여 남녀에 차별을 두지 않고 있다. 일체중생에게 성불의 가능성을 개방한 대승불교로서는 당연한 설정이라고 하겠다. 특히《법화경》의 경설로 중요한 것 중 하나가 성문수기임은 앞에서 상술한 바 있다.《법화경》에서는 대승보살승으로부터 불성불자(不成佛者)라고 질책받아 왔던 성문(聲聞)이 붓다로부터 성불의 수기를 받는다. 〈방편품〉 서두에서 붓다는 "제불의 지혜는 매우 깊고 한량이 없으며 그 지혜의 문은 이해하기도 어렵고 들어가기도 어려워서 일체의 성문이나 벽지불(辟支佛)은 알 수가 없다."라고 말하고 있다. 그 이유는 "이 법은 보일 수가 없는 것이요, 말로는 표현할 수가 없는 것"이기 때문이다. 그러나 "믿는 힘이 견고한 보살중은 이 법을 이해할 수 있다. 그 밖의 중생들은 능히 이해할 수가 없는 것이다."라고 말한다. 그때 붓다가 이 깊고 미묘한 법을 찬탄하는 연유에 대해 의문을 갖는 대중을 대변해서 사리불이 그 연유를 말해 줄 것을 세 번 청하는데 세 번 거절당한다. 이렇게 삼지삼청(三止三請)이 있은 후에 붓다가 설법을 시작하려고 하자, 증상만(增上慢)인 비구, 비구니, 우바새, 우바이 5천 인이 자리에서 일어나 나간다. 증상만은 도를 이루지 못했으면서도 이미 이루었다고 잘난 체하는 자만심을 가진 이들로서, 이 상황에 대해 "회중에는 지엽은 하나도 남지 않고 알찬 열매만 남게 되었다"고 서술하고 있다. 여기서 제불 세존은 중생에게 불지견(佛知見)을 개시오입(開示悟入)하는 일대사 인연 때문에 출세한다는 본회를 말한다. 회중에 남아 있는 성문들은 일체중생이 성불할 수 있다는 가르침을 듣고서 일불승을 믿고, 환희심이 생기고, 불지견을 얻게 되는 전환에 의해서 수기가 주어진다. 따라서 《법화경》에서 청문, 수희, 신수는 필수적이다. 일체중생이 자성으로서 보살이기는 하지만 그 보살이라는 자각은 《법화경》의 설법을 듣고, 그것을 기뻐하며, 믿고 그대로 수행하지 않는 한 생겨나지 않는 것이다. 《법화경》은 난신난해(難信難解)의 법문이기 때문에 믿음이 강조된다.

이리하여 《법화경》에서는 여러 성문들이 수기를 받는다. 《법화경》은 '성문승수기경'[65] 이라고 할 수 있을 정도로 많은 성문들이 성불의 수기를 받은 것은 앞에서 상술한 바와 같다. 그런데 이 성문수기에서 여성에 대한 성차별은 없다. 《법화경》 〈권지품〉에서는 비구와 동격으로 비구

65) 洪庭植, 앞의 논문, p.38.

니도 수기를 받는다. 그 장면은 다음과 같다.

5백의 아라한이 다 수기를 받은 후에 세존의 이모 마하파사파제 비구니는 학·무학의 비구니 6천 인과 더불어 있었는데 자리에서 일어나 일심으로 합장하고 세존을 우러러보되 눈을 잠시도 깜박이지 않으므로, 이때 세존은 교담미(憍曇彌)에게 말씀하셨다. "너는 어찌하여 근심스러운 얼굴로 여래를 보느냐? 네 생각에 내가 네 이름을 들어 아뇩다라삼먁삼보리의 수기를 주지 않을까 걱정하고 있구나. 교담미야, 내가 이미 모든 성문들에게 수기를 주었거늘, 이제 네가 수기를 원한다면 너는 장차 오는 세상 6만 8천억의 부처님 법 가운데서 큰 법사가 될 것이며, 아직 배우는 이와 다 배운 6천의 비구니도 모두 함께 법사가 되리라. 네가 이와 같이 점점 보살도를 갖추어 성불하면 그 이름은 일체중생희견여래(一切衆生喜見如來)·응공(應供)·정변지(正遍知)·명행족(明行足)·선서(善逝)·세간해(世間解)·무상사(無上士)·조어장부(調御丈夫)·천인사(天人師)·불세존(佛世尊)이라 하리라. 교담미야, 이 일체중생희견불과 6천의 보살이 차례로 수기를 받아 아뇩다라삼먁삼보리를 얻으리라." 이때, 라후라의 어머니 야수다라 비구니는 '세존께서는 수기를 주시면서 내 이름만 말씀하시지 않는구나.'라고 생각하였다. 세존은 야수다라에게 "너는 오는 세상 백천만억의 많은 불법 가운데서 보살의 행을 닦고 대법사가 되며 점점 부처님의 도를 구족하여 훌륭한 국토에서 성불하리라. 그 이름은 구족천만광상여래(具足千萬光相如來)·응공·정변지·명행족·선서·세간해·무상사·조어장부·천인사·불세존이라 하리라. 그 부처님의 수명은 한량없이 긴 아승지 겁이니라."고 하였다. 그때 마하파사파제 비구니와 야수다라 비구니며 그 권속이 모두 크게 환희하여 미증유(未曾有)를 얻었다.[66]

---

66)《묘법연화경》제13〈권지품〉大正藏 9, p.36상-중.

마하파사파제 비구니와 야수다라 비구니는 붓다의 왕자 시절에 양모와 아내였지만, 후에 붓다에게 귀의하여 출가 수도한 여성들이다. 특히 마하파사파제 비구니는 비구니 교단의 창시자로서 초기불교의 여성관을 말할 때 빼놓을 수 없는 상징적인 인물이다. 《법화경》은 〈방편품〉에서부터 〈수학무학인기품〉에 이르는 전반 부분에서는 〈법사품〉 서두의 총수기가 보여주는 바와 같이 성문으로부터 대승의 보살에 이르는 붓다 재세 시의 중생을 주제로 한다. 그리고 〈법사품〉에서 〈여래신력품〉에 이르는 후반부는 선남자, 선여인인 불멸 후의 중생을 위한 것이다. 즉 붓다 재세, 불멸 후에 상관없이 일체중생은 그 자성에서 보살이라는 신앙에 입각해 있기 때문에 이러한 근본적인 입장에서 볼 때 《법화경》에서 성차별은 없다고 보아야 한다.

그렇다면 〈제바달다품〉의 용녀성불은 어떻게 이해해야 하는가 하는 문제가 대두한다. 이에 대한 대답으로서 우선 제시할 수 있는 견해는 변성남자성불설은 제바달다 교단에서 발달한 사상이라는 견해이다.[67]

〈제바달다품〉은 두 개의 서로 관련이 없는 기사로 구성되어 있다. 〈제바달다품〉은 우선 붓다와 제바달다의 관계에 대한 서술로 시작한다. 이에 의하면 과거세에 제바달다는 붓다의 선지식으로서 《묘법연화경》을 설해 주었으며, 붓다가 6바라밀과 32상, 80종호와 10력, 4무소외, 4섭법, 18불공신통도력을 구족하여 등정각을 이루고 널리 중생을 제도할 수 있는 것은 다 제바달다 덕분이라고 말한다.

또한 무량겁을 지난 후에는 성불하여 천왕여래 · 응공 · 정변지 · 명행족 · 선서 · 세간해 · 무상사 · 조어장부 · 천인사 · 불세존이 될 것이라는 수기도 받는다. 이 기사에 뒤이어 나오는 것이 앞에서 서술한 용녀의 변성남자성불의 일화이다.

---

67) 岩本 裕, 앞의 책, p.80.

용녀성불의 이야기는 《해룡왕경》 제3권의 〈여보금수결품〉[68] 에도 나온다. 그 내용을 요약하면 다음과 같다.

해룡왕에게 보금리구금이라는 딸이 있었는데 어느 날 이 보금녀는 만룡부인과 함께 붓다에게 보배 영락을 바치고 모두 한결같은 마음으로 무상정진도의를 일으켜서 내세에 붓다가 되기를 원하였다. 이때 대가섭이 보금녀와 여러 부인에게 이르기를 "무상정각은 얻기가 어렵다. 여자의 몸으로는 불도를 이룰 수 없다."라고 말한다. 이에 대해 보금녀는 "마음과 뜻이 본래 청정하여 보살행을 하는 자는 붓다 되기가 어렵지 않다. 도심을 일으킨다면 성불하는 것은 손바닥을 보는 것과 같다."라고 하며, "여자의 몸으로는 불도를 이루지 못한다고 하였는데, 남자의 몸으로도 불도를 이루지 못한다. 왜냐하면 도심에는 남자도 없고, 여자도 없기 때문이다."라고 대답한다. 보금녀는 대가섭과 성불도에 대한 문답을 계속해서 결국 대가섭으로 하여금 '이 여자는 오래지 않아 무상정진도최정각을 이루게 될 것'이라는 수긍을 하게 만든다. 붓다로부터 보세여래지진등정각이 되리라는 수기를 받는다.

《해룡왕경》에는 티베트 역이 있고, 그 소전에 의하면 산스크리트어 원전의 경전 이름은 '사가라 용왕의 질문(Sāgara-nāgarāja-paripṛcchana)'이다. '사가라'라는 말은 보통명사 '해(海)'를 의미하는 것으로 한역의 해룡왕은 사가라 용왕을 의미한다고 볼 수 있다. 《법화경》에서 용녀성불의 주인공도 사가라 용왕의 딸이다. 이 두 주인공이 동일 인물이라고 단정하기는 어렵지만, 비슷한 상황의 두 주인공의 성불이 문제가 되는 시점에서 한쪽은 변성성불로서 여성성불을 매듭짓고, 한쪽은 여자의 몸

---

68) 《해룡왕경》 제3권 〈여보금수결품〉 大正藏 15, p.149중-150하.

그대로 성불하는 것에는 주목할 만한 점이 있다. 즉 변성남자성불설과 여신성불설(女身成佛說)이 같은 시기에 시작되었는지는 확실하지 않지만 병행되었던 시기가 있었던 것이 아닐까 하는 점이다. 적어도 어느 쪽에서 다른 쪽으로 전개된 것은 아니라고 볼 수 있다.[69] 이러한 견해를 뒷받침해 주는 것은《해룡왕경》이 축법호의 번역이라는 사실이다. 축법호는《정법화경》의 역자일 뿐만 아니라 변성남자성불을 설한 경전들을 많이 번역했다. 3세기 전반 이전의 인도불교계에는 변성남자성불설만 있었던 것이 아니라, 여신성불설도 있었다고 할 수 있다.

여기서 다시〈제바달다품〉으로 돌아가면, 변성남자성불설은 그 기원을 제바달다 교단에서 찾을 수 있다고 추정하는 것이 가능하다.[70] 제바달다는 붓다의 사촌 동생이었는데, 초기경전에는 악행만을 일삼고 교단을 배반한 반역자로 기록되어 있는 인물이다.[71] 또 그는 불교 교단의 엄격화를 주장했으나 붓다 재세 말기, 팽창했던 붓다의 교단에 받아들여지지 않자 교단을 떠나 새 교단을 만들었다고도 한다. 하여간 초기불교에서 제바달다는 파승가(破僧伽)의 대죄인인데,《법화경》에서는 붓다의 선지식으로 등장한다. 이것은《법화경》교단과 제바달다 교단과의 접근을 의미한다고 볼 수 있으며, 제바달다와는 아무런 연관도 없는 용녀성불이 같은 품에 나오는 것은 변성남자성불이 제바달다 교단의 설이기 때문이라고 할 수 있다. 계율의 엄격화를 주장한 제바달다 교단은 비구니의 존재를 인정하지 않았다고 한다.[72]

〈제바달다품〉은 구마라집이 번역한 것이 아니고 후대에 다른 사람에 의해 역출되어《묘법연화경》에 삽입된 것으로 중국 역경사상에서 밝혀

---

69) 岩本 裕, 앞의 책, p.79.

70) 岩本 裕, 앞의 책, p.80.

71) 잡아함 제16권, 大正藏 2, p.115중.

72) 岩本 裕, 앞의 책, p.81.

졌는데, 이는 학계에서 주지의 사실이 되었다.[73] 이처럼 〈제바달다품〉 자체가 《법화경》의 근본교설이라고 하기 어려운 입장에서 그 안에 들어 있는 용녀성불을 《법화경》의 여성관으로 인식한다는 것은 재고해야 할 문제라고 생각한다.

---

73) 塚本啓祥《法華經の成立と背景》佼成出版社, 1986, p.462-464 참조.

4. 여신성불(女身成佛)

(1) 여래장사상의 전개와 여성성불

인도불교의 역사를 보면 대승불교의 학파로서 중관파(Mādhyamika)와 유가행파(Yogācāra), 즉 유식론자(Vijñānavādin)의 둘이 열거되는 것이 상례다. 그러나 각각의 내부에서 지파나 절충이라고 할 수 있는 유가행파, 중관파 등의 존재는 인정했지만, 그 이외에 제3의 요소에 기반을 둔 학파를 인정하는 일은 없었다. 이 전승은 티베트불교에서도 마찬가지이다. 그러나 이것은 여래장사상이 학설로서 존재하지 않았다는 의미는 아니다. 《능가경》이 여래장설(tathāgatagarbhavāda)이라는 말로써 그 사상 내용을 종합하고, 그것을 외교의 아트만설(ātmavāda)과 비교해서 상위점을 강조하고 있는 것을 증거로 들 수 있다.[74)]

여래장설, 여래장사상을 중관파나 유식파와 구별해서 하나의 독립된 분야로 간주하는 견해는 중국 특유의 것으로 인도나 티베트에는 없다. 중국 화엄종의 제3조 현수 대사 법장(法藏)은 그의 저서 《대승기신론의기》 가운데서 인도 전래의 불교를 4종으로 나누고 있다.[75)]

① 수상법집종(소승 제부) – 소승 제사의 소립

74) 平川 彰 外《講座 · 大乘佛教 · 如來藏思想》p.4.
75) 《大乘起信論義記》 상권, 大正藏 44, p.243중-하.

②진공무상종(반야 등 경, 중론 등 론) – 용수, 제파의 소립
③유식법상종(해심밀 등 경, 유가 등 론) – 무착, 세친의 소립
④여래장연기종(능가, 밀엄 등 경, 기신, 보성 등 론) – 마명, 견혜의 소립

이러한 교판은 자종, 즉 화엄종의 소의인 《화엄경》을 원교로 하고, 그것에 이르는 단계적인 교리로서 각 교를 배치한 교판론이다. 하지만 인도불교에서 한 학파로 간주하지 않았던 여래장사상을 하나의 독립된 분야로 인정할 수 있는 근거가 되었다는 점에서 주목된다. 법장이 여래장연기종을 하나의 종파로서 세운 것은 그 직접적 근거를 《대승기신론》에 두고 있다.

그것은 《화엄경》의 삼계유심설이 《능가경》에 계승되고, 더욱 그것을 이어받은 《대승기신론》에서 심진여문(心眞如門), 심생멸문(心生滅門)의 소위 불변(不變)과 수연(隨緣)의 진여설(眞如說)로 발전된다. 그리하여 심(心)=여래장(如來藏)=진여(眞如)라는 교리로 전개되었으며, 심생멸의 측면에서 여래장=아라야식이라고 하는 유식법상종보다는 《화엄경》의 이해를 위해 《대승기신론》이 더 낫다고 하는 화엄종의 제3조다운 교판이라고 간주된다. 법장이 《대승기신론》을 소의로 하여 '여래장연기종'을 세운 데에는 《대승기신론》이 진제(眞諦) 역(553년)으로 중국에서 나온 이래 법장(643~712)에 이르는 동안 중국에서 《대승기신론》의 유행이 배경이다.

반면 근대의 학계는 여래장사상의 소의 논서로 《보성론》을 주목한다. 원제가 《구경일승보성론(究竟一乘寶性論, Ratnagotravibhāga-mahāyānôttaratantraśāstra)》인 이 논서는 늑나마제(勒那摩提)에 의해 번역(508년)되었지만, 《대승기신론》의 유행에 눌려 상당히 오랫동안 망각되었다. 《보성론》이 망각된 또 하나의 이유는 《불성론(佛性論)》의 존재였다고

한다.[76] 세친(世親)이 쓴《불성론》은 진제 역(546~569)으로 소개된 이래 세친의 명성과 불성이라는 말의 대중성에 의해《보성론》보다 더 각광을 받았다. 따라서 여래장사상을 유식설과 다른 교리의 체계로 중국불교에 정착시킨 공적은《보성론》의 역자 늑나마제나 '여래장연기종'이라는 이름을 부여한 법장보다는 오히려《대승기신론》과《불성론》의 역자 진제에게 돌려야 한다는 견해도 있다.[77]

여래장사상의 소의를《대승기신론》이나《불성론》에 두었던 것을《보성론》을 소의로 하여 새롭게 전개시키게 된 것은《보성론》의 티베트 역을 1931년 오버밀러(E. Obermiller)가 영역하고(*The Sublime Science of the Great Vehicle to Salvation:being a manual of buddhist monism*, Acta Orientalia IX, 1931),《보성론》의 전승을 소개한 후였다. 여래장사상에 대해 학설의 계보는 알려지고 있지만 그 주창자가 누구였는지, 인맥은 어떻게 되었는지에 대해서는 아직까지 밝혀지지 않고 있다. 티베트 전승으로는《보성론》의 게송은 미륵의 저술이고 석문(釋文)은 무착의 저술로 알려져 있다. 한역에서는 늑나마제가 역출했지만 저자명은 없고 경록에도 저자명은 보이지 않는다.

천태지의(天台智顗)의《마하지관》제3권에서 "견의(堅意)의 보성론에서 말하기를……'[78] 이라고 한 것을 보면 지의는《보성론》의 저자를 견의라고 생각한 것 같다. 그러나 법장은《대승법계무차별론소》에서 견혜(堅慧)의 저술로 보고 있다.[79] 하지만 아직까지 확실한 저자의 이름은 밝혀지지 않았다.

인도의 논서는 경전이 어느 정도 유포된 뒤에 그것을 바탕으로 이루

---

76) 高崎直道《如來藏思想の形成》p.5.

77) 高崎直道, 앞의 책, p.8.

78)《摩訶止觀》大正藏 46, p.31중.

79)《大乘法界無差別論疏》大正藏 44, p.61하.

어지는 것이므로 《보성론》에서 여래장설의 이론적 골자를 이루는 경전은 《대방등여래장경》《불설부증불감경》《승만경》이다.

《대방등여래장경》은 '일체중생이 여래장을 가지고 있다.'는 것을 처음으로 선언한 경전이다.[80] 이 경은 붓다가 신변(神變)으로 현출한 무수한 연화대에 여래가 앉았다고 하는 정경을 비롯해서 9개의 비유를 통해 일체중생이 여래장이라는 것을 나타내고 있다. 그 교설의 핵심은 그 신변을 보고 의아해하는 청중을 향해 붓다가 말한 다음과 같은 구절에 나타나 있다.

> 선남자여, 시들은 연꽃의 가운데에 여래(如來)가 좌선을 하고 광명을 놓아서 빛나고 있는 것을 그대들은 보았을 것이다. 그것과 같이 여래도 또한 그 지혜와 여래의 눈으로 탐욕, 노함, 무지 등, 갈애나 무명으로부터 생긴 무량의 번뇌에 얽힌 모든 중생의 내부에 같은 지혜를 갖고, 같은 눈을 가진 여래가 좌선을 하고 부동인 것을 본다. 그리하여 윤회를 계속하는 중생 안에 있으면서 여래의 본성이 조금도 오염되지 않는 것을 보고 그 여래들은 나와 조금도 다르지 않다고 한다(如我無異). 또한 천안을 갖고 있는 사람은 시들은 화변 가운데서 여래를 끄집어내어 방편으로 화변을 제거하고 안에 있는 여래를 깨끗이 할 것이다. 이와 같이 여래도 또한 불안(佛眼)으로 일체중생은 여래를 그의 내부에 가지고 있다고 관찰하고, 그 중생들의 갈애와 무지에서 나온 번뇌의 덮개를 제거할 법을 말한다. 이것이 완성되면 그 속에 있는 여래는 있는 그대로 그의 작용을 나타낸다. 선남자여, 이것은 보편타당한 진리(제법의 법성, 법이 도리)이고, 여래가 세상에 출현해도 출현하지 않아도 중생들은 항상 여래를 그의 속에 감추고 있다. 이

80) 一切衆生. 雖在諸趣煩惱身中. 有如來藏常無染汚. …… 一切衆生如來之藏常住不變. 《大方等如來藏經》佛陀跋陀羅 역, 大正藏 16, p.457下.

법을 듣고 수행한 보살은 모든 번뇌로부터 해방되어 여래가 되고 여래의 작용을 세상에 펼 것이다.[81]

경은 평범한 비유를 들어 여래장사상이 포함하고 있는 중요한 내용을 요약하고 있다. 다음에 나오는 8개의 비유도 재료만 다를 뿐 그 내용은 위의 것과 같다. 위의 내용을 종합하면 다음과 같다.

①번뇌소전(煩惱所纏)의 중생 가운데는 여래지(如來智), 여래안(如來眼)을 갖춘 여래가 단좌하고 있다.

②여래는 그의 오염되지 않은 여래의 법성을 관찰하고, 나의 몸(我身) 그대로 라고 말한다.

③그리하여 법을 말하고, 속에 있는 여래를 정화시켜 여래의 작용을 나타낸다.

④'일체중생 속에 여래를 감추고 있다'는 것은 보편타당의 진리로서 여래가 출세해도 출세하지 않아도 항상 변함이 없다.

위와 같이《대방등여래장경》에서 시도된 여래장설은《불설부증불감경》과《승만경》에 계승되었다.《불설부증불감경》[82] 은《대방등여래장경》보다 더 짧은 경이다. 그 주제는 중생의 깨달음의 증감에 상관없이 중생계와 법계에는 증감이 없고, 이 양자는 동일의 계이다. 즉 중생계 밖에 법계가 있는 것이 아니며, 중생계가 곧 법계이다. 단지 이것을 알지 못하기 때문에 중생은 사견을 품고, 생사윤회의 바다에 침몰하고 있다. 이 일계라는 것은 심오한 여래의 지혜 경계로서 제일의제(第一義諦)이지만 그것은 중생계이고 여래장이며, 그리하여 여래의 법신 바로 그

81)《대방등여래장경》大正藏 16, p.457중-하.

82)《佛說不增不減經》菩提流支 역, 大正藏 16, p.466상-468상.

것이라는 것이다. 여래장이 《불설부증불감경》에서 비로소 '중생의 계'로 술어화되었다. 또한 《불설부증불감경》에서는 중생삼분설을[83] 말하고 있는데, 번뇌와의 관계에 있어서는 여래장은 무시시래(無始時來)로 공존하지만, 본질적으로 그것과 상응하는 것은 아니다. 여래장에는 본래부터 무량한 여래의 제 덕성이 상응하고 있다. 과거 무한의 옛날부터 이 번뇌장이나 청정법과 함께 있는 여래장 자체는 항상불변인 법성으로서 중생이 여래의 지(智)를 얻어서 번뇌와의 공존 상태를 벗어난 뒤에도, 미래에도 영구히 존속한다고 한다. 즉 여래장이란 밖은 번뇌에 덮여 있어도 안은 여래의 청정법으로 이루어진 상주불변의 법성이라는 것이 《불설부증불감경》의 여래장설이다.

여래장사상을 체계적으로 정리하고 있는 《구경일승보성론》에서는 여래장을 십의(十義)로 설명하고 있다. ①체(體) ②인(因) ③과(果) ④업(業) ⑤상응(相應) ⑥행(行) ⑦시차별(時差別) ⑧편일체처(遍一切處) ⑨불변(不變) ⑩무차별(無差別)의 10종의가 그것이다. ①체의는 여래장을 보물, 허공, 물에 비유하여 설명한다. 여래장의 체는 자성청정인 점에서는 여의보주와 허공과 맑은 물과 같다고 한다.[84] ②인의는 일체중생에게 여래장이 있으나 또한 네 가지 장애가 있어 불덕(佛德)을 얻지 못한다고 밝히고 있다. 즉 그 네 가지 장애란 법을 비방하는 것, '나'라는 것에 집착하는 것, 세간의 괴로움을 두려워하는 것, 일체중생을 이익 되게 하지 않는 것이다.[85] ③과의는 여래장을 닦으면 상락아정(常樂我淨)에

---

83) 《불설부증불감경》에서 말하는 중생삼분설은 여래장=법신이 무량의 번뇌에 얽혀 있을 때는 중생이라고 불리지만, 세간을 원리해서 보리행을 닦을 때는 보살이라고 불리고, 또한 일체 번뇌의 때를 떠나서 청정하게 될 때에는 여래라고도 불린다는 의미이다.

84) 自性常不染 如寶空淨水. …… 自在力不變 思實體柔軟 寶空水功德 相似相對法. 《구경일승보성론》 大正藏 31, p.828중.

85) 有四種障礙 謗法及著我 怖畏世間苦 捨離諸衆生. 《구경일승보성론》 大正藏 31, p.828하.

도달한다고 밝히고 있다.[86] ④업의는 '여래장이 없으면 고(苦)를 싫어하고, 열반을 좋아함을 구하지 않는다.'는《승만경》의 여래장설을 인용하여, 이것이 여래장의 업이라고 밝히고 있다.[87] ⑤상응의는 붓다 법신의 지혜와 선정과 대비가 중생들의 성품과 상응하는 것을 바다와 진보(珍寶)와 물이 상이상대(相以相對)하는 법에 비유하여 설명하고 있다.[88] ⑥행의는 범부나 성인이나 붓다나 중생이나 여래장으로서, 진여(眞如)는 무차별인데 범부의 마음이 전도되어 진실을 보지 못하고, 제불은 진실을 봄으로 희론(戲論)을 하지 않는다고 밝히고 있다.[89] ⑦시차별의는《불설부증불감경》의 중생삼분설을 말하는 것으로 '부정한 그때를 이름하여 중생이라 하고, 부정을 청정케 하는 그때를 보살이라 하고 선정인 때를 여래라 하는' 때에 따라 이름을 붙인다는 의미이다.[90] ⑧편일체처의는 허공이 일체처에 두루 하는 것 같이 자성무구심도 분별하지 않고 일체에 두루 한다는 뜻을 밝히고 있다.[91] ⑨불변의는 중생일 때[不淨時]나 보살일 때[淨不淨時]나 여래일 때[善淨時]나 여래장은 불변이라는 것을 밝히는 것이다.[92] ⑩무차별의는 법신 등의 뜻은 하나인데 그 이름이 다를 뿐이라는 의미로서 무루계 가운데서 뜻[義]에서 사종의 차별이 있

---

86) 淨我樂常等 彼岸功德果.《구경일승보성론》大正藏 31, p.829중.

87) 若無佛性者 不得厭諸苦 不求涅槃樂 亦不欲不願. 以是義故. 聖者勝鬘經言. 世尊. 若無如來藏者. 不得厭苦樂求涅槃.《구경일승보성론》大正藏 31, p.831상.

88) 佛法身慧定 悲攝衆生性 海珍寶水等 相以相對法.《구경일승보성론》大正藏 31, p.831중.

89) 見實者說言 凡夫聖人佛 衆生如來藏 眞如無差別. 凡夫心顚倒 見實異於彼 如實不顚倒 諸佛離戲論.《구경일승보성론》大正藏 31, p.831하.

90) 爲不淨時名爲衆生. 不淨淨時名爲菩薩. 於善淨時名爲如來.《구경일승보성론》大正藏 31, p.832상.

91) 如空遍一切 而空無分別 自性無垢心 亦遍無分別.《구경일승보성론》大正藏 31, p.832중.

92) 卽依此三時. 明如來法性遍至一切處. 依染淨時不變不異.《구경일승보성론》大正藏 31, p.832중.

음을 밝히고 있다.[93] (《승만경》의 여래장설에 대해서는 다음 절에서 상술한다.)

이상에서 살펴본 바와 같이 《대방등여래장경》에서는 번뇌에 잠긴 중생 속에 여래의 성품이 들어 있다고 하고, 《불설부증불감경》에서는 여래장을 중생계(중생의 총체)로 발전시키고, 《보성론》에서는 여래장을 10의로 정의함으로써 체계화하고 있다. 결론적으로 '일체중생은 여래장이다'라는 말로 요약할 수 있으며, 일체중생에서 여성을 제외할 수 없음은 당연하다. 여래장사상의 전개로서 일체중생에 성불 가능성이 열렸으므로, 대승불교에서 여성성불은 여래장사상의 발전 선상에서 고찰돼야 하리라고 본다. 《보성론》이 다루고 있는 여래장계 삼부 경전의 하나인 《승만경》은 재가여성을 주인공으로 하여 붓다 앞에서 사자후를 하게 함으로써 여성성불을 대승불교 속에 자연스럽게 자리매김하고 있다.

(2) 여신성불을 천명한 경전과 그 내용

대승경전 가운데서 여신성불을 말한 경전이 수적으로 많지는 않지만, 경전이 가진 비중으로 보면 결코 경시할 수 없다. 대표적인 경전으로 세 가지를 들 수 있다. 《승만경》《유마경》《해룡왕경》이다. 《해룡왕경》에 나타난 여신성불은 앞에서 서술했으므로 여기서는 《유마경》과 《승만경》의 여성성불을 고찰한다.

《유마경》과 《승만경》은 재가수행을 통한 정법구현 사상을 천명하고 있는 경전으로 대승경전 중에서도 독특한 지위를 가지고 있다. 재가수

---

93) 略明法身等 義一而名異 依無漏界中 四種義差別. 《구경일승보성론》 大正藏 31, p.835 중.

행을 포용하는 대승사상을 천명하면서도 이 두 경전이 가지고 있는 교리적인 바탕은 다르다.

《유마힐소설경(維摩詰所說經, Vimalakīrti-nirdeśa-sūtra)》[94] 은 일반적으로 《유마경》이라고 한다. 반야개공(般若皆空)의 사상에 입각해 대승보살의 실천도를 천양(闡揚)하고 있다. 중인도 바이샬리(Vaiśālī)의 장자요 거사인 유마힐이 병이 든 것을 안 붓다는 제자들에게 문병을 갈 것을 권한다. 제자들은 일찍이 유마힐과의 법담에서 그의 변재를 이기지 못해 곤욕을 치렀음을 실토하며 문병 가기를 주저한다. 결국 문수사리 보살이 문병을 가게 된다. 유마힐의 방장에서 유마힐과 문수사리의 문답이 시작된다. 유마힐이 '일체중생이 병이 들었으므로 나도 병이 들었으며, 만일 일체중생이 병이 없어진다면 내 병도 없어질 것이다. …… 중생이 병들면 보살도 병들고 중생이 병이 나으면 보살도 병이 낫는다. ……보살의 병은 대비심으로 생긴 것'이라고 하여 자비가 보살의 본질임을 말한다. 이어 공의 문제에 대해 말하고 무상, 무아, 평등, 무소득, 방편 등에 대하여 논한다. 문수사리는 이것을 듣고 보리심을 일으킨다(〈문수사리문질품〉). 이어 법을 구하는 의미를 말하고 '법을 구하는 자는 일체 법에 있어서 구하는 바가 없어야 한다'고 말한다(〈부사의품〉). 〈입불이법문품〉에서는 여러 보살이 각기 자기의 소견으로 입불이[悟入]에 대해서 말한다. 깨끗하고 더러운 것에서 벗어나는 것, 나와 내 것이라는 집착에서 벗어나는 것, 죄와 복의 성품을 통달하여 둘이 아님을 깨닫는 것 등으로 대답하지만, 문수사리는 무언무설이 입불이(入不二)라

---

90) 《유마경》의 한역으로는 현존하는 것이 3본이 있다. 오 지겸 역 《불설유마힐경》 2권, 大正藏 14, p.519상-536하 ; 요진 구마라집 역 《유마힐소설경》 3권, 大正藏 14, p.537상-557중 ; 당 현장 역 《설무구칭경》 6권, 大正藏 14, p.557하-588상 등이다. 이 가운데 구마라집 역의 《유마힐소설경》이 가장 널리 이용된다. 본론에서도 이 구마라집 역본을 저본으로 했다.

고 말한다. 여기서 유마힐은 무언을 그대로 보이는데 문수사리는 이것이 바로 '입불이'라고 한다.

불이중도(不二中道) 사상은 《유마경》의 중심 사상이다. 즉 생사와 열반, 번뇌와 보리, 비도(非道)와 불도(佛道), 생멸과 불생멸이 그 본질(자성)에서는 하나이지만 연에 따라 둘로 나타나는데, 범부 중생이 그 상에 집착해서 생사다, 열반이다, 번뇌다, 보리다, 하고 집착한다는 것이다. 여기서 불이(不二)를 말하는 것은 그 둘이 모두 한 근원에서 파생됨을 의미한다. 또한 《유마경》의 사상으로서 유심정토(唯心淨土) 사상을 들 수 있다. "직심(直心)이 보살의 정토이며, 심심(深心)이 보살의 정토이며, 보리심이 보살의 정토이니" 만약 보살이 정토를 갖고자 한다면 이 삼심(三心)을 가지고 마음을 깨끗이 해야 한다고 말한다.

《유마경》에서 여성성불은 〈관중생품〉의 천녀와 사리불의 대화에서 나타나고 있다. 유마힐의 방에 있던 한 천녀(天女)가 천화(天華)를 보살들과 성문 제자들의 머리 위에 뿌렸는데, 보살들의 머리 위에 뿌린 천화는 땅에 떨어졌으나 제자들에게 뿌린 꽃은 떨어지지 않았다. 성문 제자들이 신통력으로 털어내려 하여도 떨어지지 않았다. 이때 천녀가 사리불에게 왜 꽃을 털어내려 하느냐고 묻는다. 사리불은 법답지 못하기 때문이라고 말하자 천녀는 꽃에는 분별이 없는데 사리불이 분별을 내기 때문에 법답지 못하게 된 것이라고 한다. 즉 출가한 이로서 분별을 내는 것이 법답지 못한 것이라고 한다. 천녀의 법력에 감동된 사리불이 천녀에게 묻는 데서 여자의 몸 문제가 제기된다. 사리불과 천녀의 대화는 다음과 같다.

사리불 : "그대는 어찌하여 여인의 몸을 바꾸지 않는가?"

천녀 : "내가 12년 동안이나 여자의 모양을 찾아보아도 찾지 못하였는데 무엇을 바꾸겠나이까? 마치 요술하는 사람이 요술로 사람을 만들었는데

어떤 사람이 묻기를 어찌하여 여인의 몸을 바꾸지 않는가 한다면 이 사람이 묻는 것이 옳겠습니까?"

사리불 : "옳지 아니하다. 요술로 만든 사람은 일정한 모양이 없는 것이어늘 무엇을 바꾸겠는가?"

천녀 : "모든 법도 그와 같아서 일정한 모양이 없는 것이어늘 어찌하여 여인의 모양을 바꾸지 않느냐고 묻습니까?"

그때 천녀가 신통력으로 사리불을 변화시켜 천녀를 만들고, 자기는 몸을 변화하여 사리불이 되고는 다시 물었다. "어찌하여 여인의 몸을 바꾸지 않습니까?" 사리불이 천녀의 몸으로 대답하였다. "내가 어찌하여 여인의 몸으로 바뀌었는지 알지 못하겠노라."

천녀 : "사리불 님이 능히 그 여인의 몸을 바꾼다면 이 세상의 모든 여인도 몸을 바꿀 것입니다. 마치 사리불 님이 본디 여인이 아니로되 여인의 몸을 나타내듯이 모든 여인도 또한 그리하여 여인의 몸을 가졌지만 여인이 아니옵니다. 그러므로 부처님이 말씀하시기를 모든 법이 남자도 아니오, 여자도 아니라고 하셨습니다."

그때 천녀가 신통력을 거두니 사리불의 몸이 예전과 같이 되었다.

천녀 : "사리불 님, 여인의 모양이 지금 어디에 있습니까?"

사리불: "여인의 모양이 있는 데도 없고 있지 않은 데도 없노라."

천녀 : "모든 법도 또한 그리하여 있는 데도 없고 있지 않은 데도 없사오니, 있는 데도 없고 있지 않은 데도 없다는 것은 부처님이 말씀하신 것입니다."[95]

즉 공(空)에 머물면 여인이라는 정상(定相)은 불가득이라는 반야공 사상으로 남녀의 차별상을 부정하고 있다. 앞의 '변성남자성불설'에서 살

95)《유마힐소설경》大正藏 14, p.548중-하.

펴본 《수능엄삼매경》이나 《무구현녀경》 등에는 반야공의 입장에서는 남녀의 차별상은 인정할 수 없다고 설파하면서도 명종 후에 남자의 몸을 얻었다는 부연을 붙임으로써 완전한 남녀평등 사상을 드러내지 못했다. 이런 경전들과는 달리 《유마경》에는 천녀가 사리불을 대승의 논리로 굴복시키고 있다. 그러면서도 변성남자의 사상을 첨가하고 있지 않은 데에 이 경의 특징이 있다. 천녀와 사리불의 대화가 끝난 후에 유마힐은 "천녀는 이미 92억 부처님께 공양하고 능히 보살의 신통에 유희하면서 소원을 모두 성취하였으며, 무생법인(無生法忍)을 얻어 불퇴전의 자리에 이르렀지만, 본래 세워 온 원력으로 자재하게 마음대로 몸을 나타내어 중생을 교화하고 있다."[96] 고 했다.

《승만경》은 '승만 왕비가 사자후한 경전(Śrīmālādevī-siṃhanāda-sūtra)'이라는 산스크리트어 경전명이 시사하는 바와 같이 승만(勝鬘, Śrīmālā)이라는 한 재가의 왕비가 붓다 앞에서 법을 말하면 그것을 들은 붓다가 승만이 말한 내용을 인가하는 형식으로 되어 있다. 형식상의 특징이라면, 승만이 주역이고 붓다가 조역이라는 점과 많은 대승경전에 나타나는 희곡적 구성이나 묘사의 문학성 같은 것은 볼 수 없으며, 처음부터 끝까지 일관된 논리로 엮인 논서에 가까운 경전이라는 점이다. 그러면서도 논서에 나타나는 단조로움이나 건조함은 찾아볼 수 없고 다양한 모습을 보여준다. 또한 경전 속에 포함된 개개의 요소를 부정하지 않고, 전부 살아 있는 그대로 전체로서 종합하는 일원적 구성으로 되어 있다.

《승만경》은 제2기 대승경전군에 속하며 기원후 3~5세기경에 성립된 것으로 추정된다.[97] 제1기 대승경전군에 속하는 《법화경》의 일승사상을 받아들였다고 보이지만, 보다 직접적인 영향을 받은 것은 《화엄경》

96) 《유마힐소설경》 大正藏 14, p.548하.

97) 宇井伯壽 《印度哲學史》 p.317.

의 〈여래성기품〉이라고 하겠다.[98] 또한 《승만경》과 같은 제2기 대승경전군에 속하며 '일체중생 실유불성' 사상을 천명하여 여래장사상의 연장선상에 있는 《대승열반경》과는 전후하여 성립된 것으로 추정된다. 《승만경》의 범본은 산실되어 현존하지 않는다. 범본 단편이 《구경일승보성론》이나 《대승집보살학론(Śikṣāsamuccaya, 샨티데바의 저작)》 등에 인용되어 부분적으로 그 내용을 알 수 있을 뿐이다. 《승만경》의 한역본은 세 가지가 있으며,[99] 티베트 역으로는 《성스러운 승만부인의 사자후라 이름하는 대승경(Ḥphags-pa Lha-mo dpal ḥphreṅ-gi seṅ-geḥi sgra shes-bya-ba theg-pa chen-poḥi mdo)》이 있다. 한역의 경명인 《승만사자후일승대방편방광경(勝鬘獅子吼一乘大方便方廣經)》을 풀이하면 '승만이 사자후(설법)한 일승대방편으로서 방광(대승)인 경'이라는 의미이다.

이 경은 전부 15장으로 구성되었다. 제1장부터 제3장까지는 서분이고 제4장에서 목적을 명시하고, 제5장부터 제9장에 걸쳐 일승과 여래장을 개시하고 있다. 제10장과 제11장에서 고멸성제의 제일의(第一義)가 여래장에 의거하고 있기 때문에 이에 대한 이해를 깊게 하고 믿음(信)을 내라고 권하고, 종장에서 본경이 널리 수지 독송되는 것을 말하고 있다. 그 내용을 약술하면 다음과 같다.

---

98) 〈여래성기품(如來性起品)〉은 원래 독립된 경전으로 여래의 생기, 출현의 의의를 십상(十相)에 걸쳐서 설(說)한 것이 주제이다. '성기'라는 말은 불타발타라 역의 60권본 《화엄경》의 독특한 용어로 여래장, 불성사상에 의거한 교리적 해석에 의해서 만들어진 역어이다.

99) 제1역은 북량의 담무참 역(412~433)으로 《승만경일권》 또는 《승만사자후일승대방편》인데 일찍이 산실되어 현존하지 않는다. 《개원석교록》 제4권, 大正藏 55, p.520상에 경전의 이름만 전한다. 제2역은 유송 구나발타라 역(436)의 《승만사자후일승대방편방광경》 大正藏 12, p.217-223이며, 제3역은 당의 보리류지 역(706~713)으로 《대보적경》에 들어 있는 제48회 〈승만부인회〉 大正藏 11, p.672-678이다. 일반적으로 널리 쓰이는 역은 구나발타라 역이며 본 연구에서도 이 역을 저본으로 했다.

서두는 이 경이 설해지게 된 인연의 묘사로부터 시작한다. 사위국(Sāvatthi, Śrasvasti)의 파사익 왕(Pasenadi, Prasenajit)과 말리 부인(Mallikā) 사이에서 태어난 딸 승만(Śrīmālā)은 자라서 아유사 국(Ayojjhā, Ayodhyā)의 우칭 왕과 결혼했다. 불법을 믿게 된 지 오래지 않은[100] 승만의 부모는 "우리 딸 승만은 총명하고 슬기로우며, 근기가 뛰어나고 명민하여, 불법을 쉽게 깨달을 것"[101] 이라고 생각한다. 그래서 붓다의 한량없는 공덕을 찬탄하면서 불법을 믿을 것을 권하는 친서를 승만에게 보낸다. 부모의 친서를 받은 승만은 그 자리에서 불덕(佛德)을 찬탄하면서 붓다를 뵙고 싶다는 희유심을 낸다.

이러한 승만의 마음의 감응으로 붓다는 승만 앞에 현신(現身)하며,[102] 붓다를 뵙게 된 승만은 붓다에게 귀의하며 불덕을 기린다. 붓다는 승만이 여래, 진실의 공덕을 찬탄하고 선근을 쌓은 것을 인정하여, 장차 보광여래 · 응공 · 정변지라는 붓다가 될 것이라고 수기를 준다. 수기를 받은 승만은 붓다 앞에서 설주(說主)가 되어 설법을 펴고 붓다는 그 말이 옳음을 인가한다.

승만은 몸으로 체험하려는 열 가지 서원을 세우고(十大受章), 이 십대수를 요약해서 삼대원으로 강조한다(三大願章). 삼대원은 다시 섭수정법(攝受正法)이라는 일대원에 수납된다(攝受章). 정법을 수지한다는 것

---

100) 吉藏 撰《勝鬘經寶窟》續藏經 30책, p.383상-하. '신법미구(信法未久)'에 대해 소승신앙을 가지고 있었던 것은 이미 오래되었으나 대승신앙으로 들어간 것이 오래되지 않은 것이라고 주석하고 있다.

101) 勝鬘夫人是我之女.聰慧利根通敏易悟.《승만경》大正藏 12, p.217상.

102) 길장 찬, 앞의 책(續藏經 30책, p.387상). 승만이 붓다를 뵙고 싶다고 생각하자 붓다가 공중에 모습을 나타낸 일에 대해 삼가(三家)의 해석을 들고 있다. 그 가운데 "붓다가 실제로 공중에 나타난 것이 아니다. 승만의 마음이 간절하여 붓다가 공중에 나타난 것으로 생각하게 된 것이다. 이는 섭론(攝論)에서 말하는 심외무경(心外無境)과 같은 의미이다."라는 해석이 가장 설득력이 있다고 하겠다.

은 대승, 즉 일승(一乘)을 수지하는 것이다. 일체중생이 붓다의 경계에 도달하도록 이끄는 법은 일승이며, 불설(佛說)에는 이승이 없음을 강조한다. 일승은 대승이며 정법이기 때문에, 그 일승의 내용을 개시한다(一乘章). 그것을 위해서 여래의 사성제관, 제일의성제와 이승의 성제지(聖諦智)를 비교한다(無邊聖諦章). 그다음에는 〈여래장장〉〈법신장〉〈공의은복진실장〉〈자성청정장〉 등 4개 장에 걸쳐서 여래장이 설명되고 있다. 사성제 가운데서 고멸성제야말로 진실로 최후에 의지할 바이다(일제장). 고멸성제의 일제(一諦)만이 상(常)이요, 진실한 귀의가 된다고 선언한다(일의장). 고멸성제의 진정한 모습인 여래의 법신은 상(常), 낙(樂), 아(我), 정(淨)의 4덕을 구비하고 있다. 그리하여 여래를 믿으며 법신은 상, 낙, 아, 정이라고 강조한다(전도진실장). 여기까지의 13장에서는 이 경의 사상이 개진되고, 14장에서는 신(信)을 강조한다. 즉 붓다의 참된 제자는 누구인가를 말한다. 마지막 장인 〈승만장〉은 이 경의 유통분이다. 이상이 승만 왕비가 붓다 앞에서 한 설법의 개요이다.

경의 제목이 나타내고 있는 것과 같이 승만의 설법을 사자후(獅子吼)라고 하고 있다. 사자후란 붓다의 경우에만 쓰는 말인데 이 경에서는 재가여성의 설법을 '사자후'[103] 라고 표현함으로써 붓다 설법과 같은 위치

---

103) 길장 찬, 앞의 책(續藏經 30책, p.368상-하). 사자후에는 여러 가지 뜻이 있는데 그중 세 가지만 든다고 하여 승만 왕비의 사자후를 해석하고 있다. ①如說修行: 설(說)한 대로 행하고, 행한 대로 설하여 허설이 없다. ②無畏說: 승만이 불전에서 제멋대로의 변재로 묘법을 천양하면서도 사자와 같이 두려움이 없다. 무외에는 두 가지 뜻이 있는데 하나는 남을 두려워하지 않는 것이요, 다른 하나는 다른 사람으로 하여금 두렵게 만드는 것이다. 대사가 법을 폄에 침착하고 여유가 있다. 이것이 남을 두려워하지 않는 것이요, 외도로 하여금 경괴(驚愧)케 하고 천마가 두렵게 하는 것이 남으로 하여금 두렵게 한다는 뜻이다. ③決定說: 사자의 성정을 빌려서 한 말로 사자는 강을 건널 때 똑바로 바라보고 건넌다. 사곡이 있으면 되돌아간다. 보살이 가르침을 펼 때 구경(究竟)의 이치에 의해서 구경의 가르침을 설한다. 구경이 아니면 설하지 않는다. 따라서 사자후란 일향으로 기설함을 말한다.

로 격상시키고 있다.

《승만경》은 여래장사상, 일승사상 등 대승불교의 사상 가운데서도 가장 발전된 사상을 담고 있으며, 그 설주(說主)를 재가여성으로 설정하여 주인공에게 성불의 수기를 주고 있다. 경전에서 남녀의 차별상 등에 대한 논의는 일절 찾아볼 수 없고, 승만 왕비의 설법이나 성불수기가 자연스럽게 설정되어 있다. 즉 여성도 성불에 아무런 장애가 없음을 천명하고 있는 것이다. 앞에서 살펴본 《유마경》에서는 남녀의 차별상이 없음을 천녀를 통해 설파하는데, 그 저변에는 남녀의 차별상에 대한 인식이 깔려 있기 때문이라고 할 수 있다. 남녀 차별상에 대한 인식이 없다면 구태여 그 문제를 꺼내서 부정할 필요가 없었을 것이다.

《유마경》의 천녀와 《승만경》의 승만은 대승경전에 등장하는 여성들 중에서도 확실하게 남성과 동등한 위치를 차지하고 있다. 물론 이들은 평범한 여성들은 아니다. 《승만경보굴》에서는 승만의 수행상의 계위를 다음과 같이 주석하고 있다.

> 다음에 승만의 위(位)를 논한다. 구설(舊說)에서 다 말하길 이는 법신의 보살이라고 한다. 다만 법신을 해석하는 것은 같지 않다. 《지도론》에 의하면 6지(六地)를 육신으로 하고, 7지 이상을 법신으로 한다. 집(什) · 조(肇)의 '정명(淨名)'을 주함에서[104] 대의(大意) 또한 그와 같다. 어떤 사람이 말하길 "《지경(地經)》 및 이 경의 뜻에 의하면 7지(七地) 이전을 색신(色身)으로 하고 8지(八地) 이상을 법신(法身)으로 한다."고 말한다. 즉 승만은 마땅히 이 8지 이상의 법신으로 해야 할 것이다. 또한 《정명》의 천녀가[105] 논쟁으로 신자를 굴복시키는 것과 같은 것은 옛날에는 모두 이 8지의 법신

104) 後秦의 僧肇가 《유마경》을 주석한 《注維摩詰經》에서 승조는 〈관중생품〉의 천녀를 '法身大士'라고 풀이했다. 《注維摩詰經》 제6권, 大正藏 38, p.387상.

105) 《유마경》 〈관중생품〉의 천녀.

이 하는 것이라고 했다. 이제 승만의 성설은 이에 부끄럽지 않다. 그러므로 알라, 승만은 8지의 법신임을.[106)]

즉 이제까지 《유마경》의 천녀는 8지의 보살로 보아 왔는데, 《승만경》의 승만도 이에 못지않은 8지[107)] 이상의 보살이라는 해석이다. 초기불교의 《장로니게》에서 보아 온 수자타나 아노파마와 같은 재가여성이 붓다의 설법을 들은 그 자리에서 아라한과와 불환과에 들었다는 여성 불자의 전통이 《유마경》의 천녀와 《승만경》의 승만에게서 되살아났음을 알 수 있다. 부파불교에서 보여준, 여자는 잡악다태하고 절제가 없다는 등 인간이 가지고 있는 저열한 성품을 모두 여성에게 적용하는 인식이나 변성남자성불설에서 보여준 궁색한 타협의 모습을 이 두 경전에서는 볼 수 없다. 성문승을 대표하는 사리불을 논리적으로 굴복시키는 천녀나 붓다 앞에서 사자후하는 승만에게서 한 인간으로서 남성에 뒤떨어지지 않는 여성의 진정한 모습을 볼 수 있다.

(3) 《승만경》의 여성성불

① 《승만경》의 여래장사상

《승만경》에서는 〈여래장장〉〈법신장〉〈공의은복진실장〉〈자성청정장〉 등 4개 장에 걸쳐서 여래장의 개념을 11개 항목으로 정의하고 있다.[108)] 여래장에 대한 11항목의 정의를 같은 내용끼리 묶어 4가지로 요

---

106) 《승만경보굴》 속장경 30책, 367하.

107) '地經'은 《십지경(十地經)》을 의미하는 것으로 보이며, 따라서 여기서 말하는 제8지는 화엄십지 중 제8지인 부동지를 의미한다고 하겠다.

108) 《勝鬘獅子吼一乘大方便方廣經》 大正藏 12, p.221중-222중.

약하면 다음과 같다.

가. 여래장은 여래의 경계이다.

여래장은 '여래의 경계'로서 일체의 아라한, 벽지불, 대력보살이 알 수 없다. 따라서 타신견중생(여래장이 몸에 있다는 견해에 떨어진 중생), 전도중생(뒤바뀐 생각을 하는 중생), 공란의중생(공으로 그 뜻이 산란한 중생)이 이해할 수 있는 경계가 아니다.

여래장이 여래의 경계라고 말할 때 여래장은 여래의 본질, 여래의 영역이며, 다시 말하면 법신이며 법계이다. 법계는 여래에 의해서 보이는 사물의 바른 모습이란 의미로 진여(眞如)라고도 불리지만, 중생계를 떠나서 따로 존재하는 것은 아니다. 따라서 '여래의 본질=중생의 본질'이라는 등식이 성립할 수 있으며, 여래장은 중생 속에 있는 여래와 같은 본질이라고 말할 수 있다.

나. 여래장은 번뇌장을 벗어나지 못한 법신의 이름이다.

중생은 이와 같이 붓다와 본질을 같이하지만, 붓다와 결정적으로 다른 점은 무량의 번뇌에 덮여 있다는 점이다. 단지 번뇌는 일시적인 부착물(객진번뇌)로서 본질과는 관계가 없다고 보는 것이 여래장설의 특징이다. 《불설부증불감경》에서는 붓다와 번뇌가 공존하고 있지만 본질적으로 결부되어 있지 않다고 단순하게 말한다. 그러나 《승만경》에서는 여래장을 상태에 따라서 재전위(在纏位)의 법신(번뇌에 싸여 있기 때문에 이탈하지 못하는 법신)으로 부르고 있다. 그러나 번뇌에 관해서 여래장은 본래 관계가 없고(공여래장), 불덕(佛德)은 구비하고 있다고 한다(불공여래장).

구체적으로 어떤 것이 중생 속에 있는 붓다와 같은 본질인가 하면 그것은 자성청정심이다. 자성청정심은 초기불교의 심성본정설에서 연유한 것으로 대승경전에서는《반야경》[109] 을 시초로 하여《유마경》[110] 등에서 자성청정심이 객진번뇌에 물든다는 교설로 발전하여 대승불교의 기본적인 견해의 하나가 되었다. 이 자성청정심이 붓다가 될 수 있는 원동력이며, 이것이 여래장사상으로 전개되었다.

《승만경》에서는 여래장=법신이라는 입장에서 여래장은 본질적으로 번뇌와 관계가 없다고 한다. 여래장이 객진번뇌에 물드는 것은 부사의(不思議)한 여래의 경계라고 한다. 즉 여래장=법신이라 할 때, 법신은 무위법에 관한 문제이고, 번뇌는 유위법의 문제, 즉 세간적인 언설에 속한 문제이다. 따라서 여래장이 객진번뇌에 물든다는 것은 이론적으로 모순을 내포한다. 그 해답은 결국 부사의한 여래의 경계라고 함으로써 여래장은 이론적으로 이해할 수 있는 것이 아니며 믿어야 할 것이라는 결론으로 돌아간다.

다. 여래장은 유위(有爲)의 상(相)을 떠나 있으면서 유위의 소의(所依)가 되고 있다. 또한 생사윤회의 소의가 된다.

여래장은 불생불멸이다. 그러나 아트만(ātman)과 같은 것이 아니다. 유위법이나 생사윤회의 주체가 아니고 그 소의가 될 뿐이다. 즉 여래장은 무위법이다. 모든 소의인 것은 불생불멸, 상주의 무위법이어야 하며, 유위법은 허망하고, 비존재이기 때문에 의지할 수 없다는 점에서 여래장이 유위법의 소의가 된다고 하겠으나, 그 의미가 그다지 명료하지는 않다. 즉 무위법에 속하는 여래장이 어떻게 하여 유위법인 생사의 소의가 될 수 있을까 하는 의문이 당연히 생긴다. 그러나 이자(二者)가 차원을 달리하는 것에서야말로 둘 사이에 포섭 관계가 성립될 수 있는 근거

---

109)《마하반야바라밀경》제1권, 大正藏 8, p.537중. 是心非心. 心相本淨故.

110)《유마힐소설경》〈제자품〉大正藏 14, p.541중. 心垢故衆生垢. 心淨故衆生淨.

가 된다는 것이 그 의미에 대한 대답이라고 할 수 있겠다.[111)]

라. 여래장이 없다면 고(苦)를 싫어하고 열반을 좋아하지 않는다.

여래장이 열반 획득의 원동력이라는 것은 여래장이라는 말의 발생 상황에서 살펴보아도 쉽게 이해된다. 생사의 고를 싫어하고, 열반을 구하려는 것은 바로 여래장이 있기 때문이라는 것이다. 이는 대승불교 사상의 새로운 전개이다. 즉 생사라는 자기의 존재는 그대로 여래장으로서 존재에 결부됨을 알 수 있다. 특히 열반을 구하려는 마음은 '일대사의 원'[112)] 으로 보리심이라고 할 수 있다. 즉 여래장이 있기 때문에 중생은 보리심을 가질 수 있다.

이상에서 살펴본《승만경》의 여래장설은 여래장설이 포함하고 있는 거의 모든 문제를 종합함으로써《보성론》에 앞서서 여래장사상을 어느 정도 조직화한 것으로 높이 평가된다.[113)] 특히《승만경》은 종래 설해져 온 여래장=법신의 설을 받아서 이것을 종합한 것과 함께, 아직 고찰이 미치지 못한 번뇌와의 관계를 '재전위의 법신'이라는 측면에서 새롭게 전개하고 있어서 여래장사상의 발달에서 중요한 의미를 가진다. 또한《승만경》의 공적으로는 여래장사상이《법화경》에서 말하는 일승사상의 궁극이라는 것을 밝힘으로써, 여래장 사상을 대승의 정계(正系)로 자리 잡게 한 점을 들 수 있을 것이다.[114)]

② 3대원 10대수의 의미

승만은 붓다 앞에서 열 가지의 서원(十大受)을 세운다. 그 내용은 다

---

111) 成田貞寬〈勝鬘經の流傳とその教理史的地位〉《佛教大學學報》第26, p.38.

112) 雲井昭善《勝鬘經》p.263.

113) 高崎直道, 앞의 책, p.111.

114) 高崎直道 譯《如來藏系經典》p.424.

음과 같다.[115)]

①세존이시여, 저는 오늘부터 보리에 이를 때까지 받은 바 계에 대하여 범할 마음을 내지 않겠습니다.

②세존이시여, 저는 오늘부터 보리에 이를 때까지 여러 어른에 대하여 거만한 마음을 내지 않겠습니다.

③세존이시여, 저는 오늘부터 보리에 이를 때까지 제 중생에게 성내는 마음을 내지 않겠습니다.

④세존이시여, 저는 오늘부터 보리에 이를 때까지 다른 사람의 모습이나 밖의 여러 기구에 대하여 질투하는 마음을 내지 않겠습니다.

⑤세존이시여, 저는 오늘부터 보리에 이를 때까지 제 몸이나 제 것에 대하여 아끼는 마음을 내지 않겠습니다.

⑥세존이시여, 저는 오늘부터 보리에 이를 때까지 나 자신을 위하여 재물을 모으지 않겠으며, 받은 것이 있으면 빈고중생을 성숙시키겠습니다.

⑦세존이시여, 저는 오늘부터 보리에 이를 때까지 스스로 자신을 위하

---

115) 世尊, ①我從今日乃至菩提 於所受戒不起犯心. ②我從今日乃至菩提 於諸尊長不起慢心. ③我從今日乃至菩提 於諸衆生不起恚心. ④我從今日乃至菩提 於他身色及外衆具不起疾心. ⑤我從今日乃至菩提 於內外法不起慳心. ⑥我從今日乃至菩提 不自爲己受畜財物. 凡有所受悉爲成熟貧苦衆生. ⑦我從今日乃至菩提 不自爲己行四攝法. 爲一切衆生故. 以不愛染心無厭足心無罣礙心攝受衆生. ⑧我從今日乃至菩提 若見孤獨幽繫疾病種種厄難因苦衆生. 從不暫捨. 必欲安隱. 以義饒益令脫衆苦. 然後乃捨. ⑨我從今日乃至菩提. 若見捕養衆惡律儀及諸犯戒 終不棄捨. 我得力時.於彼彼處見此衆生. 應折伏者而折伏之. 應攝受者而攝受之. 何以故. 以折伏攝受故令法久住. 法久住者. 天人充滿惡道減少. 能於如來所轉法輪. 而得隨轉.見是利故救攝不捨. ⑩我從今日乃至菩提 攝受正法終不忘失. 何以故. 忘失法者則忘大乘. 忘大乘者則忘波羅蜜. 忘波羅蜜者則不欲大乘. 若菩薩不決定大乘者. 則不能得攝受正法欲隨所樂入. 永不堪任越凡夫地. 我見如是無量大過. 又見未來攝受正法菩薩摩訶薩無量福利故受此大受.《勝鬘獅子吼一乘大方便方廣經》大正藏 12, p.217중-하.

여 사섭법(四攝法)을 행하지 않겠습니다. 일체중생을 위하여 애착하지 않는 마음과 만족함이 없는 마음과 거리낌이 없는 마음으로 중생을 섭수하겠습니다.

⑧세존이시여, 저는 오늘부터 보리에 이를 때까지 만약 고독한 사람, 갇혀 있는 사람, 질병이 있는 사람 등 가지가지의 액난과 고통을 당하는 중생들을 보면 마침내 잠시도 버리지 않고, 반드시 편안하게 하기 위하여 의리로서 이익 되게 하고 그 고통으로부터 벗어나게 한 뒤에야 떠나겠습니다.

⑨세존이시여, 저는 오늘부터 보리에 이를 때까지 만약 붙잡거나 기르거나 하는 등의 모든 나쁜 짓과 갖가지 계를 어기는 사람을 보게 되면 끝내 그대로 내버려두지 않고, 제가 힘을 얻을 때에 여러 곳에서 이런 중생을 보면 마땅히 절복시킬 사람은 절복시키고, 마땅히 섭수해야 할 사람은 섭수하겠습니다. 그 이유는 절복과 섭수로써 법이 오래가고, 법이 오래가면 천인이 충만하고, 악도가 줄어들며, 능히 여래가 굴리시는 법륜을 따라 구를 수 있기 때문입니다. 이러한 이익이 있으므로 거두고 버리지 않겠습니다.

⑩세존이시여, 저는 오늘부터 보리에 이를 때까지 섭수정법을 거두어 끝내 잊어버리지 않겠습니다. 그 까닭은 법을 잊어버리는 것이 곧 대승을 잊는 것이요, 대승을 잊는 것은 바라밀다를 잊는 것이며 바라밀다를 잊는 것은 대승을 원하지 않는 것이 되기 때문입니다. 만약 보살이 대승을 결단코 원하지 않는다면 그는 정법을 거두어들이지 못할 것이며 좋아함을 따라 들어가도 영원히 범부지에서 벗어나지 못할 것입니다. 나는 이와 같은 무량의 대과(大過)를 보았으며 또한 미래에 섭수정법할 보살마하살의 무량한 복리를 봄으로 이 십대수를 받습니다.

이상은 승만이 붓다 앞에서 서원한 10대수이다.[116] 한눈에도 이는 대

116) 한글 번역은 睦楨培 역《勝鬘經》동국역경원, 1978 참조.

승보살의 윤리와 서원을 포함하고 있음을 알 수 있다. 그뿐만 아니라 여성적인 심성의 발로도 엿보인다. 어른에 대하여 교만한 마음을 내지 않겠다는 서원에서 한 가정의 딸, 아내, 며느리로서 덕성이 엿보인다. 타인의 용모나 물건들에 대해 질투심을 내지 않겠다는 것, 제 몸이나 제 것을 아끼지 않겠다는 것은 여성들이 자칫 빠지기 쉬운 일상성의 침잠에서 보살정신을 일깨우는 통찰이다. 고독한 사람, 갇혀 있는 사람, 병든 사람에 대한 구제의 원력에서도 섬세한 여성성이 발견된다. 여기서 승만의 대승보살 정신이 돋보이는 것은 제⑨의 "모든 나쁜 짓과 갖가지 계를 어기는 사람을 보게 되면 끝내 그대로 내버려두지 않고, 제가 힘을 얻을 때에 여러 곳에서 이런 중생을 보면 마땅히 절복시킬 사람은 절복시키고, 마땅히 섭수해야 할 사람은 섭수하겠습니다."라는 대목이다. 이는 보살대사의 파사현정(破邪顯正)의 정신이다. 승만은 절복과 섭수의 당위성을 '법의 구주(久住)'에 두고 있다. 법이 오래가야만 천인이 충만하고 악도가 줄어든다고 주장한다. 즉 정법의 실현에 의해서 정의사회가 구현됨을 말하는 것이다. 제⑩의 "섭수정법종불망실(攝受正法終不忘失)"의 서원은 앞의 아홉 가지의 서원을 섭수정법이라는 하나의 서원으로 회향하고 있다. 섭수정법은 대승 정신의 실현이고 대승 정신은 바라밀의 실천도에 의해 구체적으로 나타난다는 것이다.

10대수 가운데 처음의 다섯, 즉 수지한 계를 범하지 않겠다, 어른에게 거만한 마음을 내지 않겠다, 중생에게 성내는 마음을 내지 않겠다, 다른 사람의 용모나 기타 물건에 대하여 질투심을 내지 않겠다, 제 몸이나 제 것에 대하여 아끼는 마음을 내지 않겠다는 것은 자신의 내적 수행을 위한 지악(止惡)의 측면으로 대승의 삼취정계(三聚淨戒) 중 섭율의계(攝律儀戒)에 속한다. 다음의 넷, 즉 제⑥에서 제⑨까지는 중생을 위한 대승보살의 이타행을 말하는 것으로 작선(作善)의 측면이다. 대승계로서는 섭중생계(攝衆生戒)이다. 마지막 제⑩의 섭수정법을 끝내 잊지 않겠

다는 것은 작선의 측면이면서 또한 자리행이 되고 대승계로서는 섭선법계(攝善法戒)이다.[117)]

이 10대수는 3대원으로 요약되고 강조된다. 승만은 다음과 같이 붓다 앞에서 3대원을 세운다.

> 이 진실한 서원으로 무량무변의 중생을 안온하게 하려 하오니, 이 선근으로써 날 적마다 정법지가 얻어지이다. 이것이 첫 번째 대원입니다. 제가 정법지를 얻은 후에는 싫어하지 않는 마음으로 중생을 위해 연설하겠습니다. 이것이 두 번째의 대원입니다. 제가 섭수정법 함에 있어서는 신명과 재물을 버려서라도 정법을 호지하겠습니다. 이것이 세 번째의 대원입니다.[118)]

승만의 3대원을 들은 붓다는 "일체의 모든 색(色)이 허공 중에 들어 있는 것과 같이 보살의 헤아릴 수 없는 소원들은 모두 이 3대원 가운데 들어 있으니, 이 3대원은 진실로 넓고 크다."[119)] 라고 증명한다. 먼저 정법의 지혜를 얻고, 얻은 정법의 지혜를 중생을 위해 설법하고, 이 정법을 신명과 재물을 바쳐서 호지한다는 이 3대원은 한마디로 대승보살의 상구보리하화중생(上求菩提下化衆生)의 정신이다. 상구보리에 치우치지도 않고 하화중생에 집착하지도 않는 대승보살도이다. 승만은 이어서

---

117) 길장 찬, 앞의 책(속장경 30책, 406하). 10대수에 대한 분류로서 5가(五家)의 설을 소개하면서, 그중 ①에서 ⑤까지를 섭율의계로 ⑥에서 ⑨까지를 섭중생계로 ⑩을 섭선법계로 보는 제5가의 설을 채택하고 있다. 본 연구도 이를 따랐다.

118) 以此實願安隱無量無邊衆生. 以此善根於一切生得正法智. 是名第一大願.我得正法智已. 以無厭心爲衆生說. 是名第二大願. 我於攝受正法捨身命財護持正法. 是名第三大願.《勝鬘獅子吼一乘大方便方廣經》大正藏 12, p.218상.

119) 爾時世尊卽記勝鬘. 三大誓願如一切色悉入空界. 如是菩薩恒沙諸願. 皆悉入此三大願中. 此三願者眞實廣大.《勝鬘獅子吼一乘大方便方廣經》大正藏 12, p.218상.

이 3대원이 '섭수정법'이라는 1대원에 수납됨을 다시 붓다 앞에서 말하고 있다.

> 보살들이 가지고 있는 항하수의 모래와 같은 모든 원들은 일체가 다 이 1대원 가운데 들어갑니다. 그것은 바로 섭수정법입니다. 섭수정법은 진실로 큰 원이 됩니다.[120]

10대수에서 시작한 승만의 서원은 섭수정법이라는 1대원에서 그 결론을 얻는다. 섭수정법이란 불교를 바르게 익히고 실천하는 것으로 붓다의 근본정신을 체득하는 것이다. 섭수정법은 광대한 팔만사천의 법문을 모두 그 속에 포함하고 있기 때문에 그 실천자는 대보살이고, 중생을 위해서는 '불청의 벗[不請之友]'이 되고 세상의 법모가 된다.

다시 말해서 섭수정법이란 대승보살이 실천해야 할 덕목인 육바라밀의 실천을 의미한다.[121] 바라밀은 이상의 경지에 우리를 실어다 주는 뗏목과도 같이 인간을 참다운 인간으로 이끌어 주는 완전한 덕이다. 승만은 육바라밀을 실천함으로써 섭수정법이 성취된다고 한다. 섭수정법자는 육바라밀에 의해 중생을 성숙시키고 정법에 안주시킨다. 즉 보시로써 성숙시킬 사람에게는 보시로, 계로써 성숙시킬 사람에게는 계로, 인욕, 정진, 선정, 지혜로써 성숙시킬 사람에게는 각각 인욕, 정진, 선정, 지혜로 성숙시킨다. 이렇게 해서 성숙된 중생이 세우는 것이 정법이라고 말하고 있다.

또한 섭수정법자는 사신(捨身), 사명(捨命), 사재(捨財)에 의해서 각각

---

120) 菩薩所有恒沙諸願. 一切皆入一大願中. 所謂攝受正法. 攝受正法眞爲大願.《勝鬘獅子吼一乘大方便方廣經》大正藏 12, p.218상.

121) 攝受正法卽是波羅蜜.《勝鬘獅子吼一乘大方便方廣經》大正藏 12, p.218하.

여래의 법신을 얻고, 불법을 구비하고, 일체중생의 공양을 받는다.[122) 심심(甚深)의 불법을 갖추고 일체중생의 공양을 받는다는 것은 바로 여래의 법신이며, 여래의 법신을 제외하고 달리 정법이 없음을 강조하는 것이다. 이것은 법신=여래장이라는 이 경의 사상과 연결되는 문제이기도 하다.

이와 같이 섭수정법을 위해 몸과 목숨과 재물을 바친 선남자, 선여인 즉 대승보살도를 실천한 이는 마땅히 제불로부터 수기를 받을 것이며, 일체중생의 첨앙을 받을 것이라고 승만은 설파하고 있다. 다음 장인 일승장에서는 승만이 말하는 정법이 일승법임을 말하여《법화경》의 일승사상을 개진하고 있으나 자세한 고찰은 줄이기로 한다. 단지 일승법이란 대승의 구경이며, 승만이 말하는 섭수정법이란 일승도의 실천에 의해 법신을 증득함을 의미한다는 것만을 밝힌다. 이 일승도에 의해 법신을 증득하는 보살도에서 선남자, 선여인이 평등하게 취급되고 있음은 10대수에서 3대원을 거쳐 1대원에 이르는 논리 구조에서 밝혀지고 있다.

③ 여성성불 사상에서《승만경》의 위치

《승만경》은 경제(經題)에 재가여성의 이름이 등장하고 경을 말하는 동기가 부모의 딸에 대한 은애로부터 시작하는 등, 외적인 분위기가 다분히 정서적이다. 하지만 그 내용에서는 논에 가까울 만큼 논리 구조가 탄탄하다. 사상의 내용도 대승불교가 포함하고 있는 일승사상, 여래장

122) 若攝受正法善男子善女人. 爲攝受正法捨三種分. 何等爲三.謂身命財. 善男子善女人捨身者.生死後際等離老病死. 得不壞常住無有變易不可思議功德如來法身. 捨命者. 生死後際等畢竟離死. 得無邊常住不可思議功德. 通達一切甚深佛法. 捨財者. 生死後際等得不共一切衆生無盡無減畢竟常住不可思議具足功德. 得一切衆生殊勝供養.《勝鬘獅子吼一乘大方便方廣經》大正藏 12, p.218하-219상.

사상, 대승계 등 중요한 것을 포함하고 있으며, 서원이나 수기 등의 형식도 갖추고 있다.

그러나 무엇보다도 주목해야 할 것은 여성성불 사상의 전개에서 《승만경》이 차지하는 위치이다. 불교에서 여성성불은 《승만경》에서 그 정점을 맞이한다고 할 수 있다. 초기경전에서 출발하여 대승경전인 《승만경》에 이르는 동안, 여성의 성불 문제는 불교사상의 발전과 궤를 같이하며 변천해 왔는데 몇몇 경전을 제외하면 여성에 대한 편견이 작용하지 않은 경전이 없다고 할 정도이다. 그 자세한 내용은 앞에서 살펴본 바와 같다.

그러나 《승만경》에서는 이러한 여성에 대한 편견을 찾아볼 수 없다. 승만은 붓다로부터 장차 성불하리라는 수기를 받는다. 변성남자 후에 수기를 받는다든가, 수기를 받은 후에 변성남자한다든가 하는 내용이 없다. 또한 승만은 8지보살로서 붓다 앞에서 여설수행, 무외, 결정의 사자후를 하고, 이에 대해 붓다는 그 말이 옳음을 하나하나 증명한다. 설법의 중심 사상도 대승 정신에 입각하여 한 치의 틀림이 없다. 특히 일체중생에게는 성불의 가능성인 여래장이 있다는 여래장계 경전의 주인공으로서 재가여성인 승만을 설정하고 있는 것은 여성성불 사상의 발전에서 큰 의미가 아닐 수 없다.

승만 자신도 붓다로부터 성불의 수기를 받을 뿐 아니라 성불수기를 선남자, 선여인에게 확대하고 있다. 즉 섭수정법을 위해 몸과 목숨과 재물을 바친 선남자, 선여인, 다시 말해 대승보살도를 실천한 이는 마땅히 제불로부터 수기를 받을 것이며, 일체중생의 첨앙을 받을 것이라고 증언한다. 이는 대승의 보살정신에 합당한 귀결이다. 이렇게 본다면 초기불교의 《장로니게》에서 보았던 수자타나 아노파마와 같은 재가여성이 《승만경》에서 승만 왕비로 화현한 것이라고 볼 수 있다. 또 정신적으로는 장로니들의 치열한 구도정신이 《승만경》에서 대승의 보살정신으로 승화했다고 할 수 있다. 그러므로 불교에서 여성의 위치를 가장 확고하게 자리매김하고 있는 경전이 《승만경》이라 해도 지나치지 않는다.

맺는말: 불교는 페미니즘이다

1960년대 말 미국에서 일기 시작한 여성해방운동은 유엔이 1975년을 '세계 여성의 해'로 정한 것이 기폭제가 되어 세계적인 조류로 확산되었다. 우리 사회에도 그 이념이 도입되어 여성들의 의식이 깨어나고, 여성들의 끊임없는 노력으로 법적, 사회적으로 여성이 남성과 평등할 수 있는 기반이 잡혔다. 그러나 종교는 이 변화를 받아들이는 데 소극적이다. 종교다원사회라는 우리나라에서 어느 종교를 막론하고 다수를 차지하고 있는 여성은 그 종교를 떠받치는 힘이다. 다수의 여성이 떠받치고 있는 각 종교의 지배층은 소수의 남성이며, 그 남성들의 의식은 아직까지는 가부장적이다. 일반 사회에서는 여성의 지위가 변화하는데, 이를 따라가지 못하는 종교 내의 여성 지위와 정체성 때문에 여성은 갈등을 겪고 있다. 종교의 이런 사정은 불교도 마찬가지이다.

본 연구는 이런 문제의식을 출발점으로 하여 '불교의 여성성불 사상'을 고찰하였다. 여성성불의 문제는 불교의 여성문제 가운데서도 가장 중심적인 문제다. "여자들이 해봐야 별수 있나, 내생에 남자 몸 받는 것 밖에."와 같은 말들이 아무렇지도 않게 회자되어 여성 불자의 지위를 격하시키고, 수행에도 걸림돌로 작용하고 있다. 이를 극복하기 위해서는 여성성불 문제가 경전에 어떻게 나타나 있는가를 고찰함으로써 여성성불관을 바르게 세워야 한다. 그래야 피상적이고 부정적인 여성성불관에서 벗어날 수 있다.

지금까지의 고찰을 통해 확인한 바에 따르면, 불교의 여성성불관은 불교 사상의 전개에 따라 변천을 거듭해왔다. 여성은 이미 붓다 재세 시에 정신세계의 동참자가 되었다. 우여곡절이 있었지만 여성도 비구니가 되어 비구 교단과 나란히 비구니 교단을 형성했다. 이는 세계 종교의 역사에서 유례가 없는 일이다. 어느 종교의 역사에서 여성들이 집단적으로 교조에게 그 같은 요청을 한 적이 있는가. 이 여성들이 비구니가 되어 수행하면서 마음의 역정을 담아낸 《장로니게》는 또한 세계 종교의 역사에서 둘도 없는 귀중한 문서이다. 그 진지한 종교적 열정과 솔직하게 털어놓은 인간적인 고백은 오늘의 우리를 부끄럽게 한다. 이 책 한 권만으로도 불교 여성은 자부심을 가져도 된다고 생각한다. 여성을 도기(道器)로 인정한 붓다의 평등사상이 여성들의 삶을 바꾸어 놓은 증거물이다.

불교 안에서 여성비하의 생각이 생긴 것은 붓다 입멸 후 스승의 설법을 이론화했던 부파불교 시대부터였다. 여성은 성불할 수 없다는 여인오장설이 나타나 여성비하 이론의 뿌리를 만들어냈다. 그러잖아도 여성비하가 심했던 인도사회에서 부파불교의 여성에 대한 보수적인 인식은 여성의 지위 하락은 물론, 불교 교리상에서도 여성불성불설이라는 심각한 왜곡을 불러왔다. 그러나 면밀하게 살펴보면 부파불교 시대에는 스승의 위대함을 찬탄하는 과정에서 남성 출가자에게도 성불의 도에는 제한을 두었다. 다만 여성불성불설이 특히 두드러져 보이는 것은 이 사상이 후대에 미친 영향 때문이다.

대승불교에서는 불성사상과 보살사상의 힘으로 부파불교 시대에 하락했던 여성의 지위가 상당 부분 회복되었다. 이렇게 되기까지, 초기에는 석연치 않은 형태의 변성남자성불설로, 중기에는 여래장사상의 등장과 함께《승만경》을 앞세운 여신성불로 결론을 맺는다.

오랜 시간에 걸쳐 형성되어 온 여성성불 사상의 흐름을 조망할 때, 그 변천은 결국 남성들에 의해 이루어졌다는 것을 알 수 있다. 불교사상, 불교교단을 이끌어 온 주체는 남성들이었기 때문이다. 불교의 역사에서 여성이 흐름의 중심에 섰던 적은 찾아볼 수 없다.

교조인 붓다가 여성을 인정하고 출가를 허락한 남녀평등의 여성성불 사상은 후대로 내려오면서 희석되고, 후계자들의 여성에 대한 인식이 부정적인 여성성불관을 형성했음은 앞에서 살펴본 대로다. 다시 말해 붓다 석가모니의 생각과 가섭을 위시한 후대 계승자들의 생각이 달랐던 것이다. 불교교단으로서는 일반 사회의 여성에 대한 인식도 무시할 수 없었으며, 따라서 일반 사회와의 타협도 불가피한 점이 일정 부분 있었을 것이다. 인도사회의 극도로 부정적인 여성관을 돌아볼 때 충분히 가정할 수 있는 일이다. 그러나 다행스럽게도 대승불교 시대에 이르러 불교는《승만경》등을 앞세워 여성성불을 천명함으로써 다시 붓다의 본뜻으로 회귀했다. 승만 왕비가 정법의 실현자로 등장한 이 시대에 남녀차별적 인식은 없었다. 마하파자파티 고타미에서 시작된 불교 여성성불 사상의 역정은 승만 왕비에게서 이상적인 정법의 실현자로 회향한 것이다.

인간해방이라는 관점에서 볼 때, 불교는 어떤 종교보다도 인간 평등과 해방을 강조하는 종교이다. 여성해방이라는 명제는 여자의 남자에 대한 도전으로 파악해서는 안 되는 문제이다. 인간이 인간을 억압하는 사회구조의 문제로서 파악해야 하는 문제이다. 붓다는 2천6백여 년 전에 인도사회의 강고한 사성제도를 부정했다. 혁명이었다. 인간 평등사상은 붓다가 보여준 새로운 인간해방론의 패러다임이었다. 불교사상에서는 여성차별이란 있을 수 없다. 붓다는 여성을 교단에 받아들여 남성과 동등하게 정신세계의 동참자가 되게 함으로써 그 평등사상을 실현했다.

불교는 성불의 종교다. 평등사상을 천명하는 불교가 성불에서 성의 차이를 둔다면, 이는 한편으로는 여성을 해방시키면서 다른 한편으로는 여성을 차별하는 이중적 행태이다. 역사적으로 붓다의 후계자들이 왜곡한 부정적인 여성성불관은 이제 바로잡아야 할 시점이다. 역사는 여성성불을 통해 여성해방을 실현시킬 것을 기대하고 있다. 이 새로운 시대를 이끌어갈 새로운 사상적 패러다임으로서 여성성불을 통해 남녀평등과 인간해방을 구현하려는 여성불교의 완성을 기대한다.

참고문헌

1. 原典

長阿含經, 大正藏 1

中阿含經, 大正藏 1

雜阿含經, 大正藏 2

增一阿含經, 大正藏 2

《佛說玉耶女經》大正藏 2

《玉耶女經》大正藏 2

《玉耶經》大正藏 2

《佛說瞿曇彌記果經》大正藏 1

《佛說中本起經》하권〈瞿曇彌來作比丘尼品〉大正藏 4

《大愛道比丘尼經》大正藏 24

《道行般若經》大正藏 8

《小品般若波羅蜜經》大正藏 8

《維摩詰所說經》大正藏 14

《佛說首楞嚴三昧經》大正藏 15

《無垢賢女經》大正藏 14

《長者法志妻經》大正藏 14

《佛說轉女身經》大正藏 14

《大樹緊那羅王所問經》大正藏 15

《佛說純眞陀羅所問如來三昧經》大正藏 15

《佛說賢首經》大正藏 14

《大寶積經》大正藏 11

《大方等大集經》大正藏 13

《順權方便經》大正藏 14

《樂瓔珞莊嚴方便品經》大正藏 14

《阿闍貰王女阿術達菩薩經》大正藏 12
《海龍王經》大正藏 15
《妙法蓮華經》大正藏 9
《佛說超日明三昧經》大正藏 15
《佛說龍施女經》大正藏 14
《佛說無量壽經》大正藏 12
《佛說觀無量壽經》大正藏 12
《佛說阿彌陀經》大正藏 12
《涅槃經》大正藏 12
《大方等如來藏經》大正藏 16
《佛說不增不減經》大正藏 16
《勝鬘師子吼一乘大方便方廣經》大正藏 12
《四分律》大正藏 22
《彌沙塞部和醯五分律》大正藏 22
《摩訶僧祇律》大正藏 22
《根本說一切有部毘奈耶雜事》大正藏 24
《十誦律》大正藏 23
《四分比丘尼戒本》大正藏 22
《究竟一乘寶性論》大正藏 31
《大智度論》大正藏 25
《大毘婆沙論》大正藏 27
《俱舍論》大正藏 29
《異部宗輪論》大正藏 49
南傳大藏經
《勝鬘經寶窟》(吉藏 撰) 續藏經 30册
《勝鬘經義記》(慧遠 撰) 續藏經 30册

《숫타니파아타》法頂 譯, 서울: 正音社, 1974.
《勝鬘經》睦楨培 譯, 서울: 東國大 東國譯經院, 1981.
《佛教女性學資料集》全海住 編, 서울: 민족사, 1987.
《비구의 告白 비구니의 告白(테라가타 테리가타 譯)》박용길 역, 서울: 민족사, 1991.
《밀린다왕문경[1]》동봉(東峰) 역, 민족사, 1997.
《밀린다왕문경[2]》이미령 역, 민족사, 2000.
《마누법전》이재숙 · 이광수 옮김, 한길사 1999.

中村 元 譯《佛弟子の告白 尼僧の告白》東京: 岩波書店, 1984.
早島鏡正 譯《佛弟子の詩》東京: 講談社, 1985.

Therīgāthā(P.T.S. Psalms of The Early Buddhists, Psalms of The Sisters)
Theragāthā(P.T.S. Psalms of The Early Buddhists, Psalms of The Brethren)
Sutta-nipāta(P.T.S. A Collection of Discourses)
Digha-Nikāya(P.T.S. Dialogues of Buddha, 3 vols.)
Majjhima-Nikāya(P.T.S. The Middle Length Sayings, 3 vols.)
Aṅguttara-Nikāya(P.T.S. The Gradual Sayings, 5 vols.)
Saṃyutta-Nikāya(P.T.S. The Kindred Sayings, 5 vols.)
The Lion's Roar of Queen Srimala, translated by Alex Wayman and Hideko Wayman, Columbia University Press, 1974.

2. 單行本

元義範《印度哲學思想》서울: 集文堂, 1977.

坪井俊映, 韓普光 역《淨土教概論》서울: 弘法院, 1984.

韓國女性學會 편《한국여성학》창간호, 서울: 韓國女性學會, 1985.

東國大出版部 편《女性學의 理論과 實際》서울: 東國大出版部, 1987.

趙明基《韓國佛教史學論集(遺文稿)》서울: 民族社, 1989.

李箕永博士古稀紀念論叢《佛教와 歷史》서울: 韓國佛教研究院, 1991.

佐藤密雄, 김호성 옮김《초기불교 교단과 계율》서울: 민족사, 1991.

木村泰賢, 朴京俊 譯《原始佛教思想論》서울: 경서원, 1992.

모한 위자야라트나(Môhan Wijayaratna) 지음, 온영철 옮김《비구니 승가》서울: 대한불교조계종 교육원, 1998.

I.B. Horner, *Women Under Primitive Buddhism*, London, 1930.

Diana Y. Paul, *Women in Buddhism*, Berkeley, California, 1979.

M.Winternitz, *A History of Indian Literature(Geschichte der Indischen Literatur)*, tr. by V.Srinivasa Sarma(Delhi, Motilal Banarsidass, 1983).

Hanns-Peter Schmidt, *Some Women's Rites and Rights in the Veda*, Bhandarkar Oriental Research Institute, Poona, 1987.

Jose Ignacio Cabezon(edited by), *Buddhism, Sexuality, and Gender*, State University of New York Press, 1992.

Rita M.Gross, *Buddhism after Patriarchy*, State University of New York Press, Albany, 1993.

宇井伯壽《印度哲學史》東京: 岩波書店, 1932.

________《大乘佛典の研究》東京: 岩波書店, 1963.

深浦正文《勝鬘經講話》京都: 興教書院, 1935.

舟橋一哉《原始佛教思想の研究》京都: 法藏館, 1952

宮本正尊 編《大乘佛教の成立史的研究》東京: 三省堂, 1954.

宮本正尊 編《佛教の根本眞理》東京: 三省堂, 1956.

山田龍城《大乘佛教成立論序說》京都: 平樂寺書店, 1959.

水野弘元《釋尊の生涯》東京: 春秋社, 1960.

前田惠學《原始佛教聖典の成立史研究》東京: 山喜房佛書林, 1964.

平川 彰《原始佛教の研究》東京: 春秋社, 1964.

______《初期大乘佛教の研究》東京: 春秋社, 1969.

______《律藏の研究》東京: 山喜房佛書林, 1970.

塚本啓祥《初期佛教教團史の研究》東京: 山喜房佛書林, 1966.

________《法華經の成立と背景》東京: 佼成出版社, 1986.

雲井昭善《佛教興起時代の思想研究》京都: 平樂寺書店, 1967.

________《勝鬘經》東京: 厚德社, 1979.

木村泰賢《小乘佛教思想論》東京: 大法輪閣, 1968.

中村 元《原始佛教 その思想と生活》日本放送出版協會, 1970.

______《原始佛教の思想》東京: 春秋社, 1970.

______《原始佛教の生活倫理》東京: 春秋社, 1978.

增谷文雄《佛陀時代》(現代佛教名著全集 第四券, 印度の佛教 3), 東京: 隆文館, 1972.

常盤大定《佛性の研究》東京: 國書刊行會, 1973.

田賀龍彦《授記思想の源流と展開》京都: 平樂寺書店, 1974.

靜谷正雄《初期大乘佛教の成立過程》京都: 百華苑, 1974.

笠原一男《女人往生思想の系譜》東京: 吉川弘文館, 1975.

小川弘貫《中國如來藏思想硏究》東京: 佛敎書林 中山書房, 1976.
干潟龍祥《本生經類の思想史的硏究》(개정증보판), 東京: 山喜房佛書林, 1978.
高崎直道《如來藏思想の形成》東京: 春秋社, 1978.
岩本 裕《佛敎と女性》東京: 第三文明社, 1980.
中村 元 編著《ブッダの世界》東京: 學習硏究社, 1980.
高崎直道 譯《如來藏系經典》東京: 中央公論社, 1980.
横超慧日 編著《法華思想》京都: 平樂寺書店, 1980.
中村瑞隆 編《法華經の思想と基盤》京都: 平樂寺書店, 1980.
西義雄博士頌壽記念論集《菩薩思想》大東出版社, 1981.
平川 彰 外《講座・大乘佛敎・如來藏思想》東京: 春秋社, 1982.
梶山雄一《空の思想》京都: 人文書院, 1983.
日本佛敎學會 編《佛敎と女性》京都: 平樂寺書店, 1991.

3. 論文

洪庭植〈聲聞乘授記作佛의 意義〉《불교학보》제1집, 1963.
______〈法華經 成立過程에 관한 硏究〉박사학위논문, 서울: 東國大, 1974.
李昌淑〈勝鬘經의 思想과 그 新羅的 受容에 대한 硏究〉東國大 碩士學位 論文, 1983.
李永子〈불교 여성관의 새로운 인식〉서울: 한국여성학회, 1985.
______〈인도불교 교단에서의 여성〉《李箕永博士古稀紀念論叢》서울: 한국불교연구원, 1991.
全海住〈比丘尼敎團의 成立에 대한 考察〉《한국불교학》제11집, 서

울: 한국불교학회, 1986.
______〈변성성불론〉《佛敎思想》서울: 불교사상사, 1986년 2월호.
金勝惠 "Some Sociological and Religious Implications of the Psalms of the Early Buddhist Sisters(Therīgāthā)"《李箕永博士古稀紀念論叢》서울: 한국불교연구원, 1991.

成田貞寬〈勝鬘經の流傳とその教理史的地位〉《佛教大學學報》第26, 1951.
蓬茨祖運〈佛法の女人像〉《教化研究》23, 1959. 5.
安田理深〈誓願一佛乘〉《教化研究》23, 1959. 5.
市川良哉〈如來藏の漢譯の例について〉《印度學佛教學研究》8-1, 1960.
中村 元〈原始佛教の女性觀〉《日本佛教源流研究紀要》2集, 日本佛教源流研究會, 1965.
井上 善右衛門〈勝鬘經の大乘精神〉《日本佛教源流研究紀要》2集, 日本佛教源流研究會, 1965.
高崎直道〈如來藏思想における勝鬘經の地位〉《日本佛教源流研究紀要》2集, 日本佛教源流研究會, 1965.
春日禮智〈女人成佛と男女平等〉《印度學佛教學研究》15-1, 1966.
大鹿實秋〈大智度論の女性觀〉《印度學佛教學研究》19-2, 1971.
雲井昭善〈佛典にあらわれた女性〉《教化研究》70・71, 1973.10.
横超慧日〈五障說と女人成佛〉《教化研究》70・71, 1973.10.
永田 瑞〈龍樹の女性觀〉《印度學佛教學研究》23-2, 1975.
______〈律典の女性觀〉《印度學佛教學研究》27-2, 1979.
香川孝雄〈佛教の女性觀〉《印度學佛教學研究》23-2, 1975.
辻直四郎〈古代インドの結婚儀式〉《鈴木學術財團研究年報》1975・1976.

永崎亮寬〈Mahāpajāpati-Gotamī 比丘尼の出家具足に關する一考察〉《印度學佛教學研究》26-2, 1978.

龍村龍平〈變成男子考〉《印度學佛教學研究》26-2, 1978.

________ 〈續變成男子考〉《印度學佛教學研究》27-2, 1979.

________ 〈變成男子說の一側面〉《印度學佛教學研究》28-1. 1979.

齋藤昭俊〈イントの女神信仰〉《印度學佛教學研究》28-1, 1979.

關稔〈釋尊観の一斷面〉《釋尊觀》日本佛教學會 編, 平樂寺書店, 1985.

源 淳子〈佛教の女性性否定〉《印度學佛教學研究》38-1, 1989.

工藤英勝〈善男子考〉《印度學佛教學研究》38-1, 1989.

菱木政晴〈佛教の性差別〉《佛教と女性》日本佛教學會 編, 平樂寺書店, 1991.

淺井成海〈韋提別選の正意〉《佛教と女性》日本佛教學會 編, 平樂寺書店, 1991.

刈谷定彦〈法華經における女性〉《佛教と女性》日本佛教學會 編, 平樂寺書店, 1991.

廣岡 郁〈善導教學における女性觀〉《印度學佛教學研究》39-2, 1991.

부록 1

불교 페미니즘의 회복을 위해

1. 머리말*

언제부터 우리나라에서 여성 불자를 보살이라고 부르기 시작했는지는 모르지만, 여성 불자를 '보살'이라고 부르는 데는 상징적인 의미가 있다고 본다. 피상적인 생각이긴 하나, 이것은 여성 불자로서 30년 가깝게 일주문을 드나들면서 겪었던 체험에서 나온 것이다.

보살은 누구인가. 대승에서 보살은 '깨달음을 향해 노력하고 있는 자'라고 정의되는데, 그 이전에는 깨달음을 향해 정진하던 부처님의 전생, 즉 무수한 유정류(有情類)로 태어나서 윤회하던 석가보살을 말하는 것이었다. 대승불교에 들어오면서 그 '보살'을 석가보살에 한정하지 않고 일체중생에 개방해서 '누구라도 깨달음을 향해 노력해 가면 보살'이 될 수 있게 하였다. 그래서 한국의 여성 불자도 '보살'이 되었다. 대승의 보살이 닦아가야 할 실천덕목은 육바라밀이다. 그 여섯 항목 중에서 인욕(忍辱)바라밀이라는 항목이 특히 한국의 여성 불자와 관련이 있다고 생각한다. 여성 불자라면 이 인욕 하나만은 확실하게 닦을 수밖에 없는 환경(?) 속에서 살고 있다는 말이다.

인욕이란 간단하게 말하면 욕을 참는 것이다. 욕의 실체를 들여다보면 억압과 소외와 오해와 편견과 무시 등등이다. 각종 욕의 경계에서 그 실체를 들여다보면서, 그 순간에 거기에 걸려 넘어지지 않고, 업(業)으로 남기지 않는 것이 진정한 인욕이다. 불자가 인욕해야 하는 근거는 '나'라고 주장할 수 있는 실체가 없음을 알고 믿기 때문이다. 그런데 불교 교단 내에서 여성에 대한 편견은 여성에게 남성보다 더 많이 인욕해야 하는 경계를 제공하고 있다. 내가 여성 불자와 보살을 연관시켰던 것은 바로 이런 연유에서였고, 이 글을 쓰기로 작정하고 두서없이 떠오른

---

* 이 글은 계간 《불교평론》 3호(2000년 여름호) '특집 – 불교와 페미니즘'에 발표하였던 논문이다.

것이 평소의 나의 그런 생각이었다. 이런 생각이 나만의 것은 아닐 것이다.

1999년 6월 26일부터 3일간 서울 강남의 봉은사에서 조계종 포교원 주최로 '여성 불자의 새 흐름을 모색하는 워크숍'이 열렸었다. 종단 차원에서 재가여성 불자를 대상으로 한 이런 모임을 기획한 것은 아마도 한국불교 역사에서 처음 있는 일이었을 것이다. 주최 측의 예상보다 많은 여성 불자들이 참가하여 강의와 토론에 적극적으로 참여하여 성황을 이루었는데, 이 워크숍에 참석한 여성 불자를 대상으로 한 설문조사에 나타난 결과를 보면 여성 불자들이 가진 생각의 한 단면을 읽을 수 있다.

107명의 참가자 가운데 67명이 설문조사에 응답했는데, 앞으로 여성 불자 포럼을 정례화할 경우 대다수 여성이 참가하겠다는 적극성을 보여주었다(88%). 종단에서 여성과 관련해서 가장 시급히 해결해야 할 문제로는 여성 불자 교육을 첫째로 꼽았으며(40.3%), 그 교육의 중심 내용은 여성 불자의 정체성 확립(49.3%), 불교 수행법(16.4%), 리더십 개발(14.9%)의 순위였다. 이제는 여성 불자들도 교단 내에서 여성 불자로서 정체성을 가져야 한다는 욕구가 표출되고 있다.

여성 불자는 불자이면서 동시에 일반 사회의 일원이기도 하다. 우리의 여성 사회에는 1970년대 중반부터 많은 변화가 있었다. 1960년대부터 일기 시작한 서구의 제2기 페미니즘의 물결이 1970년대 중반에 도입되면서 그 영향으로 여성문제에 대한 담론이 각 분야에서 이루어지고, 이론으로서뿐만 아니라 현실에 대응하는 여성운동도 활발해졌다. 가족법을 위시한 각종 법률이 여성도 남성과 같은 권리를 인정받을 수 있는 방향으로 제정되거나 개정되는 것에서부터, 사무실 또는 회식 자리에서 남자들이 다반사로 아무렇지도 않게 여자들을 희롱하던 일을 금지시킨 것에 이르기까지 여성들의 끈질긴 노력은 실로 많은 변화를 이루어냈다.

페미니즘은 종교에도 영향을 미쳤다. 기독교에서는 여성신학의 이론적인 연구와 각 교파 내에서 여성의 입지를 강화하기 위한 단체 활동이 활발하게 이루어지고 있다. 그런데 유감스럽게도 이러한 변화의 물결에 가장 느린 반응을 보이는 곳이 바로 불교라는 사실을 인정하지 않을 수 없다. 비구니의 경우 수행과 포교와 교학의 연찬에서 비구와 비교해도 절대 뒤지지 않음에도 불구하고 교단에서는 이에 상응하는 지위를 확보하지 못하고 있으며, 재가여성들의 경우 그들의 발언이 표출될 수 있는 대표성 있는 여성단체가 아직도 구성되지 못하고 있는 실정이다.[1] 일반 사회의 여성에 대한 인식과 불교 내의 여성에 대한 인식이 각기 다른 이중 체계 속에서 여성 불자들이 정체성에 대한 강한 욕구를 갖게 되는 것은 당연한 귀결이다.

페미니즘의 시각에서 불교를 들여다보면, 거기에는 가부장적인 역사와 평등주의적인 사상이 혼재함을 발견하게 되고, 그 모순에 당황하게 되는 것이 솔직한 심경이다. 그러나 그 가부장적 역사가 불교의 본질이라고 할 수는 없다. 다시 말해 부처님의 본뜻은 아니라는 것이다. 부처님은 깨달음에서 여자라는 것이 문제가 되지 않는다는 사실을 분명히 하였고, 그런 인식을 바탕으로 당시로는 획기적인 비구니 교단이 탄생할 수 있었다. 부처님 생존 시 여자도 남자도 동등하게 아라한이 된 기록 또한 엄존한다. 그런데도 여성을 비하하는 가부장적인 역사가 지속되었던 것은 경·율전의 결집에서 전승에 이르기까지의 과정에 여성이 참여한 일이 없었다는 사실과 교단의 주도권을 장악했던 남성들의 가부장적인 사고 때문이라고 할 수 있다.

---

1) 이 글을 쓴 이후, 2000년 11월 27일에 재가여성 불자 단체인 불교여성개발원이 창립되었다.

이제 불교의 오랜 역사 속에서 왜곡되었던 여성에 대한 인식이 바로 잡혀야 한다. 그것은 부처님의 근본 사상으로 돌아감을 의미한다. 부처님은 여성을 남성과 차별하지 않았던 진정한 페미니스트였기 때문이다. 한편, 불교의 공사상 속에 들어 있는 남녀평등사상은 현대 페미니즘의 한계를 극복할 수 있는 대안적인 사상이기도 하다. 이제 불교 페미니즘을 회복하는 것은 이 시대 불교의 과제이며, 서구 페미니즘의 한계를 보완하는 작업도 될 것이다.

2. 페미니즘의 어제와 오늘

페미니즘이라는 말이 처음 활자화된 것은 영국 신문 〈아테네 신전(The Athenaeum)〉의 1895년 4월 27일 자 서평란에 쓰인 것이라고 한다. 그러나 이 말이 널리 사용된 것은 20세기에 들어와서이다. 페미니즘은 일반적으로는 사전적 의미로 '남녀평등의 신념을 바탕으로 한 여성의 권리 주장'이라고 해석되고 우리말로는 '여성주의'라고 쓰이고 있지만, 여성문제의 원인과 그 해결책을 규명해 들어가는 관점에 따라 다양한 모습으로 전개되고 있으며, 시대에 따라서도 나뉘고 있다.[2)]

여성 억압의 원인과 그에 대한 처방을 어떤 관점에서 접근해 들어가느냐에 따라 페미니즘은 자유주의 · 마르크스주의 · 급진주의 · 사회주의 페미니즘으로 분류되는 것이 통례이며, 근래에는 포스트모더니즘이 서구 페미니즘에 영향을 미치고 있다. 종교 분야에서는 여성신학이 등

---

2) '여권운동'이라고 이름 붙일 수 있는 프랑스혁명에서부터 1920년대까지의 페미니즘은 제1기 페미니즘, '여성해방운동'이라고 이름 붙일 수 있는 1960년대 이후의 페미니즘은 제2기 페미니즘으로 나뉜다. 제1기 페미니즘과 제2기 페미니즘의 사이는 페미니즘의 반동기이다.

장하여 개신교 내에서 여성의 목소리가 높아가고, 그 영향으로 다른 종교에서도 페미니즘의 관점에서 그 종교의 여성관을 고찰하는 작업들이 이루어지고 있다.

1792년에 발표된 메리 울스턴크래프트의 《여성 권리의 옹호》는 영미 최초의 페미니즘 선언서라고 할 수 있으며, 다음 세기에 발표된 존 스튜어트 밀의 《여성의 예속》(1869)과 함께 자유주의 페미니즘의 기본 사상이 되었다. 자유주의자들은 모든 인간은 이성적 존재로서 평등하며, 개인의 권리는 집단의 선보다 앞선다고 주장했다. 그러나 그 인간이란 대체로 남성을 가리키는 것이었다.[3] 자유주의자들의 주장은 여성은 남성보다 이성적이지 못하고 육체적으로도 약하기 때문에 남성의 통제를 받아야 한다고 했다.

그러나 자유주의 페미니스트들은 인간의 권리에 대한 자유주의의 원칙은 여성에게도 적용되어야 한다고 주장했다. 전통적으로 여성이 남성에게 예속되었던 것은 여성의 사회 진출을 제한하는 법적이고 관습적인 제약이 그 원인이라고 지적했다. 울스턴크래프트는 여성도 자율적이고 합리적인 주체가 되어야 한다고 주장했으며, 밀은 여성에게도 참정권과 차별을 전제하지 않은 교육권이 주어져야 하고, 결혼생활에서 완전한 평등이 이루어져야 한다고 주장했다. 20세기에 들어와 시몬느 드 보부

---

3) 전 국민이 자유로운 개인으로서 자기를 확립하고 평등한 권리를 보유해야 한다는 요구로부터 시작되었던 프랑스 혁명에서 여성들은 선동자의 역할을 훌륭하게 해냈다. 그러나 봉기가 일단 본격화되기 시작하자, 여성들은 남성을 보조하는 위치로 내몰렸다. 전통적인 남녀의 역할이 다시 강조된 것이다. 이에 격분한 올랑프 드 구즈는 프랑스 혁명 인권선언문을 모방하여 《여성과 여성시민의 권리 선언》(1791)을 썼는데, 1793년에 '여성으로서의 미덕을 망각했다'는 이유로 단두대의 이슬로 사라져갔다. 구즈는 남성들이 전제정치의 억압을 끊어내자마자(여성들이 없었다면 불가능했을지도 모르는데) 그 전제정치의 원리를 이용해 또 다른 전제정치인 여성억압을 지속시키고 있다고 울부짖었다.

아르가 쓴 《제2의 성》은 1960년대 이후의 제2기 페미니즘의 모태가 되었다. 보부아르는 "여자는 여자로 태어나는 것이 아니라 여자로 키워질 뿐이다."라는 가설을 역사와 신화에 대한 고찰을 통해 밝혔다. 성의 분리를 정당화해 줄 만한 정해진 여성적 천성은 없으며, 여성은 독립적으로 존재하지 않았고 항상 남성에 비추어 정의되었으며, 여성에 관한 모든 신화는 남성들이 날조한 것이라는 논리였다. 여성문제에 대한 해결책으로 보부아르는 실존적 자각에 의한 인간으로서 주체성 회복을 여성들에게 촉구했는데, 이 점에 대해서는 여성문제 해결의 전략에서 개인적 접근 방법을 주장하여 제도적 접근성을 흐리게 했다고 비판을 받았다. 그러나 1975년, 베티 프리단과의 대담에서 보부아르는 제도적인 변혁을 중시하는 입장으로 변모하는 모습을 보였다.[4)]

1963년에 발간되어 100만 부를 돌파한 베티 프리단의 《여성의 신비》 또한 자유주의 페미니즘에서 빼놓을 수 없는 책이다. 선진 자본주의 사회인 미국의 중산층 여성의 삶을 조사 분석한 프리단은 여성이 아내와 어머니로서 임무를 하는 대신 하나의 인간으로서 행동할 때 죄책감을 느낀다는 것을 파악하고, 여성에게 죄책감을 느끼게 하는 것의 정체를 '여성의 신비'라고 이름 지었다. 여성은 전통적 역할에 의해서만 만족한 삶을 영위할 수 있다는 의식이 있기 때문에 그에 상반되는 행동을 할 때 죄의식을 느끼게 된다는 것이다. 그런데 이 '여성의 신비'에 젖어 있는 여성들에게서 특이한 모순이 발견되었다. 전통적인 역할을 해내면서도 그들은 공허한 느낌을 가졌다는 것이다. 이에 대한 처방으로 프리단은 집 밖의 일을 권하며, 여성 취업을 위한 법률적 제도적 개선을 서둘러야 한다고 주장했다. 그 영향으로 당시 미국의 수많은 중년 여성들이 학교에 재입학을 했다고 한다. 프리단의 처방 역시 기득권 여성문제에 한정

---

4) 《서울평론》 88호(1975년 7월 24일 자) 참조.

돼 있다는 비판을 받았다.

프리드리히 엥겔스의 《가족, 사유재산, 국가의 기원》(1884)은 마르크스주의 페미니즘의 고전으로 평가되고 있다. 엥겔스는 루이스 모르간의 문화진화론에 관한 저작인 《고대 사회》와 자신의 사회주의 이론을 결부시켜 여성 억압의 기원을 도출해냈다. 인류 역사의 발달 단계와 가족 구조, 혼인 형태의 변화 과정 사이에는 일치하는 점이 있다고 본 엥겔스는, 모르간이 사회 발전과 가족 및 혼인의 진화를 결부시킨 틀을 기조로 하여 혼인 형태와 가족 구조를 나누어 설명하고, 그 마지막 단계인 일부일처제 가족에서 여성 억압이 시작되었다고 분석했다.

부의 사유화가 증가하기 시작하면서 부의 상속과 그 관리를 위해 가정 내에서는 여자보다 남자에게 중요한 지위를 부여하고자 하는 욕망이 생겼고, 그동안의 상속 순위(원시 공동사회에 있어서 여성의 지위는 모계제도로 인하여 우위를 차지했었다고 보았다.)를 전복하려는 목적에서 일부일처제의 결혼제도가 생겼다고 주장했다. 일부일처제 가족 아래서 최초의 분업이 이루어져 남성이 담당하는 생산수단을 더 중요하게 여기고, 여성이 담당하는 가사 기능을 보조적인 것으로 인정하여 여성의 지위가 전락하게 되고, 이것으로 최초의 계급적 대립이 생겼다는 것이다. 생산수단이 사적 소유에서 공적 소유로 바뀔 경우 현재의 가족제도는 바뀔 수 있다고 엥겔스는 처방하고 있다.

현대의 마르크스주의 페미니스트들은 엥겔스의 논의를 받아들이면서도, 여성 억압을 근본적으로 자본의 노동 지배에서 야기된 산물로 보고 있다. 마르크스주의 페미니즘은 여성문제를 경제와 재산 제도에만 결부시킴으로써 여성만이 겪는 특수한 억압을 보지 못한 점과 공산사회에서 여성들의 노동 참여가 여성에게 과중한 부담만을 줄 뿐 실제로 평등을 이루는 데 아무런 도움도 주지 못했다는 점이 비판받고 있다.

1970년에 나온 슐라미스 파이어스톤의 《성의 변증법》과 케이트 밀레트의 《성의 정치학》은 급진주의 페미니즘의 대표적 이론서이다. 1960년대에 신좌파운동에 참여했으나 남성 지배 체제에 환멸을 느끼고 독립을 선언한 파이어스톤은 여성 예속에 대한 마르크스주의 페미니즘의 경제결정론을 배격하며 여성 예속의 원인은 성 그 자체에 기반을 두어야 한다고 주장했다. 여성에게는 사회적 억압이 있기 전에 출산이라는 경험이 있으며 과학적인 힘으로 이것을 극복해야 한다는 것이다. 파이어스톤은 피임법, 인공수태를 가능케 하는 생명과학기술의 발달, 생물학적 가족제도의 폐기 등을 해법으로 제시했다. 그러나 생물학적 현실을 과학기술의 힘으로 극복할 수 있다는 것은 또 하나의 극단론이라는 비판을 면치 못했다. 케이트 밀레트는 여성과 남성의 관계는 지배와 복종의 관계라는 전제하에서, 성과 정치의 연관성에서 이 지배구조를 포착하고 있다. 밀레트는 기질이 다르므로 역할이 다르고 역할이 다르므로 지위가 달라야 한다는 부권제 사회의 여성 억압 논리를 예리하게 지적하고 있다.

줄리엣 미첼로 대표되는 사회주의 페미니즘은 급진주의 페미니즘과 고전적 마르크스주의 페미니즘의 한계를 비판하면서 새로운 틀을 제시하고 있다. 급진주의 페미니즘을 반역사적, 유토피아적이라고 비판하며, 마르크스주의가 주장하는 경제구조의 변화가 필요하기는 하지만 여성문제를 계급문제만으로 한정할 경우 여성이 처한 특수한 상황을 놓치게 된다고 마르크스주의 페미니즘을 비판하고 있다. 사회주의 체제 아래서도 가부장적인 인식이 해소되지 않으면 여성은 여전히 억압된 상태로 남아 있게 된다. 그 한 예로 가사노동이 생산노동의 개념에 포함되지 않는 것을 지적하고 있다. 미첼은 여성이 처한 특수한 상황을 생산적 직업, 자녀 출산, 성관계, 자녀 양육으로 나누어 분석하고 이것들의 변화 없이는 여성해방이 이루어지지 않는다고 보았다. 일부일처제에 기반한 핵가족제도의 일률화를 지양하고 가족 형태의 다형화를 제시하기도

했다.

이상에서 서구를 중심으로 한 페미니즘의 주요 관점들을 주마간산식으로 훑어보았다. 여성문제에 대한 접근 방식에 따라 각기 다르게 표현되고 있지만 페미니스트들이 공통적으로 주장하는 것은 여성이 남성에게 종속된 것은 바람직하지 못하다는 것, 남녀관계를 변화시켜 누구나 평등하게 잠재능력을 발휘하면서 살 수 있어야 한다는 것, 페미니즘이라는 것은 이념일 뿐만 아니라 변화를 이뤄내기 위한 정치적 실천이라는 것으로 요약될 수 있다.[5)]

1970년대까지의 페미니스트들은 남녀의 성차(性差)를 설명할 때 남녀는 같다는 것에 주목하여 논의해왔다. 마거릿 미드[6)]의 《세 부족사회에서의 성과 기질》(1935)은 미국 여성운동가들에게 성차 부정의 이론적 근거를 제공했다. 그 영향으로 여성들은 광부, 우주인, 트럭운전사 등 종래 남성의 영역으로 여겨졌던 직업 분야에 뛰어들었다. 그러나 여성은 남성화되어 가고 있었음에도 남성의 여성화는 이루어지지 않았고, 많은 여성이 가정과 직업의 이중 부담으로 고통과 갈등만 맛보게 되었다.

1980년대부터 여성들은 '여자가 어때서?' '왜 남자처럼 돼야 하나?' 하면서 회의하기 시작했다. 1990년대 들어 페미니즘은 남녀가 다른 주체로 형성된다는 것에 주목하기 시작했다. 지금까지 부정적인 속성들로 여겨졌던 여성적인 경험과 특성들을 재평가하여 가치를 부여하고자 하는 움직임이었다. 캐롤 길리건은 《다른 목소리로》에서 남성 중심의 맥

---

5) Caroline Ramazanoglu, *Feminism and the Contradictions of Oppression* ; 김정선 옮김 《페미니즘 무엇이 문제인가》 문예출판사, p.23 참조.

6) 미드의 연구는 당시 생물학적 원인으로 돌렸던 남녀 기질의 차이와 성 역할의 구분은 문화적인 사회화의 결과임을 보여주었다. 미드는 우리나라에도 와서 '세계 여성의 지위'라는 제목으로 1968년 5월 이화여대에서 강연했다. 미드는 미래의 여성은 '슈퍼 우먼'이 되어야 한다고 강조했던 것으로 기억한다.

락에서 무시되거나 열등한 것으로 평가되던 여성의 경험에서 다른 도덕관을 끌어낼 수 있음을 밝히면서, 그것을 '보살핌의 윤리'라고 이름 지었다. 또한 1990년대 페미니즘은 여성 억압을 포괄적으로 다룸으로써 인종 · 민족 · 종교가 다른 경우 발생하는 각각의 여성문제의 특수성을 간과했던 것에 대한 반성도 하고 있다.

우리나라의 경우 제2기 페미니즘의 물결은 1970년대 초 크리스찬아카데미가 '중간집단교육'의 하나로 '여성 사회'를 대상으로 한 교육을 실시하면서 당시 미국을 중심으로 활발했던 여성해방운동의 이념이 도입되었다. 새 시대의 여성운동은 여성지위 향상 운동이 아니라 여성인간화 운동이라는 이념이었다.[7] 그 이후 1977년에 이화여대에 여성학 강좌가 처음 개설되었고 서구의 여성해방론이 번역되면서 여성문제에 대한 논의가 확대되기 시작했다.

1980년대에 군사정권이 들어서면서 유신 말기부터 벌어졌던 재야의 민주화운동이 계속되고, 이 운동과 연계되었던 젊은 여성들을 중심으로 진보적 여성운동 그룹이 형성되었다. 이 진보적인 여성그룹이 여성문제를 거시적인 사회구조 속에서 바라보면서 노동자와 농민, 빈민 여성을 여성운동의 가장 큰 잠재력을 지닌 주체로 설정하여 1980년대에는 이들 여성과 관련된 여성운동이 활발했다. 한편에서는 마르크스주의 페미니즘과 사회주의 페미니즘 간에 이념 논쟁이 벌어졌으나 공산사회의 붕괴와 함께 더 이상 계속되지 않았다.

여성운동의 영역이 확대되면서 교육, 환경, 통일, 정신대 문제가 여성운동의 영역 안으로 들어오고 성폭력, 성희롱에 대한 담론도 1990년대

---

7) 크리스찬아카데미 주최의 두 모임, 여성지도자협의 모임(1974. 8. 31~9. 4)과 '세계 여성의 해'를 앞두고 있었던 대화 모임(1975. 1. 24~25)에서 윤후정 박사(전 이화여대 총장)는 기조강연을 통해 한국의 여성운동은 단순한 여성지위 향상 운동에서 벗어나서 가부장제를 거부하는 여성의 인간화 운동이 되어야 한다고 주장했다.

여성운동의 주요한 주제였으며, 지도자 중심의 여성운동에서 벗어나 이제는 모든 계층의 여성들이 주체로 등장하고 있다. 페미니즘 물결의 영향으로 한국의 여성 사회가 변화하고 있는 것은 사실이지만, 서구의 틀이 과연 우리 사회의 특성－민족 분단, 종교 다원화 사회, 아직도 뿌리 깊은 유교적 전통 등－에 얼마나 적용될 수 있었는지에 대한 반성도 필요한 시기가 되었다고 본다.

3. 불교의 가부장적 역사

불교의 가부장적인 역사는 계율 문제와 성불 문제에서 나타난다.

첫째 계율 문제는 비구니 교단이 생기는 과정에서 파생되었다. 석가모니 부처님의 이모이면서 양모였던 마하파자파티 고타미(摩訶波闍波提 瞿曇彌)는 부처님에게 세 번이나 거절을 당하고도 좌절하지 않고, 추종자인 5백여 명의 석가족 여인들과 함께 다시 부처님에게 가서, 당시 부처님을 시봉하고 있던 아난의 도움으로 비구니가 될 수 있었다. 이로써 당시 비구만으로 구성되었던 교단은 양성의 교단이 되었다. 이 과정에서 아난의 물음에 대해 부처님은 여인들도 수행하면 수다원과 내지 아라한과를 증득할 수 있다고 분명히 말했다. 그러면서 한편으로 여성을 교단에 받아들이는 조건으로 비구니팔경법(比丘尼八敬法)[8] 을 제정했으며, 마하파자파티 고타미와 5백 명의 여인들은 부처님이 제정한 여덟 가지 계를 수지하고 출가하여 최초의 비구니들이 되었다고 경 · 율전은 전하고 있다.

---

8) 비구니팔경법은 문헌에 따라 명칭과 내용이 다르거나 순서가 바뀐 경우가 있다. 《사분율(비구니건도)》에 의거하여 그 내용을 보면 다음과 같다. ①비록 백 세 비구니일지라도 처음으로 수계한 연소 비구를 보거든 마땅히 일어나서 맞이하고 예배하고 깨끗

비구니팔경법이란 비구니가 비구를 공경해야 하는 여덟 가지 법이다. 여성차별주의의 극치임을 누구라도 알아볼 수 있다. 그런데 그 속내를 들여다보면, 비구니팔경법이 여성 출가의 시점에서 만들어진 것이 아니라 비구니 교단이 성립된 이후에 여성이 출가한 것을 귀찮게 생각한 비구들이 정리, 제작한 것으로 보는 견해가 지배적이다.[9] 교단의 주도권을 행사하던 비구들에 의해 이 비구니팔경법은 불교 역사에서 여성을 억압하는 도구로 오랫동안 쓰여 왔다.

둘째, 성불의 문제를 보면 부파불교에서는 여자에게는 오장(五障)이 있다고 한다. 여자는 제석천(帝釋天)과 범천(梵天)과 마왕(魔王)과 전륜성왕(轉輪聖王)과 부처가 될 수 없다는 것이다. 《불설초일명삼매경(佛說超日明三昧經)》에서는 여자가 이 다섯의 인격이 될 수 없는 이유를 열거하고 있는데, 요점은 여자의 성품이 천박하고 수행력이 모자라기

한 자리를 권하여 앉게 하라. ②비구니는 비구를 욕하거나 꾸짖지 말아야 하며, 또는 파계, 파견, 파위의 등을 비방하지 마라. ③비구니는 비구의 죄를 드러내거나 기억시키거나 자백시키지 못하며, (비구의) 멱죄(覔罪), 설계(說戒), 자자(自恣) 등을 막지 못한다. 비구니는 비구를 꾸짖지 못하고 비구는 비구니를 꾸짖을 수 있다. ④식차마나(式叉摩那)가 계를 배워 마치면 비구로부터 비구니계를 걸수(乞受)하라. ⑤비구니는 승잔죄(僧殘罪)를 범하였으면 마땅히 이부승(二部僧) 중에 보름 동안 마나타(摩那埵)를 행하라. ⑥비구니는 보름마다 비구승 중으로부터 교수해 줄 것을 청하라. ⑦비구니는 비구가 없는 곳에서 하안거(夏安居)를 하지 마라. ⑧비구니가 안거를 마치거든 마땅히 비구승 중에 가서 삼사(三事)를 구해야 할 것이니, 즉 보고 듣고 의심한 것을 자자하여야 한다.

9) 비구니팔경법의 내용으로 보아 후대의 부가일 가능성 높다는 의견은 여러 학자에 의해 제시되었다. 平川 彰《律藏の硏究》(1970) p.575 ; 永崎亮寬〈Mahāpajāpatī-Gotamī 比丘尼の出家具足に關する一考察〉《印度學佛教學硏究》 제26권 제2호(1978), p.145 ; 李永子〈불교의 여성관의 새로운 인식〉《한국여성학》 창간호(1985), p.72 ; 全海住〈比丘尼教團의 成立에 대한 考察〉《韓國佛教學》 제11집(1986), p.326. 그밖에 1991년 일본불교학회가 《佛教と女性》이라는 책을 내면서 열었던 심포지엄의 기조강연에서 梶山雄一도 붓다가 이 팔경법을 비구니들에게 수지하도록 했다는 사실은 의심스럽다고 말하고 있다.

때문이라는 것이다.

부파불교에 이르러 석가모니 부처님에 대한 신격화가 이루어졌다. 부처님과 같은 인격은 왕자로 태어나서 출가하여 6년간의 고행만으로는 형성될 수 없으며 헤아릴 수 없이 오랜 세월 동안 유정류로 태어나서 윤회를 거듭하면서 수많은 부처님 밑에서 수행하고 이타행을 베푼 결과로써 금생에 부처님이 될 수 있었다는 것이다. 그 이타행의 결과로 석가모니 부처님의 전생인 백겁수행 시대에 석가보살은 남자로 태어나며, 32가지의 묘상을 갖게 되었다고 한다. 32상 가운데 제10상인 음마장상(陰馬藏相)은 여래의 남근이 말처럼 감추어져 있다는 것인데, 여자에게는 남근이 없으므로 부처의 조건인 32상의 구비가 불가능하다고 했다. 부파불교시대에 여자가 성불할 수 없다는 사상이 형성된 근거는 이 32상의 문제로부터라고 본다.

초기 대승경전에서는 여자는 남자의 몸으로 변해야 성불할 수 있다는 변성남자성불설(變成男子成佛說)이 나오는데, 이 변성남자성불설은 한국의 여성 불자에게 가장 보편적으로 인식되어 있는 성불설이다.

4. 공(空)의 평등성과 성(性) 평등

불교의 평등주의적 사상은 대승의 공(空)사상과 여래장(如來藏=佛性) 사상 속에 잘 드러나 있다.

여성과 관계된 공사상의 대표적인 경전으로 《유마힐소설경(維摩詰所說經, Vimalakīrti-nirdeśa-sūtra)》을 들 수 있다. 반야개공(般若皆空)의 사상에 입각해 대승보살의 실천도를 천양하고 있는 《유마경》의 〈관중생품〉에는 천녀와 사리불의 대화가 나온다.

유마힐의 방에 있던 한 천녀가 천화를 가지고 보살들과 제자들의 머리 위에 뿌렸는데 보살들의 머리 위에 뿌린 천화는 땅에 떨어졌으나 제자들에게 뿌린 꽃은 떨어지지 않았다. 이때 천녀가 사리불에게 왜 꽃을 털어내려 하느냐고 묻는다. 사리불은 법답지 못하기 때문이라고 말하는데, 천녀는 꽃에는 분별이 없는데 사리불이 분별을 내기 때문에 법답지 못하게 된 것이라고 한다. 즉 출가한 이로서 분별을 내는 것이 법답지 못한 것이라는 의미이다. 천녀의 법력에 감동한 사리불이 천녀에게 묻는 데서 여신(女身)의 문제가 제기된다. 사리불과 천녀의 대화를 보면 다음과 같다.

사리불: "그대는 어찌하여 여인의 몸을 바꾸지 않는가?"

천녀: "내가 12년 동안이나 여자의 모양을 찾아보아도 찾지 못하였는데 무엇을 바꾸겠나이까? 마치 요술하는 사람이 요술로 사람을 만들었는데 어떤 사람이 묻기를 어찌하여 여인의 몸을 바꾸지 않는가 한다면 이 사람이 묻는 것이 옳겠습니까?"

사리불: "옳지 아니하다. 요술로 만든 사람은 일정한 모양이 없는 것이거늘 무엇을 바꾸겠는가?"

천녀: "모든 법도 그와 같아서 일정한 모양이 없는 것이거늘 어찌하여 '여인의 모양을 바꾸지 않는가'라고 묻습니까?"

그때 천녀가 신통력으로 사리불을 변화시켜 천녀를 만들고, 자기는 몸을 변화하여 사리불이 되고는 다시 물었다. "어찌하여 여인의 몸을 바꾸지 않습니까?" 사리불이 천녀의 몸으로 대답하였다. "내가 어찌하여 여인의 몸으로 바뀌었는지 알지 못하겠노라."

천녀: "사리불 님이 능히 그 여인의 몸을 바꾼다면 이 세상의 모든 여인들도 몸을 바꿀 것입니다. 마치 사리불 님이 본디 여인이 아니로되 여인의 몸을 나타내듯이 모든 여인들도 또한 그리하여 여인의 몸을 가졌지만 여인이 아니옵니다. 그러므로 부처님이 말씀하시기를 모든 법이 남자도 아

니요, 여자도 아니라고 하셨습니다."

그때 천녀가 신통력을 도로 거두니 사리불의 몸도 예전과 같이 되었다.

천녀: "사리불 님, 여인의 모양이 지금 어디에 있습니까?"

사리불: "여인의 모양이 있는 데도 없고 있지 않은 데도 없노라."

천녀: "모든 법도 또한 그리하여 있는 데도 없고 있지 않은 데도 없사오니, 이 있는 데도 없고 있지 않은 데도 없다는 것은 부처님이 말씀하신 것입니다."[10)]

천녀와 사리불의 대화의 요점은 공(空)의 진리란 여자다 남자다 하는 정해진 상에 집착하지 않는다는 것이다. 다음에 나오는〈입불이법문품〉에서는 공의 진리에 대해 더 말하고 있다.〈입불이법문품〉에서는 여러 보살이 각기 자기의 소견으로 '입불이(入不二, 悟入)'에 대해서 말한다. 깨끗하고 더러운 것에서 벗어나는 것, 나와 내 것이라는 것에서 벗어나는 것, 죄와 복의 성품을 통달하여 둘이 아님을 깨닫는 것 등으로 대답한다. 하지만 문수사리는 무언무설(無言無說)이 입불이(入不二)라고 말하며, 여기서 유마힐은 침묵으로 무언무설을 실천하며, 문수사리는 이것이 바로 입불이라고 한다. 즉 생사와 열반, 번뇌와 보리, 비도(非道)와

---

10) 천녀와 사리불이 대화하는 이 장면을 보면서 떠오르는 또 하나의 장면이 있다. 미국에서 처음으로 여성신학 강좌를 개설한 드루대학교의 넬 모턴 교수가 1973년에 하버드대에서 강연하면서 청중을 대상으로 '상상으로 하는 실험'을 시도해보았다고 한다. 여성 · 남성의 역할이나 위치가 바뀌었을 때 자기 자신이나 신학에 대해 어떻게 느끼게 되는지를 상상해보라는 것이었다. 만약 신학교에서 여자 교수가 대부분이며, 학생도 대부분 여자이며, 총장이나 학장도 모두 여자이며, 쓰이는 언어나 상징이 모두 여성적 언어이고, 남자가 신학교에 들어오는 것은 결혼해서 목회를 하는 여성을 잘 돕기 위한 것이라고 상상해보라고 했다. 그 자리에 있던 많은 남성이 남성 중심적인 구조들이 여성들의 삶에 얼마나 많은 상처를 주었는지에 대해 느낄 수 있었다고 한다. Nelle Morton, "1973: Preaching the Word" *The Journey is Home*, Boston: Beacon Press, 1985 ; 강남순《페미니즘과 기독교》대한기독교서회, 1998, p.79에서 재인용.

불도(佛道), 생멸과 불생멸이 그 본질[自性]에서는 하나이지만 연(緣)에 따라 둘로 나타나는데, 범부 중생이 그 상에 집착해서 생사다, 열반이다, 번뇌다, 보리다라고 한다는 것이다. 이 불이중도(不二中道)가 공의 진리이다.

불교의 무아사상(無我思想)은 모든 존재 속에는 '이것이다' '저것이다'라고 할 수 있는 상일주재한 실체가 없다는 사상이다. 모든 것은 흐름일 뿐이라는 것이다. 또한 불교의 중심 교리인 연기(緣起)는 '의존적 발생'이라는 의미로서, 원인과 조건이 형성되었기 때문에 그런 상태로 존재하게 되며, 조건이 바뀌면 그 존재의 상태도 바뀐다는 것이다. 또한 존재와 존재 사이에는 상의상관성(相依相關性)이 있는데, 이는 인연화합에 의해 어떤 결과가 발생하게 되면 그 결과는 다시 그를 발생시킨 원인을 포함한 다른 모든 존재에 대해서 직접적이고 간접적인 영향을 미친다는 의미이다.

단순히 결과로서만 머무는 것이 아니라 새로운 원인이 되고 연이 되어 다른 존재에 관계하게 되는 것이다. 이것이 연기의 법칙이다. 이러한 존재의 무자성성(無自性性)과 연기성이 존재론적으로 본 공의 의미이다. 그것은 바로 사물을 연기실상으로 파악하는 것이다. 따라서 공은 이원적 대립을 벗어난[不二] 무집착과 무분별의 세계이며, 언어를 초월한 일미 평등의 세계이다. 이런 의미에서 볼 때 여성이다 남성이다 하는 분별은 없다는 것이다.

5. 여래장과 여성성불

대승의 수행자는 대승의 가르침을 듣는 것에 의해서, 자기 마음속 깊은 곳에서 자성청정심(自性淸淨心)을 발견하고 그에 의해서 보살의 자각을 하고, 보리심을 일으킨다.

보리심을 일으키는 수행자는 '누구라도 보살'이 될 수 있다. 자성청정심이란 마음의 본성은 청정하다는 의미로서, 대승불교에서 불성, 여래장사상으로 발전했다. 불성이라는 말은《열반경》의 '일체중생실유불성(一切衆生悉有佛性)'[11] 이라는 설로부터 보편화되었으며, 여래장설을 처음 선언한 경전은《대방등여래장경》이다. 불성과 여래장은 동의이어(同義異語)라는 것이 보편화된 학설이다. 여래장의 산스크리트어 tathāgata-garbha는 tathāgata=여래와 garbha=태·태아의 합성어로서 여래의 태, 여래의 태아라는 의미이다. 본래 청정한 중생의 마음에 깨달음의 가능성, 다시 말해 여래가 될 수 있는 씨앗이 있음을 발견하고, 그 중생 가운데 있는 여래의 인(因)을 가리켜 부르는 이름이라고 해석된다. 요컨대 일체중생에게는 성불의 가능성이 있다는 것이다.

시든 연꽃의 한가운데 좌선하고 있는 여래의 비유를 들어 "일체중생이 여래장이다."라고 선언한《대방등여래장경》에 이어《불설부증불감경》에서는 중생계가 곧 법계임을 말하고 있으며, 중생삼분설로 발전시키고 있다. 중생삼분설이란 여래장(법신)이 무량의 번뇌에 얽혀 있을 때는 중생이라 불리지만, 세간을 떠나서 보리행을 닦을 때는 보살이라 불리고, 일체의 번뇌를 떠나서 청정하게 될 때는 여래라 불린다는 것이다.

《여래장경》과《부증불감경》에 이어《승만경》의 여래장설은 여래장설이 포함하고 있는 문제를 거의 모두 종합함으로써《구경일승보성론(究竟一乘寶性論)》에 앞서서 여래장사상을 어느 정도 조직화한 것으로 높이 평가되고 있다.[12] 특히《승만경》은 종래 설해져 온 '여래장=법신'

---

11)《대반열반경》권 36〈가섭보살품〉제12의 4.

12) 高崎直道《如來藏思想の形成》p.111.

의 설을 받아서 이것을 종합한 것과 함께, 아직 고찰이 미치지 못한 번뇌와의 관계를 재전위(在纏位)의 법신이라는 측면에서 새롭게 전개하고 있다. 중생은 부처와 본질을 같이하지만 부처와 결정적으로 다른 점은 무량의 번뇌에 덮여 있다는 점이다. 단지 번뇌는 일시적인 부착물[客塵煩惱]로서 본질과는 관계가 없다고 보는 것이 《승만경》의 여래장설이다.

《승만경》은 '승만 왕비가 사자후한 경전(Śrīmālādevī-siṃhanāda-sūtra)'이라는 범어 경전명이 시사하는 바와 같이 승만(勝鬘, Śrīmālā)이라는 한 재가의 왕비가 부처님으로부터 장래 보광여래 · 응 · 정변지라는 부처가 될 것이라는 수기를 받은 후, 부처님 앞에서 일승(一乘), 여래장 등 대승불교의 중요한 교의들을 거침없이 설하여 부처님으로부터 인가받는다는 내용으로 구성으로 되어 있다.

승만 왕비는 여래장설 이외에 또 10개의 서원을 말한다(10大受). 이 10대수는 3대원으로 요약되며, 이 3대원은 섭수정법(攝受正法)이라는 일대원으로 요약된다. 섭수정법이란 한마디로 불교를 바르게 믿고 바르게 이해하고 바르게 실천하는 것이다. 섭수정법의 실천자는 대보살이고, 중생을 위해서는 불청(不請)의 벗이 되고 세상의 법모(法母)가 되는데, 승만 왕비는 당당하게 자신은 깨달음에 이를 때까지 섭수정법을 실천하겠다고 서원한다.

《승만경》에서는 재가 여인의 설법을 부처님의 설법에만 붙이는 '사자후'라고 함으로써 성불에 남녀가 없음을 시사하고 있다. 또 그 설법의 내용인 여래장사상은 일체중생을 그 본질에서 평등하게 보는 입장인데, 이런 사상을 펴는 설주(說主)를 여성으로 설정한 《승만경》에서 여성 차별은 없다.

6. 맺는말: 불교 페미니즘의 회복

앞에서 살펴본 바와 같이 불교의 여성에 대한 인식이 이중적인 구조를 가지고 있음을 부정할 수 없다. 불교의 사상 체계가 변천해오는 것과 궤를 같이하여 경전에 나타나는 여성에 대한 인식도 변천해온 것을 볼 수 있는데, 교리의 발달과 함께 교단의 주도권을 행사하던 전승자들의 여성관이 많이 작용했음은 부정할 수 없는 사실이다. 그 대표적인 예로 석가모니 부처님의 입멸 후 결집 과정에서 아난은 당시 결집의 좌장인 가섭으로부터 문책을 당하는데 그 이유 중 하나가 아난의 권청으로 여성의 출가가 가능해졌다는 것이었다. 하지만 옳지 않은 일이라고 판단했다면 아무리 아난이 간청을 했더라도 부처님은 허락하지 않았을 것이다. 부처님과 그 직제자 사이에 여성에 대한 인식이 달랐다는 것을 단적으로 말해 주는 사건이다.

여성의 출가라는 문제를 생각하면 그것은 여성사에서 획기적인 사건이었다. 불교가 흥기할 당시 인도의 여성에게는 인권이라는 것이 거의 없었다. 남아선호 사상은 오늘날 상상할 수 없을 정도였으며, 아들이 없는 상태에서 딸을 낳으면 재앙으로 받아들였다. 여자의 갈 길은 오직 결혼에만 있었는데, 딸을 결혼시키지 못하면 집안의 망신이 되고, 결혼을 시키면 결혼 비용 때문에 파산할 지경이 되었다. 남자들은 여자와 결혼하면서도 그 여자가 자기와 같은 신분이라고 생각하지 않았다.[13)]

부처님은 사회적으로 이런 처지에 있던 여성을 정신세계의 동참자로 받아들인 것이다. 이 결정은 바라문교 사회의 기본 질서인 카스트제도

---

13) 오늘날에도 인도 여성에게는 종교와 카스트와 지역에 따라 각각 다르기는 하지만, 지참금 살인, 여아 살해, 아들을 가진 어머니와 못 가진 어머니 사이의 차이, 시어머니와 며느리의 갈등 등, 여러 형태의 여성 억압이 있다.

를 부정했던 부처님의 평등주의에 입각한 결단이었다. 또한 그런 환경 속에서 여성 출가를 결심했던 마하파자파티 고타미와 그의 추종자인 여성들도 페미니즘의 선구자들이라고 할 수 있다.[14)]

부파불교의 여인불성불설에 대해서도 이론의 여지가 있다. 엄밀하게 말하면 부파불교 시대에는 부처님과 동격인 자는 없었다. 아비달마 논사들은 석가모니 부처님에 대한 깊은 존경심에서 스스로 목적하는 바를 아라한과(阿羅漢果)에 두어, 부처와 아라한 사이에 거리를 둠으로써 불과(佛果)를 넘보지 않았다. 따라서 남자에게도 성불의 도에는 제한이 있었는데 여자가 성불할 수 없다는 것만 강조되어 오늘날까지 내려왔다. 비구니팔경법이나 여인불성불설과 같은 여성에 대한 부정적인 인식들은 우리가 부처님의 근본정신으로 되돌아갈 때 얼마든지 재고될 수 있는 인식들이다.

한편 페미니즘의 경우, 여성 억압의 원인과 그 해결책에 대한 관점이 각기 다르고 또 그 주장들이 시대에 따라 변화하지만, 그 근간에 흐르는 것은 남녀는 기질이 달라도 그 존재로서 평등한 권리를 가져야 한다는 것, 따라서 '차이'를 '차별'로 가치 전환을 해서는 안 되며, 그러기 위해서는 남성 중심의 세상 보기에서 양성 중심의 세상 보기로 관점이 달라져야 한다는 것 등으로 요약될 수 있다. 페미니즘은 이런 주장을 현실화시키기 위해 여성운동을 채택하고 있다.

---

14) 이때 출가하여 비구니가 된 마하파자파티 고타미를 비롯하여 초기 교단의 장로니들의 고백을 모아놓은 게송집이 《장로니게(Therīgāthā)》이다. 《장로니게》에는 73명의 비구니의 게송 522편이 실려 있어 당시 출가여성들의 내면세계를 볼 수 있는데, 이 문서 또한 세계 종교사상 유례가 없는 것이다. 《장로니게》에 실려 있는 비구니들의 게송 어디에서도 아라한이 된다는 수행자의 최고 목표에 대한 의심을 찾아볼 수 없다. 특히 여성이기 때문에 아라한의 목표를 가질 수 없다든지 하는 자기비하는 누구에게서도 발견되지 않는다. 소마 비구니는 "마음이 잘 안정되고 지혜가 솟아날 때, 바르게 진리를 관찰하는데 있어 여인이라는 점이 무슨 장애가 될까?"라고 당당하게 외치고 있다.

서구의 페미니즘이 남녀의 '같음'에 주목하든지 '다름'에 주목하든지, 그것이 이론의 범주에 머무를 때는 '가부장적 자아'와 '억압된 자아'의 대립이라는 공식이 기본이 되고, 정치운동으로 표현될 때는 남녀 양성이 대립하는 집단적인 힘으로 표출된다. '같다' '다르다'는 어디까지나 둘을 전제로 한 것이며, 그것이 서로 대립하는 한 긴장과 갈등은 그치지 않는다. 더구나 기득권을 쟁취하기 위한 힘의 대립이라는 양상에 이르면, 힘에 의한 쟁취는 또 다른 지배라는 악순환을 낳을 수밖에 없을 것이다. 또한 그 '같음'과 '다름'의 저간에는 남성적 자아가 모델이 되고 여성적 자아는 그에 비교되는 이원성이 있는데, 남성들의 가부장적인 자아가 자기중심적이고 차별적이라는 것을 비판해온 서구의 페미니즘으로서는 비판해온 대상을 비교의 모델로 삼는 한계를 스스로 만들고 있는 셈이다. 서구 페미니즘은 이런 한계를 인식하면서 그 해결을 동양사상에서 찾으려는 노력을 이미 기울이고 있으며, 대승불교의 공사상은 그 대안이 되는 철학적 기초로서 주목받고 있다.

공의 자각은 무아(無我)를 기초로 하고 있다. '공' 안에서 서구사상의 자아, 주체와 객체라는 도식은 의미를 잃는다. '가부장적인 자아'도 '억압된 자아'도 그것은 고정된 실체가 아니며, 연기에 의해(다시 말하면 조건이 성숙하여) 나타나는 일시적인 현상일 뿐이다. 여기서 내가 너일 수 있고, 네가 나일 수 있는 유연성이 발생한다. 공의 자각을 통해서 나와 나의 것이라는 집착에서 벗어나는 것이 가능하며, 나와 나의 것이라는 집착에서 벗어날 때 나에게 있던 중심을 너에게로 옮길 수 있다. 중심 이동이 가능할 때 대립은 없어지고, 관계만이 남는다. 중중무진으로 겹쳐지는 '중심 이동'의 세계가 바로 불교가 지향하는 진정한 평등의 세계이다.

그런데 여기서 간과해서는 안 되는 문제가 있다. 여기서 말하는 평등은 진리로서 평등이며 출세간법을 말한다. 그러나 세간법으로 보면 거기에는 분별상이 있다. 즉, 불이중도(不二中道)의 입장에서 보면 남자다 여자다 하는 분별상이 없는데, 인간 세상에서는 여자와 남자의 구별이 있다. 불교 용어로, 사람을 오온(五蘊)으로 파악할 때 수, 상, 행, 식은 같다고 하더라도(전통적으로는 그것도 다르다고 하지만) 색은 다르다. 남자와 여자는 기질이 다르고 역할이 다르게 살아왔다. 그것이 페미니즘에서 주장하는 문화적인 사회화의 과정이라고 해도 그 이전에 '몸'이 다르다. 그런 의미에서 급진주의 페미니즘이 여성에게 사회적인 억압이 있기 전에 출산의 고통이 있었다고 주장하는 것은 정곡을 찌르는 일면이 있다고 볼 수 있다.

그 분별상이 업(業)의 세계이다. 업의 일반적인 표현이 '나와 나의 것'이라면 업의 성(性) 표현이 '여자' '남자'이다. 분별상 너머에 있는 평등성을 모르고 '남자다' '여자다'라는 분별상에만 집착해서 사는 것이 인간 세상이고, 이 인간 세상을 지배했던 남성들이 '중심'을 오로지 자신들에게만 두고 여성을 소외시키면서 지배해 온 것이 여성 억압이라는 인류의 공업(共業)이다.

페미니즘은 불교적으로 말하면 이 인류의 공업에 도전하여 업장을 해탈하자고 주장하는 운동이다. 상의상관성의 법칙에서 볼 때 여성 억압은 여성만을 비인간화시키는 것이 아니고 남성도 비인간화시키고 있기 때문에, 페미니즘은 남성 인간화 운동이라고 말해도 틀리지 않는다.

그런데 문제는 이 공의 자각을 어떻게 일상화하느냐는 것이다. 진리를 현실화한다는 것은 말이 쉽지 간단한 문제가 아니다. 아침저녁으로 "색즉시공 공즉시색" 하며《반야심경》을 외워도 돌아서면 부딪히는 것은 분별의 세계이다. 여기서 수행의 문제가 대두된다. 공의 자각은 오로지 수행으로서만 가능하다. 남자든지 여자든지, 출가 수행자든지 재가 신자든지 수행하지 않으면 영원히 업에서 벗어날 수가 없다.

업의 분별에 집착하는 중생에게 공의 평등성은 그냥 하나의 추상적이고도 난해한 관념일 뿐이다. 수행은 불교인의 근본이다. 수행자의 마음은 열린 마음이며 유연한 마음이다. 수행을 통해 '남' '여'라는 업의 분별을 넘어서 그 평등성을 깨달으며, 연(緣, 조건)에 따라 '중심 이동'을 할 줄 아는 열린 사회를 만들어가는 것, 그것이 불교 페미니즘이 지향하는 바이다. 그러고 보면 결국 원점으로 돌아온다. 불교 페미니즘은 부처님의 근본 사상으로 돌아가 그것을 의심 없이 믿고, 바로 이해하고, 실천하자는 것 이외에 다른 어떤 것도 아니다. 그것이 바로 불교 페미니즘의 회복이다.

부록 2

불교의 여성에 대한 사회교육적 기능

1. 머리말*

불교흥기 당시 인도 여성의 사회적 지위는 말할 수 없이 열악한 것이었다. 사회적으로도 가정적으로도 여성에게는 인격이라는 게 인정되지 않았다. 그런 사회 환경에서 붓다는 여성을 교단에 받아들여 남성과 같이 정신세계의 동참자가 되게 하였다. 붓다에 의해 여성도 정신세계를 가진 인간으로서 자존감을 갖게 된 것이다. 붓다의 교단에 들어간 출가여성들은 '여래의 딸'로서 남성들과 동등하게 붓다의 설법을 들으며 수행자의 삶을 살았다. 출가여성들은 엄격한 계율을 지켜야 했다. 반면 재가의 여성들은 출가여성들과 같은 계율을 지키며 살기는 어렵다. 사회의 일원으로 또는 한 가정의 아내로서 사는 데 여러 가지 제약이 있기 때문이다. 붓다는 이를 인정하고 재가여성에게 맞는 실천덕목들을 제시했다. 그 실천덕목들은 불교 윤리를 기반으로 하고 있다.

불교흥기와 함께 인도 여성 사회에는 변화가 왔다. 붓다는 불교의 교주로서, 한편으로는 사회교육의 교사로서 여성을 인정하고 그들이 자기 위치에서 인간으로서 품위를 갖도록 가르쳤다. 이러한 전통은 불교가 중국을 거쳐 우리나라에 들어온 후 우리나라에서도 그대로 적용되었다. 전래 초기부터 여성들이 적극적으로 불교를 수용하면서 여성들의 삶에는 변화가 왔다. 불교는 역사 속에서 한국 여성의 정신적인 지주의 역할을 해냈다. 19세기에 기독교가 들어오기 전까지 여성들은 불교를 통해 정신력을 키웠다. 삼국 · 통일신라 · 고려 시대에는 불교가 국가적인 호응을 받았기 때문에 여성들이 마음 놓고 불교신앙을 가질 수 있었지만, 국가의 시책이 불교를 배척하던 조선시대에도 여성들은 불교를 놓지 않았다. 5백여 년간의 불교배척 시대를 지나면서 불교가 살아남을 수 있었

* 이 글은 《宗教教育學研究》 제4권(韓國宗教教育學會, 1997)에 발표하였던 논문이다. 〈불교의 여성성불 사상〉과 중복되는 부분이 있어서 수정 · 보완했다.

던 동력의 한 축은 왕실 여성들의 불교적 신심이었다고 해도 틀리지 않을 것이다.

이런 관점에서 이 글에서는 초기불교에서 인도 여성들은 불교를 통해 어떻게 자신을 변화시켰고, 그것이 한국 역사에서는 여성들에게 어떤 역할을 했으며, 이 시대에 여성불자들의 삶에서 불교가 사회교육적 기능을 하려면 어떤 과제를 수행해야 할 것인가를 고찰해보고자 한다.

2. 초기불교 시대 인도 여성들의 경우

붓다의 교화가 인도 여성들의 삶을 얼마나 변화시켰나 하는 문제를 '출가여성'의 경우와 '재가여성'의 경우로 나누어 살펴보자. 우선 출가여성의 경우, 여성들의 삶이 획기적으로 변화한 것을 증명하는 문헌으로 《장로니게(Therīgāthā)》가 있다. 《장로니게》는 《장로게(Theragāthā)》와 함께 붓다의 제자인 비구니들과 비구들의 게송을 모아 놓은 초기 불교문학 작품이다. 이 문헌은 붓다 재세 시부터 후의 아쇼카 왕 시대 이후에 이르기까지 2~3백 년간에 걸쳐 이루어진 것으로, 구두로 전해져 오다가 기원전 80년경에 문자로 옮겨져 오늘날까지 전해 온다. 보수적인 남성 중심의 교단에서 이 기록들이 살아남아 후대에 전해졌다는 것은 초기의 불교인들이 이 문헌을 성전에 넣을 만큼 소중히 여겼다는 것을 말해 주는 것이다. 이것은 당시의 비구니들의 위상이 결코 낮은 것이 아니었음을 말해 주는 것이기도 하다. 여기에는 이름이 밝혀지지 않은 비구니를 포함하여 73명 비구니의 게송 522수가 수록되어 있다.

《장로니게》에 나타난 당시 여성들의 생활상은 "육신을 굽게 하는 세 가지 – 절구통, 절굿공이 그리고 포악한 남편"이라는 말이 집약해서 보여주고 있다. 여성은 단지 그 필요에 의해서만 가치가 있다가 없어지곤

하는 남성 중심의 사회에서 끝없는 육체노동과 가난, 그리고 편견에 시달리고 있었음이 게송의 여러 군데에서 나타나고 있다. 게송의 작자 가운데는 한 남자를 남편으로 했던 모녀도 있었고 가난한 집의 딸로 태어나 그 빚을 갚기 위해 첩이 되었던 여성도 있으며 기생도 있다. 그러나 붓다의 가르침은 이들 여성의 삶을 바꾸어 놓았다.

첫째, 장로니들은 교단에 들어오면 그들이 속해 있던 카스트를 초월하여 '여래의 딸'로서 존재하게 된다. '나는 여래의 아들'이라는 비구의 자각에 대하여 '나는 여래의 딸'이라는 자각을 보여주는 것으로서 이것은 당시 일반 사회의 여성들에게는 허용되지 않던 평등권이었다. 비구니팔경법이라는 석연치 않은 계율을 수지하겠다는 전제하에 이루어진 비구니 교단이지만 그들이 세속의 삶을 청산하고 불법 안에 귀의하면서 그들은 평등한 인간으로서 다시 태어났다. 장로니들의 게송 어디에서도 아라한이 된다는 최고의 목표에 대한 의심을 찾아볼 수 없다. 특히 여성이기 때문에 아라한이라는 목표를 가질 수 없다든가 하는 자기 비하는 어디에서도 발견되지 않는다. 딸, 아내, 어머니라는 여성의 역할에서 오는 제약이나 고통에 대한 호소는 있으나 여성에 대한 본질적인 열등감은 없다. 그뿐만 아니라 "마음이 잘 안정되고 지혜가 솟아날 때, 바르게 진리를 관찰하는 데 여인이라는 점이 무슨 장애가 되겠는가"[1] 라는 당당한 의식도 보여주고 있다.

둘째, 붓다가 출가와 재가, 남녀를 구별하지 않고 가르친 근본교설들이 비구니들의 게송에서도 그대로 드러나고 있다. 육근(六根) 십이처(十二處) 십팔계(十八界)와 사성제(四聖諦)와 팔정도(八正道), 오온(五蘊)과 삼십칠조도품(三十七助道品)에 이르는 근본교설들이 이들에게

---

1) 《장로니게》 61게. "헤아리기 어려워 선인들만이 체득할 수 있는 경지를, 손가락 두 마디 정도의 지혜밖에 없는 여인이 깨달을 수는 없다."라는 악마의 말에, Somā 비구니는 이와 같이 대답한다.

설해졌음을 알 수 있다. 붓다 교단의 평등성은 설법의 내용에서도 그대로 적용되었다. 그 가운데서도 장로니들은 사성제라는 진리에 가장 많은 감화를 받고 있었다. 인간의 고통을 직시하고 그 고통의 원인을 파악하고 고통을 없애려면 어떤 수행을 해야 하는지에 대해 종교적 열정을 가지고 접근하고 있으며 고통으로부터 해방되었다고 외치는 비구니가 적지 않다. 장로니들은 인간이면 누구나 겪어야 하는 고통과 여성이기 때문에 겪어야 하는 고통, 즉 이중고에 대해 토로하고 있으며 그 고통의 원인은 잘못된 견해와 욕망이라고 말하고 있다.

셋째, 《장로니게》를 영역한 리스 데이비즈 여사는 장로니의 시에서 성취된 목표가 '해방' '자유의 획득' 등으로 마음에 그려진 비율(23%)이 장로의 시에서 이에 일치하는 비율(13%)보다 높은 것은 시사하는 바가 있다고 분석하고 있다.[2] 즉 '자유의 획득'이나 '해방'은 죽음과 재탄생의 순환인 윤회로부터의 해방을 의미하는 것으로서 이는 그들이 아라한의 과위에 올랐음을 증명하는 것이다.

한편, 붓다는 재가여성에게는 그들의 생활환경에 맞는 실천덕목을 제시했다. 불교 윤리가 그 바탕이 된다. 윤리란 사람이 지켜야 할 도리를 말하는 것이고, 그 기준은 선(善)과 악(惡)이다. 악을 버리고 선을 추구하려고 하는 데서 윤리가 시작된다. 초기경전에서는 선(善)에 대해서 불선(不善)을, 악(惡)에 대해서 복(福)이라는 말을 쓴다.[3] 그러나 한역의 역어 용례를 보면 반드시 일정하지는 않고, 선, 불선을 선이나 악이라고 하는 경우도 있다. 여기서 복이란 세간적인 선행을 말하는 것으로, 불교에서 문제 삼는 무루(無漏), 출세간(出世間)의 선행을 포함하는 것은 아니다. 세간의 선, 악이라는 개념은 불교적으로 선, 불선이라는 개념과

---

2) Mrs. Rhys Davids, *Psalms of The Early Buddhists(Psalms of The Sisters*, P.T.S. London, 1909) p.xxiv.

3) 산스크리트어로 선은 kuśala, 불선은 akuśala 이고, 악은 pāpa, 복은 puṇya이다.

상통하는 것이다. 악이란 모든 악행을 가리키는 말로 불교에서 정한 계율을 어기는 것을 비롯하여 세간적인 모든 악행을 의미한다.

출가여성이 348계를 지켜야 하는 데 비해 재가여성이 지켜야 할 계는 5계(不殺生, 不偸盜, 不邪淫, 不妄語, 不飮酒)로 이는 윤리 실천의 기본 덕목이 된다고 하겠다. 이 계를 지키지 않는 것을 비롯한 모든 악행은 탐(貪), 진(瞋), 치(癡), 삼독(三毒)으로부터 파생되는 것이며 탐, 진, 치가 생기는 원인은 욕망은 많고 지혜는 부족하기 때문이다.

그러나 불교의 윤리는 선을 행하고 악을 피하라는 단순한 인륜의 도, 즉 도덕률만을 추구하는 것은 아니다. 악행이 생겨나는 근원인 마음을 밝히는 데 불교 윤리의 특색이 있다. 불교 윤리의 함축적 선언이라고 할 수 있는 칠불통계게(七佛通戒偈)는 "모든 악을 짓지 말고, 모든 선을 받들어 행하며, 스스로 그 뜻을 깨끗하게 하면, 이것이 바로 모든 부처님의 가르침이다(諸惡莫作 衆善奉行 自淨其意 是諸佛敎)."라고 한다. 악을 멀리하고 선을 추구하는 것에 그치지 않고 마음의 청정을 강조하고 있다. 불교 윤리가 도덕률의 차원을 넘어서는 근거를 여기에서 찾아볼 수 있다.

악행은 마음의 사악함에서 비롯되고 마음의 사악함은 번뇌에 뿌리를 두고 있다. 번뇌를 응시하여 올바른 방향으로 나아가게 하는 데 종교적 차원의 윤리가 있는 것이다. 이 마음을 밝히는 문제는 후에 대승불교의 실천체계에서 강조되는 것으로 행위 자체가 선행이라 할지라도 그 마음에 삼독의 불이 있는 한 거기서 출발한 행위는 선행이 아니다. 보시(布施)의 예를 들면 보시 자체가 선행임에는 틀림없으나 보시하는 마음, 보시를 받는 마음, 보시하는 물건이 청정해야 하는 것이다. 오염되지 않은 무루의 행위야말로 불교적인 선행이라 할 수 있다.

한역 경전과 팔리어 경전 가운데는 재가신자가 가정과 사회에서 지켜야할 윤리 덕목을 말하는 경전들이 있다. 이 경전들을 두 그룹으로 나누면 한 그룹은 재가신자의 남녀노소 모두에게 해당되는 도리를 대상에 따라 체계화한 경전이고, 한 그룹은 재가여성에게 해당되는 실천덕목만을 말하는 경전이다. 후자의 경우를 먼저 살펴보면, 재가여성을 주인공으로 하여 여성이 한 가정의 아내나 며느리가 되어 지켜야 할 도리를 설하는 경전은 다음과 같은 것들이 있다.

(1) 《불설아속달경》(宋 求那跋陀羅 譯)[4]
(2) 《불설옥야녀경》(失譯)[5]
(3) 《옥야녀경》(失譯)[6]
(4) 《옥야경》(東晋 竺曇無蘭 譯)[7]
(5) 증일아함 제49권 〈비상품〉 9(東晋 瞿曇僧伽提婆 譯)[8]
(6) 《일곱 가지 아내의 경(Sattabhariyāsutta)》[9]

경전에 따라 약간의 차이는 있으나 대략 다음과 같은 공통적인 구성을 갖고 있다. 설법의 대상이 되는 재가여성의 이름은 (1)~(4)까지는 옥야, (5)는 선생(善生), (6)은 수자타(Sujātā)이다. 부유한 장자의 딸로 급고독 장자(증일아함에서는 阿那邠祁 長者)의 집에 시집온 며느리이다. 용모가 단정하고 특출하나 성품이 오만방자하여 시부모와 남편을 잘 섬기지 않아 시부모는 이를 늘 염려해왔다. 붓다와 같은 대성(大聖)만이 며느리의 교만을 고칠 수 있다고 믿은 시아버지가 붓다에게 설법을 청한다. 붓다가 급고독장자의 집에 도착하자 가솔들이 모두 나와 붓다에

4) 《불설아속달경》 大正藏 2, p.863상-하.
5) 《불설옥야녀경》 大正藏 2, p.863하-864하.
6) 《옥야녀경》 大正藏 2, p.864하-865하 .
7) 《옥야경》 大正藏 2, p.865하-867상.
8) 증일아함 제49권 〈비상품〉 大正藏 2, p.820하-821상.
9) 《앙굿따라니까야》 7, 전재성 역주, 한국빠알리성전협회, p.185-189.

게 예를 올리는데도, 옥야는 교만한 마음에서 나오지 않는다. 붓다가 신통력으로 옥야 앞에 32상 80종호를 나타내니 옥야는 두려워 떨며 붓다에게 예를 올린다. 여기서 붓다는 여자의 도리를 말한다는 구성이다. (6)의 《일곱 가지 아내의 경》에서는 붓다가 아나타삔디까의 집을 방문했을 때, 수자타가 큰 소리로 종들을 꾸짖는 것을 듣고 수자타를 불러 설법한다는 구성으로 되어 있다.

설법의 주제는 경전에 따라 차이가 있는데, 분류하면 '여인신중(女人身中)의 십악사(十惡事)'(《불설옥야녀경》《옥야녀경》《옥야경》), '우바이 10계'(《불설옥야녀경》《옥야녀경》《옥야경》), 아내의 종류,[10] '부모와 남편을 섬기는 데 잘하는 것과 잘못하는 것'(《불설옥야녀경》《옥야녀경》《옥야경》) 등이다. '여인신중의 십악사'는 여자는 사회적으로 불리한 조건을 안고 태어난다는 의미이다. 고대 인도에서 여성을 비하했던 인식이 경전에 그대로 반영된 것이다. 딸은 부모의 장례에 참석하지 못했으며, 결혼을 못 시키면 집안의 체면이 안 서고 결혼을 시키자면 비용이 많이 들었다. 그래서 태어날 때부터 딸은 축복의 대상이 되지 못하고 거의 재앙으로 여겨질 정도였다. 또한 여성에게는 임신과 출산의 고통이 있고, 가족관계에서도 일생 동안 독립적이지 못하며 자유롭지도 못했다. 십악사는 당시 인도사회가 가지고 있던 여성에 대한 편견이 여성들에게 부가한 '악사' 열 가지를 열거한 것이다. 우바이 10계(《불설옥야녀경》에서는 5계)를 살펴보면, 다음과 같다.

① 살생하지 말 것(不殺生)
② 도둑질하지 말 것(不偸盜)
③ 음란하지 않을 것(不淫佚)

10) 《불설아속달경》과 증일아함에서는 아내를 종류로 나누지는 않았으나 내용으로 보면 같은 의미로 포함시킬 수 있다.

④ 거짓말하지 말 것(不妄語)

⑤ 술을 마시지 말 것(不飮酒)

⑥ 욕하지 말 것(不惡口)

⑦ 꾸며서 말하지 말 것(不綺語)

⑧ 질투하지 말 것(不嫉妬)

⑨ 성내지 말 것(不瞋)

⑩ 착한 일을 하면 좋은 과보를 얻는 것을 믿을 것(信善得善)

아내의 종류는 《불설아속달경》《옥야녀경》《옥야경》《일곱 가지 아내의 경》에서는 7종류, 《불설옥야녀경》에서는 5종류, 증일아함에서는 4종류로 분류하고 있다. 《불설옥야녀경》의 신하 같은 아내, 《불설아속달경》의 게으른 사람과 함께 사는 것 같은 아내를 제외하면 7종류의 아내에 포함되는 내용이다. 《옥야녀경》《옥야경》《일곱 가지 아내의 경》에서는 7종류의 아내를 말하고 있는데, 7종류로 나눈 것은 같으나 한역 경전과 팔리어 경전은 그 내용에 차이가 있다. 그리고 한역 경전이 좋은 의미의 아내를 앞에 내세운 반면, 팔리어 경전에서는 부정적인 의미의 아내를 앞에 내세웠다. 이를 비교하면 다음과 같다.

	《옥야녀경》	《옥야경》	《일곱 가지 아내의 경》
①어머니 같은 아내	(母婦	婦如母)	①살인자 같은 아내
②누이 같은 아내	(妹婦	婦如妹)	②도둑과 같은 아내
③친구 같은 아내	(知識婦	婦如善知識)	③지배자와 같은 아내
④며느리 같은 아내	(婦婦	婦如婦)	④어머니와 같은 아내
⑤종 같은 이내	(婢婦	婦如婢)	⑤누이와 같은 아내
⑥원수 같은 아내	(怨家婦	婦如怨家)	⑥친구와 같은 아내
⑦살인자 같은 아내	(奪命婦	婦如奪命)	⑦하인과 같은 아내

이렇게 분류된 아내의 특성은 일견하여 알 수 있는 것으로 특별한 것은 아니다. 예를 들어 어머니 같은 아내란 어머니가 자식 생각하듯 남편을 사랑하고 생각하는 것이고, 친구 같은 아내란 비밀스러운 일은 항상 서로 말하고, 행동에 잘못이 없도록 착한 일을 서로 가르쳐, 지혜가 더욱 밝아지게 하는 아내를 의미한다는 것 등이 설법의 내용이다. 《일곱 가지 아내의 경》의 '지배자와 같은 아내'는 '일하기를 좋아하지 않고 게으르고 게걸스럽고, 거칠고 포악하고 조악한 말을 하고, 열심히 노력하는 남편을 제압하며 지내는 아내'를 말한다. 여성이 가지고 있는 여러 가지 속성을 선악으로 나누어 말하고 있다. 붓다의 설법을 들은 옥야(수자타)는 잘못을 뉘우치고 앞으로는 종 같은 아내가 되어 수명이 다하도록 교만하지 않겠다고 붓다 앞에서 맹세한다.

한편 《불설옥야녀경》《옥야녀경》《옥야경》에는 시부모와 남편을 섬기는 데 5가지 잘하는 것과 3가지 잘못하는 것이 열거된다. 세 경전 사이에는 중복되는 것과 그렇지 않은 것이 있는데 내용은 다음과 같다.

다섯 가지 잘하는 것

《불설옥야녀경》

① 늦게 자고 일찍 일어나며, 가사를 잘 다스린다. 맛있는 반찬이 있으면 자기 입에 먼저 넣지 않고, 시부모와 남편에게 먼저 드린다.

② 집안의 물건을 잘 살펴서 잃어버리지 않도록 한다.

③ 말을 조심하고, 인욕하여 화를 덜 낸다.

④ 공경하고 단정하고 경계하고 조심하여, 항상 못 미칠 것을 두려워한다.

⑤ 시부모와 남편에게 일심으로 효도하고 공경하여 좋은 평판을 듣고, 친족을 기쁘게 하여 칭찬을 듣는다.

《옥야녀경》

①늦게 자고 일찍 일어나며, 맛있는 음식은 먼저 내놓는다.

②때리고 욕을 해도 화를 내지 않는다.

③남편을 향해 한마음을 갖고 사음(邪淫)하지 않는다.

④남편이 장수하기를 원하여 몸으로 받들어 섬긴다.

⑤남편이 원행하면 집안을 잘 정리하고 두 마음을 갖지 않는다.

《옥야경》

①늦게 자고 일찍 일어나며, 머리를 잘 빗고 의복을 단정히 하며, 얼굴을 깨끗이 씻어 때가 없게 하고, 무슨 일을 하기에 앞서 먼저 웃어른께 알린다. 마음이 공순하여 맛있는 음식이 있어도 먼저 먹지 않는다.

②남편이 꾸짖더라도 화내거나 한탄하지 않는다.

③한마음으로 남편을 지키고 사음을 생각하지 않는다.

④항상 남편의 장수를 원하고 남편이 출행(出行)하면 집안을 잘 정돈한다.

⑤항상 남편의 좋은 점을 생각하고 나쁜 점은 생각하지 않는다.

세 가지 잘못하는 것

《불설옥야녀경》

①어둡지 않은데도 일찍 자고, 해가 떴는데도 일어나지 않는다. 남편이 질책하면 혐오를 나타내고 화를 낸다.

②좋은 음식은 자기가 먹고 나쁜 음식은 시부모와 남편에게 준다. 간사한 얼굴로 속이고 요사하기 그지없다.

③생활은 생각지 않고 세간에 놀고 돌아다니며, 다른 사람의 호추(好醜)를 말하고, 사람의 장단(長短)을 찾아 구설로 싸운다. 친족에게 미움을 받고 남에게 천대를 받는다.

《옥야녀경》

①남편을 가볍게 여기고 시부모에게 순종하지 않는다. 좋은 음식은 자기가 먹는다. 어둡지 않은데 일찍 자고 해가 떴는데도 일어나지 않는다. 남편이 가르치고 꾸짖으면 화내면서 응답한다.

②남편을 볼 때 기쁜 마음을 갖지 않고 부루퉁하며, 다른 남자의 좋은 점을 생각한다.

③남편이 일찍 죽어서 다시 시집가기를 바란다.

《옥야경》

①며느리와 아내의 예로써 시부모와 남편을 섬기지 않고 다만 맛있는 음식을 탐하여 먼저 먹는다. 어둡지 않은데 일찍 자고 해가 떴는데 일어나지 않는다. 남편이 가르치려고 하면 화낸 눈으로 남편을 보며 거역하여 욕한다.

②한마음으로 남편을 생각지 않고 다른 남자를 생각한다.

③남편이 일찍 죽어서 다시 시집가기를 바란다.

이상에서 재가여성이 지켜야 할 실천덕목에 대한 붓다의 가르침을 살펴보았다. 경전의 기술이기는 하나 잡박한 면이 없지 않다. 선과 악을 대비시킴으로써 윤리의 실천덕목으로서 기본 틀은 가지고 있으나, 출세간적인 내용은 보이지 않는다. 설법의 대상자인 옥야가 7가지 아내의 종류 중에서 종과 같은 아내가 되겠다고 하는 것은 이 경이 교만한 옥야를 참회시켜 새사람을 만든다는 설정 위에 있으므로 극적인 반전의 효과로서 가능한 일이며, 또한 인도사회가 가지고 있던 전통적인 여성관의 답습이라고 할 수 있다. 힌두 사회를 배경으로 한 불교 교단이 교화의 수단으로서 힌두 사회에 행해졌던 여성관을 채용한 것으로 보인다.[11)]

11) 岩本 裕《佛教と女性》p.37.

다음에 재가 신자의 남녀노소 모두에게 해당하는 실천 윤리를 체계화한 경전들로서 다음과 같은 것이 있다.

(1) 《불설시가라월육방예경》(後漢 安世高 譯)[12]

(2) 장아함 제11권 《선생경》(後秦 佛陀耶舍·竺佛念 共譯)[13]

(3) 《불설선생자경》(西晋 支法度 譯)[14]

(4) 중아함 제33권 《선생경》(東晉 瞿曇僧伽提婆 譯)[15]

(5) 《교계 싱갈라 경(Siṅgālovāda Sutta)》(Dīgha Nikāya 31)[16]

위의 네 한역 경전은 표현의 길고 짧음은 있으나 내용에 있어서는 (1)과 (2), (3)과 (4)가 각각 비슷하다. (5)의 팔리어 경전은 (1)과 (2)에 가깝다. 이 경전들에서는 부모와 자식 사이에 지켜야 할 도리를 비롯하여 스승과 제자 사이, 남편과 아내 사이의 도리, 친척과 친구에 대한 도리, 주인과 하인 사이의 도리, 사문(沙門)을 섬기는 도리 등이 설해져 있다.

이 중 남편과 아내 사이의 실천 윤리는 재가여성관의 일면을 보여주고 있다. 《육방예경》, 장아함 《선생경》, 《교계 싱갈라 경》에서는 남편과 아내 사이에 지켜야 할 도리로서 각각 5가지를 설하고 있는 데 비해, 《불설선생자경》과 중아함 《선생경》에서는 남편이 아내에게 지켜야 할 도리를 5가지로, 아내가 남편에게 지켜야 할 도리를 14가지와 13가지로 말하고 있다. 아내가 남편에게 해야 할 도리가 많은데, 이것은 번역 과정에서의 중국적 변형이라고 볼 수 있다. 《육방예경》, 장아함 《선생경》,

12) 《불설시가라월육방예경》 大正藏 1, p.250하-252중.

13) 장아함 제11권《선생경》 大正藏 1, p.71하-72상.

14) 《불설선생자경》 大正藏 1, p.252중-255상.

15) 중아함 제33권 《선생경》 大正藏 1, p.641상-중.

16) 각묵스님 옮김 《디가 니까야》 3, 초기불전연구원, p.328.

《교계 싱갈라 경》의 3경 사이에서도 내용에 차이가 보인다. 장아함《선생경》과《교계 싱갈라 경》에서는 남편이 지켜야 할 도리를 먼저 기술하고 있는 데 비해,《육방예경》에서는 아내가 지켜야 할 도리를 먼저 기술하고 있다.《육방예경》에서는 '아내가 남편을 섬기는 다섯 가지 방법(婦事夫有五事)' '남편이 아내를 보는 다섯 가지 방법(夫視婦亦有五事)'으로 표현의 차이를 두었고, 장아함《선생경》은 '남편이 아내를 존경하는 다섯 가지 방법(夫之敬妻亦有五事)' '아내가 다시 다섯 가지로 남편을 공경하는 방법(妻復以五事恭敬於夫)'으로 비교적 공평한 표현을 쓰고 있다.

《교계 싱갈라 경》에서는 남편이 아내에게 지켜야 할 도리로서 '남편은 아내를 존중하고, 얕보지 않고, 바람피우지 않고,[17] 권한을 넘겨주고, 장신구를 사준다.'고 말하고 있다. 아내가 남편에게 지켜야 할 도리로서는 '아내는 맡은 일을 잘 처리하고, 주위 사람들을 잘 챙기고, 바람피우지 않고, 가산을 잘 보호하고, 모든 맡은 일에 숙련되고 게으르지 않다.'라고 말하고 있다.

한편《교계 싱갈라 경》(Dīgha-Nikāya)에 대응하는 장아함《선생경》에서는 남편이 아내에게 지켜야 할 도리로서 "남편은 아내를 예로써 대하고, 위엄을 잃지 않으며, 의식을 때에 따라 준비하고, 때에 따라 장엄하며, 집안일을 맡겨야 한다."라고 하며, 아내가 지켜야 할 도리로서는 "아내는 먼저 일어나고, 나중에 앉으며, 부드러운 말을 쓰고, 경순하며, 뜻을 먼저 알아 받들어야 한다."라고 말했다.

두 경의 내용을 비교해 보면 팔리어 경전에서는 남편의 아내에 대한 덕목이 강조된 반면, 아내에게는 남편에 대한 덕목이라기보다는 가사의 책임을 맡고 있는 주부로서 덕목이 강조되고 있다. 한편 한역 경전에서

---

17) 남전대장경에서는 이를 '不邪行'으로 번역하고 있다. 장부 3, p.253.

는 남편의 경우는 가장으로서 덕목이 강조되고, 아내의 경우는 남편에 대한 덕목이 강조되고 있다. 그러나 두 경전에서 모두 '아내를 존중한다'든가, '아내를 예로써 대한다'든가 하는 표현이 있는 것, 팔리어 경전의 경우 부부 모두에게 신의를 지킬 것을 강조하고 있는 점 등은 특기할 만한 것으로 보인다. 앞에서 인용했던 옥야를 주인공으로 했던 경전들과 비교할 때 진보적인 여성관을 보여준다고 할 수 있다.

이상에서 재가여성이 지켜야 할 윤리의 실천덕목에 대한 불설(佛說)을 살펴보았다. 불교 윤리의 입장에서 볼 때 출세간적이라기보다는 세간적인 면이 강조되었다. 오늘의 재가여성들이 얼마나 받아들일 수 있을까에 대해서는 의문을 가질 수도 있겠으나 2천6백여 년 전의 인도사회를 배경으로 한 것임을 잊지 말아야 할 것이다.

이상은 초기경전에 나타난 자료를 통해 인도사회에서 재가여성에게 설해진 윤리를 살펴보았다. 내용에 있어서 잡박한 면은 없지 않으나 재가여성의 덕성으로서 이해될 수 있을 것이다. 이 시대에 그대로 적용될 수 없는 부분들은 2천6백여 년 전의 인도사회가 그 배경이라는 점을 생각할 수 있을 것이다.

3. 우리나라 역사에 나타나는 불교 여성들

1) 삼국 · 통일신라 시대

고구려 소수림왕 2년(372)에 전래된 이래 불교는 우리나라 역사에서 여성들의 삶과 밀접한 관계를 갖고 면면히 이어져 내려왔다. 삼국시대, 통일신라, 고려, 조선의 불교가 각각 그 성격이 다른 것과 같이 불교 내에서 여성들의 지위나 역할, 또는 신앙 형태도 각각 그 모습을 달리하고 있다.

그 가운데 신라를 중심으로 한 삼국시대에 불교에서 여성의 지위가 가장 높았다. 신라에서는 전래 초기부터 왕실 여성들이 중심이 되어 불교의 수용에 참여했다. 신라에서 불교를 공인한 법흥왕(法興王)이 흥륜사(興輪寺)를 일으킬 때 그 왕비도 왕과 같이 머리를 깎고 비구니가 되어 법명을 묘법(妙法)이라 하고 영흥사(永興寺)를 개창했다. 이때는 불교가 공인된 지 불과 8년밖에 안 되는 시기로 왕비에게 상당한 재량권이 있었음을 나타낸다.

다음 대인 진흥왕(眞興王)의 왕비도 비구니가 되어 영흥사에서 살았다. 이들 두 왕비의 행적은 신라 여성들에게 귀감이 되었으리라고 생각되며 뒤이어 비구니가 되는 여성들이 많았으리라고 생각할 수 있다. 진흥왕 12년에는 고구려에서 온 혜량법사(惠亮法師)를 국통(國統)으로 삼으면서 국통의 다음 직급에 해당하는 승직(僧職)에 도유나랑(都唯那娘)을 두고 비구니를 임명하여 비구니들을 통솔하게 하였다. 이로 미루어 통솔할 만큼의 비구니가 있었으며 비구니의 지위가 높았음을 알 수 있다.

백제에서는 위덕왕 24년 경론과 율사와 선사 등을 일본에 파견할 때 비구니도 파견했다는 기록이 있는데 그 이름은 밝혀지지 않고 있다. 고구려에서는 평원왕 때 법명(法明) 비구니가 일본에 가서 일본 비구니의 교육과 수계를 담당했다고 한다.

특기할 것은 《승만경》이 신라에 전래되어 신라 상류층 여성들의 신앙에 모범이 되었다는 사실이다. 신라 진흥왕 37년 안홍법사(安弘法師)가 수나라에서 돌아오며 가져온 《승만경》은 신라 여왕의 이름에 그 주인공의 이름이 쓰일 정도였다. 선덕여왕의 이름은 덕만(德曼)이고 진덕여왕의 이름은 승만(勝曼)이며 진성여왕의 이름은 만(曼)이다. 만의 한자 표기가 다르기는 하나 이는 승만 왕비를 염두에 두고 지은 돌림자 이름이라고 할 수 있다. 승만 왕비의 도덕성과 천부적인 변재(辯才)는 지도자가 갖추어야 할 자질로서 신라 왕실의 찰제리종(刹帝利種) 의식을 충족시키기에 《승만경》은 충분히 '매력을 느낄 수 있는 경전'[18] 이었다. 이런 인식에서 승만 왕비의 이름을 따서 여왕의 이름을 지었을 것이다.[19]

특히 세 명의 여왕 가운데 선덕여왕은 그 인품이 승만 왕비를 연상시킨다. 선덕여왕은 불교적 치세에 힘을 썼다. 재위 기간(632~647) 중에 분황사와 영묘사가 완성되었으며, 황룡사에 백고좌(百高座)를 시설하고 100인의 승려를 모아 《인왕경(仁王經)》을[20] 강론하도록 했다. 또한 100명에게 새로 승려가 되는 길을 열어 주었으며, 이웃 나라의 침략을 막을 수 있다는 자장법사(慈藏法師)의 청을 받아들여 황룡사 9층탑을 세웠다. 이러한 불교적 치세 이외에도 즉위 원년에 환과고독(鰥寡孤獨)을 위문 구제하고, 2년에 죄수를 사면하는 등 승만 왕비가 십대수(十大受)[21] 에서 말하는 대승보살의 행(行)을 보여주고 있다. 선덕여왕의 지기삼사(知幾三事)나[22] 여왕을 사모하는 평민에게 팔찌를 벗어 주는 일화 등에

---

18) 이기백 〈삼국시대 불교전래와 그 사회적 성격〉《역사학보》 6, 역사학회, p.165.

19) 신라는 제23대 법흥왕부터 제28대 진덕여왕 대까지 140여 년간 왕과 왕족들이 불교식 이름을 썼다. 이 시기를 '불교왕명시대'라고 부르기도 한다. 붓다가 인도의 사성계급 중 크샤트리아(刹帝利種) 출신인 것을 모방하여 자신들의 신분을 신성화하면서 중앙집권 체제 국가로의 발돋움에 불교를 정신적인 원동력으로 삼았다.

20) 《인왕경》은 국가를 정당하게 수호하여 번영케 하는 근본의의를 설한 경전이다.

21) 승만 왕비가 부처님 앞에서 세운 10대수의 내용은 앞의 글 〈불교의 여성성불 사상〉을 참조.

22) '知幾三事'는 선덕여왕이 미리 알아낸 세 가지 일을 말한다.

(1) 당 태종이 모란꽃의 그림과 함께 모란꽃씨 3되를 보냈다. 여왕은 이 꽃에는 향기가 없을 것이라고 예언했다. 씨를 심어 꽃이 피니 향기가 없었다. 신하들이 그걸 어떻게 알았느냐고 물으니, 그림에 나비가 없어서 꽃에 향기가 없을 것을 알았다고 했다. 선덕여왕은 '이는 당나라 임금이 내가 배우자가 없음을 모멸한 것'이라고 말했다.

(2) 겨울철에 영묘사 옥문지(玉門池)에 개구리가 많이 모여 3, 4일간을 울어댔다. 여왕은 정병 2천 명을 뽑아서 서교(西郊)로 가서 여근곡(女根谷)을 탐문하면 반드시 적병

서[23] 대승보살의 지혜와 자비심을 엿볼 수 있다.

삼국은 왕실을 중심으로 불교를 받아들였기 때문에 여성의 경우도 왕실 여성이 선도적인 역할을 했다. 그러나 《삼국유사》에 의하면 상류층 여성뿐만 아니라 일반 여성들의 경우에도 남성에 못지않은 불교적 경지에 오른 여성들이 있었음을 알 수 있다. 여성이 여신성불(女身成佛)의 주인공으로 기록되고 있으며(《삼국유사》 제5권 郁面婢念佛西昇), 수행자를 시험하고 경책하는 선지식이기도 하고(《삼국유사》 제5권 廣德 嚴莊 ;《삼국유사》 제3권 南白月二聖 努肹夫得 怛怛朴朴), 어머니의 신앙심으로 아들을 출가시키거나 눈먼 자식의 눈을 뜨게 하는(《삼국유사》 제5권 眞定師孝善雙美 ;《삼국유사》 제3권 芬皇寺千手大悲盲兒得眼) 등 여러 모습이 보인다. 그 몇 예의 내용을 요약하면 다음과 같다.

여신성불의 주인공인 여종 욱면(郁面)

경덕왕 때 강주(지금의 진주이다. 또는 剛州라고도 쓴다. 剛州일 경우는

이 있을 것이니 덮쳐 죽이라고 했다. 백제 군사 5백여 명이 그곳에 매복해 있었으므로 모두 잡아 죽였다. 여왕은 '개구리의 노한 형상은 병사의 형상이며, 옥문이란 것은 여자의 생식기니, 여자는 음이고, 음은 그 빛이 백색이며, 백색은 서방이므로 군사가 서쪽에 있음을 알 수 있었으며, 남자의 생식기는 여자의 생식기에 들어가면 반드시 죽게 되니, 쉽사리 잡을 줄 알았다'고 말했다.

(3) 여왕이 병이 없었을 때 신하들에게 말했다. "내가 아무 해 아무 달 아무 날에 죽을 것이니 도리천(忉利天)에 묻어주시오." 그곳이 어디냐고 물으니 낭산(狼山) 남쪽이라고 했다. 10여 년 후 문무대왕이 사천왕사(四天王寺)를 왕의 무덤 아래에 세웠다. 도리천은 불교에서 말하는 욕계육천(欲界六天)의 하나이며 사천왕천은 도리천의 밑에 있다. 《삼국유사》 제1권 〈기이〉 편, 선덕왕지기삼사.

23) 지귀(志鬼)는 신라 활리역 사람으로 선덕여왕을 사모했다. 왕이 행향(行香)하기 위해 절에 온다는 소식을 듣고 탑 밑에서 기다리다 잠이 들어버렸다. 여왕은 자기의 팔찌를 벗어 지귀의 가슴 위에 놓아주고 환궁했다. 지귀는 여왕을 못 만난 것에 심화(心火)가 나서 탑을 돌다가 화귀(火鬼)가 되었다. 여왕은 술사(術士)에게 주사(呪詞)를 짓게 하여 지귀의 영혼을 위로했다. 《대동운부군옥》 제20권 심화요탑, 남명학연구소 경상한문학연구회 역주, 민속원, p.318-319.

지금의 順安이다.)의 남성 불자 수십 명이 극락정토에 가려는 원을 세우고 미타사를 창건하고, 만일기도를 위한 계(契)를 결성했다. 아간(阿干) 귀진(貴珍)의 집에 욱면이라는 여종이 있었는데, 주인을 따라가서 염불을 했다. 욱면은 법당에 들어가지 못하고 마당에 서서 염불을 했다. 주인은 자기 처지를 생각지 않는 욱면을 미워하여 곡식 두 섬을 주어 하루 저녁에 그것을 다 찧게 했다. 욱면은 부지런히 방아를 다 찌어놓고 절에 가서 일심으로 아미타불 정진을 했다. 그러던 어느 날, 공중에서 "욱면 낭자는 법당에 들어가 염불하라"는 외침이 들렸다. 절의 승려들이 권하여 욱면은 법당에 들어가 염불을 했다. 정진 중에 하늘에서 음악이 들려오더니 여종은 몸을 솟구쳐 법당의 대들보를 뚫고 나가 서쪽 교외로 가서 해골을 버리고 부처의 몸으로 변해 연화대에 앉았다고 한다. 욱면은 성불한 것이다.

이상은 향전(鄕傳)이 전하는 내용이고 승전(僧傳)이 전하는 내용은 전후 상황이 다르다. 그러나 욱면이 정진 중에 법당의 지붕을 뚫고 나간 사연은 같다. 일연 스님은 두 개의 기사를 실으며 그 진위는 논하지 않고, 다만 욱면의 성불을 '기린다(讚曰)'는 말로 결론을 지었다.[24)]

수행자를 시험하고 경책하는 선지식 여성

문무왕 때 광덕(廣德)과 엄장(嚴莊)이란 두 수행자가 있었다. 광덕은 분황(芬皇) 서리(西里)에 처자와 함께 은거하면서 신 삼는 것을 직업으로 했다. 엄장은 남악(南岳)에 암자를 짓고 혼자 살면서 숲의 나무를 베어 불살라 경작했다. 두 수행자는 극락정토에 가기를 발원한 미타행자였으며 친한 사이였다. 극락으로 갈 때 먼저 가는 이가 남은 이에게 알리고 가자고 약속했다. 어느 날 엄장의 창밖에서 말소리가 들렸다. "나는 이미 서쪽으로 가니 그대는 잘 있다가 속히 나를 따라오게." 다음 날 광덕에게 가보니

---

24)《삼국유사》제5권〈감통〉편, 郁面婢念佛西昇.

광덕이 죽어 있었다. 엄장은 광덕의 아내와 함께 광덕의 장례를 지냈다. 장례를 마치고 엄장은 광덕의 아내에게 이제부터 자기와 살자고 제안했다. 광덕의 아내는 좋다고 했다. 밤이 되어 엄장이 광덕의 아내와 부부관계를 가지려 하니 광덕의 아내가 부끄러워하며 말했다. "스님께서 서방정토에 가기를 바라는 것은 마치 나무에 올라가 물고기를 구하는 것과 같습니다." 광덕의 아내는 남편과 10여 년을 살았지만 잠자리를 같이한 일은 없었으며, 밤마다 단정히 앉아 아미타불을 염하고, 관(觀) 수행을 했다고 말했다. 엄장에게 그렇게 해서는 서방(극락정토)으로 갈 수는 없을 것이라고 경책했다. 엄장은 부끄러워서 물러나 그 길로 원효법사에게 가서 가르침을 청했다고 한다.[25)]

아들을 출가시킨 어머니의 신심

의상법사(義湘法師)의 제자인 진정법사(眞定法師)는 신라 사람으로 출가 전에 홀어머니와 살았다. 의상법사가 태백산에서 불법으로 사람들을 교화한다는 소식을 듣고 자신도 출가하고 싶다는 원을 세웠으나, 홀어머니를 두고 출가할 수는 없었다. '효도를 다 마친 후(어머니가 돌아가신 후)에 의상법사에게로 가서 출가하겠다'고 했다. 어머니는 '불법은 만나기 어렵고 인생은 너무 빠른데 효도를 마친 후면 또한 늦지 않겠느냐? 어찌 내 생전에 불도를 알았다고 들려주는 것만 같겠느냐? ……나 때문에 출가를 못 한다면 나를 지옥에 떨어지게 하는 것'이라고 아들을 독려했다. 아들이 세 번 사양했으나 어머니도 세 번 권고했다. 진정법사는 어머니의 뜻에 따라 출가했다. 어머니는 3년 만에 돌아가셨고, 진정법사는 선정(禪定) 중에 어머니의 환생을 보았다고 한다.[26)]

---

25) 《삼국유사》 제5권 〈감통〉 편, 廣德 嚴莊.

26) 《삼국유사》 제5권 〈효선〉 편, 眞定師孝善雙美.

《삼국유사》에 기록된 위의 여성들은 불심이 깊고, 당당했음을 알 수 있다. 이와 같은 개인적인 행적 이외에 여성이 중심이 되어 불교 신앙결사를 조직한 경우도 있다. 진평왕 당시 비구니 지혜(智惠)가 결성한 점찰법회(占察法會)가[27] 그것이다. 비구니 지혜는 안흥사에 살았는데 불전(佛殿)을 수리하고 싶었으나 힘이 모자랐다. 그때 선도산(仙桃山) 성모(聖母)가 현몽(現夢)하여 도와주었다. 불사를 마치고 성모의 말에 따라 해마다 봄가을에 10일씩 남녀신도를 모아 일체중생을 위한 점찰법회를 열었다.[28] 이는 불교의 대중화에 여성이 중심이 된 예이다.

위에서 살펴본 바와 같이 신라에서는 불교 전래 초기부터 왕비들이 앞장서서 출가하여 비구니가 되고, 여왕이 불교적 치세에 힘쓰는 등, 상류층 여성들이 불교에 심취하는 모습을 보여주었다. 상류층 여성들의 이런 모습은 서민층에게도 영향을 미쳤을 것이라고 생각할 수 있다. 《삼국유사》에 의하면 서민층 여성들의 수행도 그 수준이 결코 낮지 않았음을 알 수 있었다. 특기할 것은 수행의 목표에 내세관이 보인다는 점이다. 죽은 후에 극락정토에 태어나고 싶다는 미타사상이다. 이는 불교의 영향이다.

불교가 들어오기 전, 한국문화 속에서 연원이 가장 오래된 종교는 무

---

27) 高翊晋《韓國古代 佛教思想史》동국대 출판부, 1989, p.73-77. 점찰법회는 중국에서 찬집된 것으로 추정되는《점찰선악업보경》(大正藏 17, p.901하-910하)이 제시하는 방법(木輪相法)으로 점을 쳐서 선악의 숙세업(宿世業)과 그 과보를 알아내어 의심을 끊고 깨달음을 얻게 하는 법회이다. 붓다는 점복 행위를 금했지만, 오랫동안 익혀온 습성을 당장에 끊기는 어려운 것이다. 불교가 전통적 무교(巫教)의 점복을 섭화(攝化)한 적절한 방법이라고 고익진 박사는 해석했다. 이 경에서는 숙업(宿業)에 대한 지심참회를 강조하고 후반부에서는 여래장 사상을 설하여, 목륜점법(木輪占法)이 중생교화의 한 방편에 불과함을 명시하고 있다. 이를 시도한 최초의 신라승은 원광법사인 것 같다고 했다.

28)《삼국유사》제5권〈감통〉편, 仙桃聖母隨喜佛事.

교(무속)라는 것이 한국종교를 연구하는 학자들의 공통된 의견이다.[29)]무교의 가치관은 현세의 이곳을 중시한다. 현실 중심적 실용주의를 추구한다고 할 수 있다.[30)] 무교에는 내세 관념이 없다.

불교 이후 한국의 정신문화 속에는 내세 관념이 생겼다. 불교의 내세(來世) 사상에는 인과사상과 윤회사상이 포함되어 있다.[31)] 즉 현세의 삶이 어떠했는가(인과)에 의해 내세의 방향(육도윤회)이 정해진다는 의미이다. 이와 같이 내세라는 것이 설정되면 현세의 삶은 가치 지향적이 된다. 욕망에만 집착하여 함부로 살아서는 안 되는 것이며 여기서 수행이 필수적이 된다. 수행이란 다시 말하면 정신적인 눈을 뜨는 것이다.

한국의 교육사를 돌아보면 가정생활과 사회생활을 통해 무의도적으로 이루어진 교육 작용과 학교교육을 통해 이루어진 의도적이고 계획적인 교육 작용이 있었다. 전통사회에서 여성은 가정생활과 사회생활을 통해 무의도적으로 이루어진 교육의 영향을 받은 쪽이다. 이런 교육은 장기간 반복되어 습관화되고 내면화됨으로써 특정한 인격을 형성하는 작용을 한다.[32)] 삼국시대에 여성들은 불교를 통해 가치 지향적인 삶을 알게 되었고, 정신적인 눈을 뜨게 되었다. 삼국시대 불교 여성들의 당당함은 불교적 수행을 통해 형성된 인격이라고 할 수 있다.

2) 고려시대

고려불교의 특성을 한마디로 요약한다면 '기복양재(祈福攘災) 진호

---

29) 金仁會《韓國人의 價値觀, 巫俗과 教育哲學》文音社, 1979, p.34.

30) 金仁會, 앞의 책, p.245.

31) 金起東《國文學上의 佛教思想研究》進明文化社, 1973, p.119-135. 방대한 자료의 검토를 통해 국문학상에 나타난 불교사상을 고찰했다. 윤리사상, 인과사상, 윤회사상, 서원사상, 정토사상, 내세사상, 영험사상 등의 불교사상이 국문학 작품들에 나타나고 있다고 분석했다.

32) 박선영《불교와 교육》학지사, 2006, p.343.

국가(鎭護國家)의 불교'라고 할 수 있다.[33] '복을 기원하고, 재앙을 물리치며, 국가적으로는 난리를 진압하고 국가를 수호하는 데 불교의 정신력을 쓴 불교'라는 의미다. 복을 기원하는 전통은 고려만의 문제는 아니다. 삼국은 모두 왕실 중심으로 불교를 받아들였으며, 그 목적은 현세이익적인 것이었다. 불교 본래의 목적은 출세간적 가치의 추구였는데, 본래의 목적과 다르게 불교를 받아들인 것은 불교를 받아들인 계층의 사회적 성격과 관련이 있다. 삼국의 왕실은 그들의 정치적 목적과 지적 향상을 위하여 불교를 수용했던 것이다.

삼국의 불교는 고려에 와서 기복적인 요소가 더욱 강화되었다. 더구나 고려에서는 외환(外患)이 잦았기 때문에 난국(難局)을 불덕(佛德)과 신력(神力)으로 해결하려는 경향이 높아졌다. 이런 사정으로 고려에서는 국가적인 신불(信佛) 행사가 많았다. 연등회(燃燈會)와 팔관회(八關會)를 비롯, 《고려사》에 보이는 불교행사의 종류는 69종이며, 《고려사》 이외의 다른 자료에 나타나는 것을 합치면 고려시대에 행해진 불교행사는 모두 83종에 이른다. 이 83종의 법회 도량(道場)이 시행된 횟수는 1,038회나 된다.[34] 행사 내용을 분류해보면 기복(祈福)·양재(攘災)·진병(鎭兵)·치역(治疫)·강경(講經)·참회(懺悔)·수계(受戒)·반승(飯僧)·천도(薦度)·시식(施食)·기우(祈雨)·기청(祈請) 등이다. 법회 형식으로 치러지는 신불 행사에 지나치게 경도되는 풍조가 사회 전반에 있었음을 알 수 있다. 물론 이 행사에 참여하는 대다수는 여성이었을 것이다. 길흉화복에 흔들리기 쉬운 심성을 이용하는 요승들도 나왔고 이에 경도되어 불사에 쫓아다니며 여성들이 추태를 연출한 기록도 보인다.

그런데 여기서 한 가지 우리가 기억해야 할 것은 고려 양반 여인들의

---

33) 金煐泰《한국불교사》경서원, 1986, p.160.

34) 徐閏吉〈高麗의 護國法會와 道場〉《佛教學報》제14집, 동국대 불교문화연구소, 1977, p.102.

묘지(墓誌)에서 볼 수 있는 양반 여인들의 신행 생활이다. 그들은 외부의 신불 행사에 참여하는 것에 그치지 않고 가정에서도 신행을 일상화했다.[35)]

고려 여성에게 있어서 불교는 생활 일부였다. 불교의 신행 생활은 어릴 때부터 가정에서 생활화되었음을 알 수 있다. 신행 생활에서 매일 불경(佛經)을 읽는 것은 필수적이었다. 강릉에 살았던 김씨 부인은 새벽이면 일어나서 불경을 읽었다(江陵郡夫人金氏墓誌, 의종 3년). 또 구체적으로 경전의 이름을 밝혀 항상《소미타경(小彌陀經)》《화엄경(華嚴經)》〈보현행원품(普賢行願品)〉《천수다라니경(千手陀羅尼經)》을 읽었던 여성(李一娘墓誌, 명종 2년)도 있었다. 만년에는 부처님 섬기기를 더욱 정성으로 하여 항상《금강경(金剛經)》을 읽었다는 인씨 부인도 있었다(金紫光祿大夫參知政事上將軍金公夫人印氏墓誌. 고종 대). 이들은 그 가운데서도《화엄경》을 가장 많이 읽었다. 염불에서는 아미타불 신앙이 많았으며, 관세음보살을 염했다는 기록(始興郡夫人皮氏墓誌. 명종 25년)도 있다.

특히 임종을 맞이하는 부인들의 자세에서는 깊은 불심(佛心)과 정신력을 볼 수 있다.[36)] 묘지에 기록된 부인들의 임종에 임하는 모습은 다음과 같다.

광양군 부인 김씨는 죽기 2년여 전부터 꿈에 예시가 있어 죽을 때를 알

---

35) 묘지(墓誌)에 나타난 양반 여성들의 신앙생활을 통해서 고려 서민 여성들의 신앙생활 일면도 가늠할 수 있을 것이다.《韓國金石全文》등에 실려 있는 고려 여성 묘지의 내용을 보면 본인의 신행생활이 자세히 기록되지 않은 경우에도 몇 아들 중 한 아들이 스님이 되었다던가, 화장(火葬)을 했다던가 하는 기록이 있어 불교신앙을 가졌음을 알 수 있다. 40건의 묘지 가운데 26건에서 불교신앙이 나타나고 있다.

36) 불교신앙이 나타나는 26건의 묘지(墓誌) 가운데 임종의 모습이 기록된 묘지가 6건이 된다.

았으나 두려워하지 않았다.(光陽郡夫人金氏墓誌, 의종 6년)

평소에 병이 많았던 평량군 부인 이씨는 "병이 들어 죽으려 할 때에 곧 세수를 하고 불경을 외며 잡념을 떨쳐버리니 안색은 창백했으나 정신은 흐트러지지 않았다."(平凉郡夫人李氏墓誌, 의종 21년)

평소에 《소미타경》《화엄경》〈보현행원품〉《천수다라니경》 독송을 생활화했던 이일랑 부인은 죽는 순간까지 일관되게 신행생활을 했음을 알 수 있다.

"젊어서부터 불교에 귀의하여 남의 잘잘못을 말하지 않더니 출가한 뒤에는 항상 《소미타경(小彌陀經)》《화엄경(華嚴經)》〈보현행원품〉《천수다라니경(千手陁羅尼經)》을 읽고 오후에는 음식을 먹지 않았으며 십재일(十齋日)이 될 때면 고기를 먹지 않고 죽은 뒤 정토(淨土)에 살 것을 맹세하였다. …9월에 병이 생겼는데 병이 난 지 15일이 되던 날 목욕을 하고 옷을 갈아입고 입으로 아미타불을 외우며 죽었다."(李一娘墓誌, 명종 2년)

네 아들 중 두 아들을 출가시킨 무안군 부인 박씨는 다음과 같은 모습으로 죽음을 맞이하였다.

"……7월 초이튿날 병이 위독하니 죽음을 면하기 어렵다는 것을 알고 묘련사(妙蓮社) 주지인 양가도승통(兩街都僧統)을 청하여 계를 받고 스님이 되어 법명을 성공(省空)이라 하였다. 계를 받은 후 한 노비를 시주하여 출가시켰다. 11일이 되자 목욕하고 옷을 갈아입고는 자녀를 포함한 측근을 불러 뒷일을 부탁한 후 합장하고 아미타불을 외었다. 저녁나절이 되어 돌아가려고 숨이 거의 넘어갈 즈음에도 염불하는 입술이 멈추지 않았고 완전히 숨이 넘어간 뒤에야 합장한 손이 흐트러졌다……"(務安郡夫人朴氏墓誌, 충숙왕 5년)

83세에 노환으로 죽은 낙랑군 대부인 최씨는 "죽기 하루 전에 머리를 깎고 스님이 되어 법명을 향진(向眞)이라 하였다."(樂浪郡大夫人崔氏墓誌, 충선왕 원년)

위의 기록들에서 보는 바와 같이 임종에 즈음하여 아미타불을 염하는 일이 많았던 것을 알 수 있다. 임종 전에 스님을 청해서 머리를 깎고 비구니가 되어 법명까지 받고 임종을 맞이하는 일은 당시에 흔히 있던 불교 여성들의 풍속이었던 것으로 보인다. 죽음에 임해서 염불로 잡념을 떨치고 극락왕생을 발원하는 모습에서 당시 여성들의 정신 수준을 알 수 있다.

또한 불교의 계율도 엄격하게 지킨 것으로 보인다. 술과 날고기, 오신채 가운데 하나인 파를 금하기도 하고(黃驪郡夫人金氏墓誌, 인종 8년), 오후불식(午後不食)의 계를 지키는 여성도 있고(李一娘墓誌), 대승계(大乘戒)를 받았다는 기록(陽川郡夫人許氏墓誌, 충숙왕 11년)도 있다. 많은 아들 가운데 한둘을 비구로 출가시키는 일은 아주 흔한 일이고 시주(施主)로서 절에 보시하고, 재(齋)가 있을 때는 버선을 만들어 스님들에게 드리는 풍속(崔婁伯配廉瓊愛墓誌, 의종 2년)도 있었다. 장례는 대개 불교식으로 치렀고 화장하는 일은 예사며, 집 근처의 절에서 다비(茶毘)했다.[37)]

고려에서 비구니의 위상은 삼국 · 통일신라 시대와는 달랐다. 고려에서 남성의 경우 출가 승려가 되는 것은 사회적인 출세의 길 중 하나였는데, 여성의 경우는 그렇지 않았다. 왕건의 비(妃)였던 자매가 뒤에 비구니들이 된 것을 비롯해 공민왕의 비(妃)들도 공민왕이 시해된 뒤 비구

---

37) 허흥식 편저 《韓國金石全文》(전 3책), 아세아문화사 ; 이화여대 한국여성연구소 편 《한국여성관계자료집》 중세편(중), 이대출판부, 1985 참조.

니가 되었다.[38] 왕실 여성으로 비구니가 된 경우다. 수천 명이 참석하는 반승(飯僧) 행사에 비구와 나란히 비구니가 참석한 기록도 보인다.[39] 후대에 가면 고승들의 문도로서 비구와 구별되어 비구니의 이름이 올려져 있는 기록이 있다.[40] 현종 8년(1071)에 집을 내놓아 절로 만드는 일과 비구니가 되는 것을 금하는 정도가 된 걸 보면 비구니의 수가 적지 않았음을 알 수 있다.[41] 그러나 비구니를 통솔하는 승직에 대한 기록은 없고, 불교 사회에 공헌한 비구니에 대한 기록도 보이지 않는다. 그 지위가 삼국 · 통일신라 사회보다 낮았음을 알 수 있다. 한편 이렇게 비구니에 대한 기록이 없는 것은《고려사》편찬자의 유교적인 편견이 작용한 영향도 있으리라고 본다.[42]

고려에서 치러진 많은 법회는 국력의 소모라는 병폐를 초래했지만, 한편으로 여성들에게는 사회교육의 현장이 되기도 하였다. 법회에서는 승려들의 설법이 있었을 것이고, 의식하지 않은 가운데 이런 교육이 반복되면서 불교적 심성이 형성되었고, 가정에서의 신행 생활은 그 연장선 위에 있었던 것으로 보인다. 특히 매일 경전 독송을 했다는 것과 죽음에 임하는 자세의 의연함이 주목된다. 양반 여성들의 묘지에 나타난

---

38) 고려 건국 초기에 아버지 김행파(金行波)에 의해 왕건을 하룻밤씩 모시게 된 자매는 그 후 왕건이 다시 자매를 찾지 않자 비구니가 되었다. 뒤에 왕건이 그들을 가엽게 여겨 서경(西京)에 대서원(大西院) · 소서원(小西院)을 세워주고 전민(田民)을 내려주었다. 공민왕의 비(妃)들인 혜비(惠妃) 이씨, 신비(愼妃) 염씨, 정비(定妃) 안씨 등도 공민왕이 시해된 뒤 비구니가 되었다.

39)《고려사》제33권〈세가〉33.

40)〈驪州 神勒寺 普濟禪師 舍利石鐘碑文〉《校勘譯註 歷代高僧碑文》高麗篇 4, 李智冠, p.391. 나옹혜근의 문도들을 기록하면서 정업원 주지 妙峯을 비롯하여 비구니 20여 명의 이름을 올려놓고 있다. ;〈楊州 太古寺 圓證國師 塔碑文〉李智冠, 앞의 책, p.472. 태고보우의 문도로 비구니 妙安의 이름이 들어 있다.

41)《고려사》제85권〈형법〉2, 금령(禁令).

42) 崔淑卿 · 河炫綱《韓國女性史》(古代 – 朝鮮時代) 이화여대 출판부, 1972, p.259.

것으로 보면《금강경》《화엄경》《아미타경》등을 매일 독송했다는 것인데, 이는 한역 경전을 읽었음을 의미한다. 당시 양반 여성들의 지적 수준이 높았음을 짐작할 수 있다. 또한 고려 여성의 내세관 가운데는 임종의 순간을 중요하게 여기는 풍속이 보인다. 이는 삼국시대의 내세관에서 한 발짝 나아간 것이다. 극락왕생을 하려면 죽음의 순간을 어떻게 맞이해야 하는가를 고려 여성들은 알고 있었던 것이다. 어떻게 잘 살고, 어떻게 잘 죽는가, 어떤 것이 좋은 삶이고 어떤 것이 좋은 죽음인가를 가르치는 것은 의식적으로나 무의식적으로나 간에 모든 삶의 과정에서 교육되는 것이다.[43] 고려 여성들은 좋은 죽음이란 어떤 것인가를 불교를 통해 배우고 이를 실천했다. 이와 같이 의도화되지도 않고 계획적이지도 않았지만, 불교는 한국 교육사에서 비형식적인 교육의 기능을 담당해왔던 것이다.[44]

3) 조선시대

조선시대에 오면 유학이 통치 이념이 되고 불교는 정치 · 사회적으로 그 영향력을 잃게 된다. 그러나 여성들은 유교보다는 불교에 더 가까웠던 것으로 보인다. 정치체제와 이념이 바뀌었다고 해도 삼국, 고려를 거치면서 백성의 삶 속에 녹아 체화(體化)된 불교가 하루아침에 버려지는 것은 아니었다. 특히 여성들에게 불교는 유교적 규율의 옥죔에서 벗어날 수 있는 탈출구의 역할을 했다. 여성들은 불교를 통해 그들의 한(恨)을 치유할 수 있었다. 특히 조선시대에는 왕실 여성들이 신앙의 주체가 되었다.[45]

---

43) 金仁會, 앞의 책, p.ii.

44) 박선영, 앞의 책, p.342-350 참조.

45) 일반 여성들의 경우는 기록이 없기 때문에 그 사정을 알 수 없다. 왕실 여성이 주최하는 법회의 주최자를 처벌하라는 유신들의 상소를 통해 일반 여성들의 호응이 얼마나

왕실 여성들이 신앙의 주체가 될 수 있었던 토양은 조선 초기의 몇몇 왕들의 친불교적인 성향에 의해 조성될 수 있었다. 또 정희왕후를 뿌리로 하여 대대로 이어져 온 왕대비(王大妃)들의 불심(佛心)과 불교가 가지고 있는 특성들이 맞물려서 가능했다고 본다.

우선 태조가 무학대사를 왕사로 삼을 만큼 불교 신앙이 깊은 왕이었다는 것은 알려진 사실이다. 태조는 기본적으로 조선 건국에 협조한 신진사류(新進士類)들과 정치적 노선은 함께하였지만, 불교에 대해서는 그 폐해를 시정하는 정도로 그쳤을 뿐 적극적인 배척에는 반대했다.[46) 건국 초기 태조는 고려의 왕씨를 위한 수륙재를 관음굴·현암사·삼화사에서 베풀었다.[47) 다음 해에는 성문 밖 세 곳에 수륙재를 베풀어 역부(役夫)로서 죽은 자의 혼령을 위로하고, 3년 동안 그 집의 부역을 면제해 주었다.[48) 태조 6년에는 진관사에 수륙사(水陸社)를 설치하고 왕이 친히 가서 수륙재를 지내는 데 참가했다.[49) 태조는 진관사에 수륙사를 조성하는 동기에 대해 "조종의 명복을 추모하고 중생을 이롭게 하기 위

켰는지 알 수 있다.

사헌부 지평(司憲府持平) 강형(姜詗)이 아뢰기를, "월산대군(月山大君)의 부인이 흥복사(興福寺)에서 법연(法筵·법회)을 베풀었는데, 나번(羅幡)과 보개(寶蓋)가 눈부시기가 해와 달과 같았으며, 범패(梵唄)의 소리가 바위와 골짜기를 뒤흔들었습니다. 도성(都城) 중의 사족(士族)의 부녀자들이 파도처럼 몰리고 물고기 떼처럼 모여들어서 산과 들판에 벌려 서고 잇달았으며, 불공을 드리는 시승(施僧)도 오히려 사족의 부녀자에 미치지 못할까 두려워하여 유숙하면서 설법을 들었으니, 조야(朝野)에서 깜짝 놀랐습니다……." 《성종실록》 25년 4월 17일.

46) 황인규 《고려말·조선전기 불교계와 고승 연구》 혜안, 2005, p.75.

47) 《태조실록》 4년 2월 24일.

48) 《태조실록》 5년 2월 27일.

49) 태조 6년 1월에 수륙사를 진관사에 설치할 것을 정하고 공사를 시작하여 9월에 끝냈다. 9월 24일에 왕이 친히 가서 완성된 수륙사를 시찰하고, 다음 해 1월 6일에 진관사에서 수륙재를 지냈다. 권근(權近) 찬 〈津寬寺 水陸社 造成記〉《국역 동문선》 6, 제78권, 記, 민족문화추진회 편, p.478-480.

함"[50] 이라고 하였다. '고려의 왕씨를 위한' 동기에서 '중생을 위해서'로 외연을 넓힌 것이다. 수륙재를 지내는 전통은 왕실 여성들에게 이어졌다.

본격적으로 배불정책을 편 왕은 태종이었다. 태종은 즉위 6년에 전국의 사찰을 정리하여 11종이었던 종단을 7종으로 줄이고 전국의 사찰 중 242사(寺)만을 남겨두었다. 나머지 사원의 토지와 노비를 모두 국가에서 몰수하여 토지는 군자에 속하게 하고 노비는 관공서에 속하게 했다. 이렇게 강력하게 불교를 억압했던 태종도 "나라에서 행하는 불사는 내가 이미 파하였으나 궁중의 부녀들이 그 아들의 수(壽)를 연장하기를 바라면서 사재를 써서 예참(禮懺)을 베풀거나 수륙재(水陸齋)를 행하니 금하고자 해도 금할 수가 없다"[51] 고 말한 것으로 미루어 왕실 여성들의 불심을 전면적으로 금하지는 않은 것으로 보인다.

세종은 태종의 억불정책을 이어받았다. 태종이 정리했던 사찰과 종단을 선 · 교 양종 36사(寺)로 다시 줄였다. 세종 11년에는 부녀자가 절에 가는 것과 승려가 과부의 집에 출입하는 것을 금하였다.[52] 억불의 군주였던 세종은 말년에는 불교를 신앙하는 왕으로 변모하여,[53] 여러 가지 불사를 했다. 그 가운데서도 문소전 서북쪽에 내불당을[54] 건립한 것은

---

50) 권근(權近) 찬, 앞의 글.

51) 《태종실록》 1년 1월 17일.

52) 《세종실록》 11년 2월 5일.

53) 세종이 불교에 심취하게 된 것은 아들들과 왕비의 죽음이 동기인 것으로 실록에서는 풀이하고 있다. 세종 26년에 다섯째 아들인 광평대군이 20세의 나이로 요절했고, 다음 해에 일곱째 아들인 평원대군이 죽었으며, 그다음 해에 소헌 왕후가 승하했다. 세종은 말년에 병으로 대신 접견을 못 하고 있었는데, 가까운 이들의 연이은 죽음을 보면서 '임금의 마음이 힘입을 데가 없었다'고 한다. 《세종실록》 30년 8월 5일.

54) 내불당, 내원당은 궐내에서 왕실이 불교행사를 하던 장소이다. 고려시대에 시작되어 조선에까지 이어졌다. 고려에서는 내원당으로 불렸으나, 조선에서는 내원당, 내불당이 혼용되어 쓰였다. 각 왕실의 불교에 대한 의지에 따라 설치와 철폐가 반복되었다. 이기운 〈조선시대 內願堂의 설치와 철폐〉《韓國佛教學》 제29집, 2001 참조.

결과적으로 왕실 여성들의 불교 신행에 도움이 되었다.[55] 실록의 기록에 의하면 이 내불당의 불사는 중종 때까지 이어졌다.

세조는 스스로를 '나는 호불(好佛)의 인주(人主)이다'[56] 라고 말할 만큼 조선조를 통틀어 가장 강력하게 불교를 옹호한 왕이었다. 억불시대의 왕으로서는 쉽지 않은 결단력으로 많은 불사를 이루어냈다. 간경도감(刊經都監)을 설치하여《능엄경언해(楞嚴經諺解)》《법화경》《금강경》《심경》《원각경》《영가집(永嘉集)》 등을 국역, 간행했다. 해인사 대장경 50질을 인출하여 각 도의 큰 절에 나누어 보관하게 하고, 홍복사 터에 원각사를 새로 짓고, 승려의 범죄가 있으면 반드시 왕에게 먼저 알려서 허가를 받은 후에 심문하게 하여 승려의 권익도 보장해주었다. 그 이외에도 많은 업적이 있다.

정희왕후는 세조의 비(妃)이다. 세조의 호불(護佛)에 힘입어 정희왕후는 불사에 적극적이었다. 왕비들의 불사(佛事)는 대체로 재시(財施)에 집중되고 있는데, 정희왕후의 경우 재시뿐만 아니라 계를 지키는 일에도 철저했던 것으로 보인다. 예종이 승하한 후 정희왕후는 49일 동안 법회를 3번 열겠다고 한 후 그 기간 동안 육식을 하지 않았다. 육식을 권유하는 신하들에게 "며칠만 있으면 수륙재를 지내게 될 터이니, 지금 바야흐로 부정한 일을 멀리하고 몸을 깨끗이 가져야(致齋) 하므로 수륙재를 행하고 난 뒤에 그대들의 건의를 따르겠다."고 했다. 신하들이 두세 번 다시 권하니, 정희왕후는 "경(卿) 등이 내 말을 믿지 않고서 이렇게 강요하는데, 강요를 그치지 않는다면 나는 머리털이 매우 적지만 이것마저

---

55) 세종은 15년 1월 30일 문소전 불당을 걷어 없애고 그 불상과 잡물을 흥천사로 옮기라고 명했다. 그랬는데 말년인 30년 7월 17일, 문소전 서북쪽에 '불당'을 짓는다고 승정원에 하교했다. 궁 안에 불당을 짓는 것은 불가하다는 신하들의 상소가 극심했다. 그러나 세종은 뜻을 굽히지 않았다. 불당은 완성되어 같은 해 12월 5일 경찬회를 열었다.

56)《세조실록》5년 2월 8일.

깎아버리고 정업원(淨業院)으로 물러가겠다. 그러면 누가 능히 나를 이 자리에 다시 돌아오도록 하겠는가?"[57] 라고 단호하게 물리쳤다.

왕비 시절에는 세조가 절에 갈 때 동행하였고,[58] 도성 안에 있던 비구니 절인 정업원에도 세조와 같이 방문하여 명주 40필을 하사하고 사섬시(司贍寺)에 이속시켰던 노비 100명을 정업원에 돌려주었다.[59] 세조가 강원도를 순행할 때 왕세자와 함께 동행하여 상원사도 참배했다. 세조 일행이 상원사에 간 것은 중창 낙성식에 참가하기 위해서이다. 상원사의 중창은 세조가 병이 들었을 때 정희왕후의 발심으로 이루어졌다. 정희왕후는 "중외의 사사에 나아가 주상(세조)의 쾌차를 비는 것도 좋지만 명산 승지에 사찰을 창건하고 그곳에 나아가 국가의 안녕을 기원하고 싶다"고 혜각존자 신미와 학열 선사에게 문의해서 이루어진 것이다.[60] 이 중창에 정희왕후는 비단과 쌀 5백 석, 면포 5백 필, 정포(正布) 5백 필, 정철(正鐵) 1만5천 근을 하사했다.[61]

정희왕후는 불심만 깊었던 것이 아니고 정치적 결단력도 갖춘 왕비였다. 예종이 즉위 14개월 만에 승하하자 정희왕후는 예종이 죽은 그 날에 바로 장자인 의경세자의 둘째 아들 자을산군을 왕위에 앉혔다. 왕이 승하한 날 다음 대의 왕을 정하는 것은 조선에서는 없던 일이었다. 그가 성종이다. 그리고 성종이 성년이 되기까지 7년 동안 수렴청정을 했다. 조선조에서 왕대비의 수렴청정도 처음 있는 일이었다. 당시 불안정

---

57) 《성종실록》 즉위년(1469) 12월 28일.

58) "임금이 중궁과 함께 장의사(壯義寺)로 갔다. 임금이 불당에 나아가 승려들을 시켜 법회를 열게 하였다……" 《세조실록》 6년 3월 20일.

59) 《세조실록》 6년 6월 15일.

60) 김수온 찬 〈오대산 상원사 중창기〉 《이능화 편 역주 조선불교통사》 2, 동국대 조선불교통사역주 편찬위원회, 2010, p.176.

61) 《역주 조선불교통사》 2, 동국대 조선불교통사역주 편찬위원회, p.175.

했던 왕권을 안정시켰다고 평가된다.[62] 대왕대비로서 수렴청정을 하는 동안에도 정희왕후는 불사를 이어갔다. 유신들의 끈질긴 상소가 있었으나 그때마다 성종은 '대왕대비가 하시는 일'이라고 상소를 들어주지 않았다. 성종은 사녀(士女)의 출가를 금지하고(성종 4년 8월 4일), 도성(都城) 안팎에 있는 23개의 비구니 절을 철거했으며(성종 6년 7월 19일),[63] 비구니의 여염집 출입을 금지하는(성종 7년 2월 13일) 등의 억불정책을 시행했음에도 정희왕후의 불사에 대해서는 방패막이 역할을 했던 것이다.

정희왕후의 수렴청정과 폭넓은 불사는 뒤를 이은 왕대비들에게 귀감이 되었다고 본다. 실록에 의하면 후대의 왕들이(고종 대까지) 당면한 문제들을 해결할 때 정희왕후의 행적을 전거로 삼는 일들이 많았다. 특히 불사(佛事)에 대하여는 정희왕후의 불심(佛心)이 뿌리가 되어 후대 왕대비들이 그 전통을 이어 나갔다고 본다.

정희왕후의 며느리 인수 왕대비[64] 역시 시어머니의 불심을 이어받았다. 정희왕후에 못지않게 많은 재시(財施)로 불사를 했고 재(齋)를 앞두고는 정희왕후와 같이 계를 지켰다. 인수 왕대비의 불사 중에 돋보이는

---

62) 정희왕후가 성종을 왕위에 앉힐 수 있었던 것은 성종의 장인이었던 당대의 권신 한명회와 결탁이 있었기 때문에 가능했다. 성종의 첫 번째 왕비 공혜왕후는 한명회의 둘째 딸이다.이것은 정상적인 왕위 계승은 아니다. 예종에게는 어리기는 하지만 아들 제안군(4세)이 있었고, 성종에게도 형 월산대군이 있었다. 일찍이 죽은 세조 · 정희왕후의 맏아들 의경세자(후에 덕종으로 추존)의 아들로 예종의 대를 잇게 하겠다는 정희왕후의 의중과 한명회의 정치적 야망이 맞물려 이루어진 일이다. 조정 대신들이 이의를 제기했으나 정희왕후의 의지를 꺾지는 못했다.

63) 비구니 절 23개소를 철거하면서 인왕동(仁王洞)의 한 곳 여승의 집은 세조 때에 창건했다는 이유로 임금이 철거하지 말라고 하였다.

64) 인수 왕대비는 성종의 어머니다. 성종의 아버지 의경세자는 세자 시절에 죽어 왕위에 오르지 못했다. 성종이 왕이 된 후 덕종으로 추존했다. 따라서 인수 왕대비에게는 왕비였던 시절이 없다. 아들이 왕위에 오른 후(성종 6년 1월 6일) '인수 왕대비'로 존호가 확정되었다.

것은 세 번이나 내린 언문교지이다.

성종 23년(2월 3일) 예조에서 승려를 금제할 절목을 올렸다. 이에 성종은 '서북 지방에 사변이 있는데도 군액(軍額)이 날로 줄어드니 우선 도첩(度牒)의 발급을 중지한다.'고 전교하였다. '도첩의 발급을 중지'한다는 것은 다시 말하면 일반인이 새로 승려가 되는 길을 막는다는 의미이다. 승려의 수효를 줄여서 군사의 수효를 늘리겠다는 정책이었다. 그동안 승려의 수효가 늘어남으로써 군사의 수효가 줄어든다는 논의가 계속됐었다.

성종의 전교가 있은 지 몇 달 뒤 11월 21일에 인수 왕대비는 인혜 왕대비[65]와 같이 언문교지를 내렸다. 불교를 옹호하는 내용이었다. 성종은 이 언문교지를 승지로 하여금 한문으로 번역하게 하여 신하들에게 보여주었다. 대비가 내린 교지의 골자는 다음과 같다.

……백성들이 승려가 되는 것을 금하는 법이 너무 엄해서 승려들이 모두 도망쳐 버렸으므로 선대 임금들이 세운 원당[66]을 수호할 수 없고 도적이 들까 두렵다. ……승려에게 증명서를 주는 법은 이미 《대전》에 실렸는데 하루아침에 갑자기 개혁하니 비록 법에 의하여 승려가 된 자일지라도 도첩 없이 역을 피하는 자로 여겨 현재의 사주(寺主)·사승(師僧)·유나에게 죄다 신역을 지우고 있으니 이것은 백성을 속이는 것이다. 역대 제왕이 불교를 배척했어도 근절시키지 못한 것은 사람들의 마음이 소란스러워지는 것을 염려해서이다. ……동북계와 서북계의 연변에도 승려가 된 사람들이 많은데 야인들이 만약 우리나라에 군정(軍丁)이 부족해서 사람들이 승려가 되는 것을 금지한다는 말을 듣게 된다면 이것은 그들에게 약점을 보여주는 것이 된다.

---

65) 인혜 왕대비는 예종의 비이다. 인수 왕대비와 인혜 왕대비는 동서 간이다.
66) 국가의 안녕을 빌고 왕실과 민가의 명복을 빌던 절. 또는 그 절의 일실.

……《대전》에 '승려가 되어 석 달이 지나도록 도첩을 받지 못한 자에 대해서는 그와 가까운 이웃 사람까지 죄를 준다.' 하였으니 이 법이 제대로 갖추어지지 않은 것은 아니다. 수도 안에서 질서를 유지함에 있어서 당상관과 낭청(郎廳)이 있어서 검열하는 경우에도 오히려 법을 어기고 소란을 일으키는데 더구나 역졸 · 원주(院主) · 이정들을 시켜 승려들을 붙잡아놓고 고발하게 하였으니 이런 사람들이 어찌 법대로 일을 처리하겠는가? 도첩이 있건 없건 막론하고 그들이 가지고 있는 물건들을 강탈하고 아울러 의복까지 빼앗는다고 한다. 늙은 승려들은 오로지 제자에 의지하여 양식을 빌어서 굶주림을 면하는데 만일 이같이 하면 반드시 모두 굶주려서 죽을 것이다. ……지금 승려들을 고통스럽게 만들어 감정을 품게 하고 있으니 정치의 원칙이 이래서 되겠는가? ……깊은 산중에는 승려들이 살고 있기 때문에 도적들이 거기서 지내지 못한다. 만약 승려들이 없으면 산골짜기가 텅 비게 될 것이고, 그곳을 도적들이 터전으로 삼으면 장차 승려들로 하여금 절에 살게 하는 법을 다시 세우게 될 것이다.

……군사들과 각 관청의 노비들은 모두 60세가 되면 군적에서 면제한다. 승려들도 비록 도첩이 없다고 하더라도 나이 60세가 된 사람을 장차 어디에 쓰겠는가? 그런데 늙고 젊고 간에 신역을 지우고 군사로 배속시키니 너무나 소란스럽고, 수륙재를 올리던 사찰의 물건들도 틀림없이 도적의 소유가 되고 말 것이니 비록 차비승(差備僧)이 있더라도 어디서 구할 수 있겠는가?

……그래서 일체를 《대전》의 규정대로 하여 그들로 하여금 자기 생활에 안착하게 하고 법을 어기는 자는 《대전》에 따라 처리하여 사람들의 마음을 안정시킬 것이며, 사찰을 잘 보호하여 선대 임금과 선대 왕후의 수륙재 시식 때에 음식을 정결하게 마련하게 한다면 매우 다행한 일이겠다.[67]

---

67) 《성종실록》 23년 11월 21일.

인수 왕대비의 교지에서 당시의 불교 억압이 어떠했는지 그 실상을 알 수 있다. 인수 왕대비는 도승법이 금지된 몇 달간 불교계의 실태를 정확하게 파악하여 논리는 분명하게, 표현은 간절하게 교지를 썼음을 알 수 있다. 대비의 교지 이후 성종은 '대비의 교지가 간절하여 뜻을 거스를 수가 없다.'고 입장을 바꿨다. '도첩 발급 중지'의 법은 성종 대에는 시행되지 않았다.[68]

문정대비(文定大妃)도 명종이 12세로 즉위하자 수렴청정했다. 불심이 깊었던 문정대비는 불교를 정책적으로 일으키려고 시도하였다. 양주 회암사에 주석하고 있던 승려 보우(普雨)를 앞세워서 선·교 양종을 다시 일으키고, 양종의 승선(僧選) 고시인 승과(僧科)를 부활시켰다. 또 척불로 황폐해진 전국의 사찰을 복원했다. 불교는 부흥기를 맞는 듯했으나 명종 20년 대비가 돌아가자, 불교의 부흥은 다시 원점으로 돌아갔다. 그러나 문정대비의 이런 노력이 결코 헛된 것만은 아니었으니 서산대사 휴정(休靜)은 문정대비가 부활시킨 승과에 급제하여 산승불교[69]의 법맥을 유지시킨 조선시대의 고승이다. 이와 같이 조선불교에서 여성들은 신앙의 주체가 되어 끊임없는 억압과 통제에도 불구하고 조선 후기까지 그 명맥을 유지시켜 나갔다.[70]

여기서 특기할 것은 왕실 여성들의 불사는 주로 왕대비들이 주축이 되어서 이루어졌다는 사실이다. 조선에서 불사는 국가의 정책에 반(反)하는 것이었다. 왕비의 입지에서는 불심이 아무리 깊다 해도 감히 내놓고 불사를 하기는 어려웠을 것이다. 왕대비의 불사는 효(孝)를 중요하게

---

68) 신하들은 11월 22일부터 12월 9일까지 상소를 올렸다. 두 왕대비는 두 번 더 교지를 내렸다. 《성종실록》 23년 11월 25일, 《성종실록》 23년 12월 2일.

69) 김영태, 앞의 책, p.238. 조선시대의 불교를 한마디로 특징지어 '山僧시대의 불교'라고 하였다.

70) 이순구 〈조선 초기 여성의 신앙생활〉《역사학보》 150, 역사학회, 1996, p.47.

여긴 유교 사회에서는 왕도 적극적으로 규제할 수는 없었던 것으로 보인다.

조선에서 통치 이념이 유학으로 바뀌자, 이에 따라 당연히 여성의 지위도 달라졌다. 남존여비(男尊女卑), 삼강(三綱), 칠거지악(七去之惡) 등의 규범이 여성을 옥죄었다. 우선 여성에게는 성(姓)만 있고, 이름(名)이 없었으며, 가정에서 지위는 남성에 종속된 상태이고, 정절과 순종이 강요되었다. 사대부 집안의 여성들은 '내외법'에 의해 대외 활동에 제약을 받았다. 평민 여성들은 남편을 도와 바깥일까지 해야 하는 등의 생활 조건 때문에 오히려 외출이 자유로웠다.[71)]

여성들은 유교적 억압에서 벗어날 수는 없었으나 불사를 통해 마음의 안심과 치유를 구한 것으로 보인다. 불교가 탈출구의 역할을 한 것이다. 성종 8년, 인수 왕대비는 봉선사[72)]에서 사경(寫經)을 했다. 이에 대해 대간(臺諫)이 극심하게 반대한 사실을 알게 된 인수 왕대비는 성종에게 사경을 하는 자기의 심정을 토로했다.

……내 나이 열일곱에 동궁을 모셨는데, 4년 사이에 아침에는 양전(兩殿 · 세조와 정희왕후)을 모시고 저물어서야 궁(宮)에 돌아오니 일찍이 하루도 온전하게 우리 왕을 모시지 못하였으며, 때마침 우리 왕이 편치 않으시어 다른 곳으로 거처를 옮기셨는데, 내가 시질(侍疾)하고 싶었으나 주상을 회임(懷姙)하였으므로 각각 동과 서에 있었는데 이로부터 영원히 이별을 하였으니, 슬픔을 어이 다 말할 수 있으랴! 천지도 반드시 그 심정을 알

---

71) 최숙경 · 하현강, 앞의 책, p.454.

72) 경기도 남양주군 진접면 운악산에 있는 절. 고려 광종 20년(969)에 법인국사 탄문(坦文)이 창건하여 운악사라 하였다. 조선조에 들어와 세조비 정희왕후가 예종 1년(1469) 광릉(세조의 능)의 능침사찰로 중창하여 봉선사라 하였다. 명종 때는 교종의 수사찰(首寺刹)이 되었다.

것이다. 명복을 구하는 것은 나만이 하는 것이 아니라 예부터 있었다. 이러므로 위로는 선왕(先王)을 위하고 다음은 우리 왕을 위하는 것이 잠깐이라도 마음에 잊혀지지 않는다. 또 세조께서 내가 슬피 우는 것을 차마 보지 못해서 나로 하여금 매년 봄가을로 능(陵)에 참배하여 나의 하늘을 부르짖는 슬픔을 다하게 했는데, 지금은 내가 군모(君母)가 되었으므로 항상 조정의 의논을 두려워하여 한 가지 일도 내 뜻과 같이 못했다.[73]

죽은 남편의 명복을 빌며 사경을 하는 왕대비의 절절한 심경이 엿보인다. 여성들은 예참법회, 수륙재 참가, 조상이나 남편, 아들에 대한 천도재 등의 법식으로 불사에 참가했다. 특히 천도재는 망자(亡者)를 위한 것이지만 이 법회를 통해 살아 있는 자의 슬픔이나 회한도 치유될 수 있는 것이다. 앞에서 언급했던(각주 45) 월산대군 부인의 홍복사 불사에서도 이와 같은 예를 볼 수 있다.

월산대군(月山大君)은 성종의 형이다. 월산대군이 죽은 후 그 부인 박씨는 남편의 묘소 옆에 홍복사를 창건하고 법회를 열었다.[74] 그 법회에 '사족(士族)의 부녀자들이 파도처럼 몰리고 물고기 떼처럼 모여들었다'고 한다. 성종 25년 4월 11일부터 시작된 유신들의 상소가 5월 12일까지 한 달간이나 이어졌다. 상소의 내용은 '부녀자는 절에 올라가지 말라는 금령을 세운 것은 남녀가 뒤섞여 있는 것을 꺼려 하여서이다. 승니(僧尼)와 사족(士族)의 부녀자들이 한 절에 뒤섞여 자리 잡고 연일 밤을 지새웠다고 한다. 이는 풍속을 망치는 일이다. 수창(首唱)한 중이 있을 것이니, 청컨대 끝까지 추핵(推覈)하여 죄를 주도록 하고, 또 아울러 사족

---

73) 《성종실록》 8년 3월 7일.

74) 월산대군 부인 박씨가 묘소 옆에 세웠다는 홍복사는 현존하지 않는다. 영조 대에 묘소 아래에 세워진 월산대군의 사당(祠堂)은 경기도 고양시에 있다. 경기도 지정문화재이다. 《月山大君 祠堂: 實測調査報告書》 경기도 고양시.

(士族)의 부녀자도 추핵하도록 해야 한다'는 것이었다. 박씨에 대해서는 '월산대군이 살아 있을 때는 대문 밖을 나가지 않았는데, 대군이 죽자 원찰(願刹)에 가는 것을 아무렇지도 않게 여기니 뻔뻔스러운 일'이라고 비판하였다. 법을 어기고 풍속을 망친 이들은 잡아다가 죄를 주어야 한다는 주장이었다. 그러나 성종은 유신들의 요구를 들어주지 않았다.[75) "이 절은 부인(夫人)이 사사로이 창건한 것이니, 다른 부녀(婦女)들이 절에 올라가는 것과는 비교할 것이 아니다."(성종 25년 5월 6일) "경 등이 남녀가 뒤섞여 있었다고 말하지만, 부인이 무차대회(無遮大會)[76)를 베풀고 부녀자들로 하여금 바람에 몰리듯이 저절로 몰리게 하였으니, 이것도 과연 잘못인가? 그러니 어찌 이 일을 가지고 부인을 죄줄 수 있겠는가?"(성종 25년 4월 28일) 하였다.

여자는 절에 올라가지 말라는 법은 일찍이 세종 때 생긴 법이고, 내외법에 의해 여성의 외출이 자제되는 현실이었다. 여성에게 정절과 순종을 요구하며, 절에 가서 밤을 지새우는 것은 실행(失行)으로 여겨지기도 하였다. 이러한 사회 환경에서 한 왕실 여성이 주최한 법회에 조정이 깜짝 놀랄 정도로 여성들이 모였다는 것은 당시 여성들의 욕구를 나타내는 사건이다. 여성들에게는 불교가 필요했던 것이다.

한편 조선에서는 왕실의 여성으로 출가하여 비구니가 된 경우가 많았다. 이성계와 계비 신덕왕후 강씨 사이에서 난 막내딸 경순공주는 남편인 이제(李濟)와 두 동생 무안대군(방번) · 의안대군(방석)이 제1차 왕자

---

75) 성종은 월산대군에 대하여 그 예우를 지극하게 했다. 월산대군의 집을 찾는 일이 잦았고, 말(馬)을 비롯한 하사품을 많이 내렸다. 형제는 우애가 좋았던 것으로 보인다. 형수인 박씨 부인이 죽은 형을 위해 벌린 불사에 대해 유신들의 상소가 극심했다. 그 의견은 들어주되 끝까지 불사 참가자를 죄로 다스리지는 않았다.

76) 성범(聖凡) · 도속(道俗) · 귀천(貴賤) · 상하(上下)의 구분이 없이 모두가 평등하게 재시(財施)와 법시(法施)를 하는 대법회.

의 난 때 방원에 의해 죽임을 당한 후 출가하여 비구니가 되었다.[77] 의안대군의 부인 심씨도 남편이 죽은 후 바로 출가하였다. 경순공주와 심씨의 출가는 조선에서 왕실 여성이 비구니가 된 첫 번째 경우다.

세종의 5남 광평대군의 부인 신씨도 광평대군이 20세의 나이로 요절하자 출가했다. 그 아들 영순군(永順君)이 죽자 그 부인도 비구니가 되었다.[78] 시어머니와 며느리가 비구니가 된 경우이다. 노산군(단종)이 사사(賜死)된 후, 부인 정순왕후 송씨는 출가하여 정업원으로 나갔고[79] 단종의 누이 경혜공주도 남편 정종(鄭悰)이 단종 복위운동에 연루되어 죽임을 당한 후 비구니가 되었다.[80] 성종 대 초에는 세종의 아들 수춘군의 부인이 비구니가 되었다.[81] 왕가의 여성들이 남편이 정쟁(政爭)으로 죽임을 당하거나 요절하거나 하는 경우 출가하여 비구니가 되는 경우가 많았던 것을 알 수 있다. 태종 대로부터 후기의 현종 대에 이르기까지 왕이 죽으면 후궁들도 삭발 출가하는 경우가 많았다.

국가의 기본 정책이 유학에 있었기 때문에 불교와 약간의 관련만 있는 사건이 발생하면 유생들의 상소가 빗발치는 가부장적인 사회 분위기였다. 그 속에서 개인적인 신심에 그치는 것이 아니라 대사회적으로 의견을 피력하고 불교를 다시 일으키려 했던 이들 왕실 여성에게서 한국

---

77)《정종실록》1년 9월 10일.

78) 광평대군 부인은 비구니만 된 것이 아니라 남편과 아들을 위하여 불사(佛舍)를 세워 영당(影堂)이라 일컫고, 전지와 노비를 불사에 시납(施納)하였다.《성종실록》2년 9월 14일.

79)《역주 조선불교통사》2, p.131.

80)《성종실록》5년 1월 1일.

81)《성종실록》9년 3월 10일. 이날 사헌부에서 수춘군(세종과 혜빈 양씨 사이의 아들) 부인이 삭발 출가하였다는 사실을 왕에게 알리면서 이는 부녀의 절개와 행실에 어긋나는 일이니, 사족의 부녀가 중이 되는 것을 일체 금단(禁斷)하라고 왕에게 아뢰었는데, 성종이 그대로 따랐다.

불교 여성의 정신력을 엿볼 수 있다. 조선의 왕실 여성들이 유교 사회에서 친불교적인 성향을 유지할 수 있었던 것은 이념에 의한 것이라기보다는 불교가 필요했기 때문이라고 생각된다. 고려 여성들이 법회라는 사회교육의 장을 통해 불교적 심성을 키워온 전통은 정치체제와 이념이 바뀐 조선시대에도 어느 시기까지는 그대로 유지되었다고 할 수 있다. 역사적으로 오랫동안 체화된 종교문화가 하루아침에 버려질 수는 없는 것이다. 내면화된 불교적 정서가 유교적 억압과 충돌하면서 여성들은 불교에서 치유의 길을 찾을 수 있었던 것이라 생각된다.

특히 왕실 여성들에게는 수륙재[82] 라는 법회 양식이 불교 신행을 이어가는 데 도움이 된 것으로 보인다. 태조가 수륙재를 시작한 동기는 고려 왕씨의 원혼을 위로하여, 조선의 건국으로 갈라진 민심을 수습하려는 것이었다. 후대로 내려가면서 수륙재는 다양한 목적으로 치러졌다. 천재(天災)의 예방을 위해서 치러졌고, 축성공사로 죽은 역부의 혼령을 위로하기 위하거나, 전염병이 돌 때는 그 퇴치를 위해서도 치러졌다. 지방에서 받은 세곡(稅穀)을 배에 실어 한양으로 옮길 때 사람이 익사하는 사고가 일어나지 않도록 수륙재를 베풀어 빌기도 했다.

세조의 경우를 보면 "내 불행히 둔난(屯難)의 비운을 만나 살육한 자가 많았는데, 형벌로 죽은 혼들이 기식(寄食)할 곳이 없이 길이 고도(苦途)에 빠진 것을 매우 불쌍하게 여긴다."며 수륙재를 베풀라고 하였다. 이와 같이 나라에서 주최한 국행 수륙재에는 민심수습과 사회통합이라는 목적이 있었다. 왕실에서는 선왕(先王)과 선비(先妣)의 추천(追薦)을 위해서 치러졌고, 왕을 비롯한 왕실 가족이 병들었을 때 쾌유를 위해, 또

---

82) 수륙재는 물과 육지에 있는 고혼(孤魂)과 아귀에게 법식(法食)을 공양하고 경문을 읽어주어 제도하는 법회다. 6도 4생의 고통받는 중생들을 제도하는 것이 모든 공덕 중에 으뜸이라는 설에서 유래했다. 중국 양나라 무제 때 시작되었고, 우리나라에서는 고려 광종 22년(971)에 시작되었다.

는 득남(得男)을 위해 수륙재를 열었다. 수륙재를 지낸 기록은 후대의 현종 때까지 보인다.

수륙재는 넓은 의미에서 고통받는 일체중생을 위한 것이다. 수륙재의 기록에 의하면 고혼이나 아귀에게만 공양을 한 게 아니라, 길 가는 행인에게까지 음식을 대접했다고 한다.[83] 승(僧)과 속(俗), 양반과 상민이 함께 어울리는 일종의 축제였다고 할 수 있다. 고통받는 영계(靈界)의 중생에게 공양할 뿐만 아니라, 살아 있는 현세의 출 · 재가자에게 차별 없이 보시하고, 물고기에게까지 먹이를 주어 보시공덕을 쌓는 자비의 법회이다.

추천(追薦)을 위해 치러지는 수륙재들은 왕실 여성들에게 자연스럽게 불교행사에 참여할 기회가 되었다. 선왕(先王)과 선비(先妣)의 추천, 또는 병든 왕실 가족의 쾌유를 위한다는 대의명분이 있었기 때문에 유생들의 상소를 막을 수 있었다고 본다. 권력과 재물이 따르지만 반면에 지켜야 할 규범과 제약도 많은 왕실 여성들에게는 누구보다도 정신력이 필요했을 것이다. 왕실 여성들은 유교적 규범에서보다는 불교의 기도를 통해 마음의 안심을 얻고, 정신력을 키웠다고 본다.

4. 현대사회와 불교 여성들의 역할

오늘날 여성불자들은 가정과 사회에서 어떤 문화를 형성해가고 있으

---

83) 《세종실록》 14년 2월 14일. 효령대군(세종의 형) 이보가 수륙재를 7일 동안 한강에서 성대하게 개설하였다. 임금이 향을 내려 주고, 삼단(三壇)을 쌓아 중 1천여 명에게 음식 대접을 하며 모두 보시를 주고, 길 가는 행인에 이르기까지 음식을 대접하지 않는 자가 없었다. 날마다 백미(白米) 두어 섬을 강물 속에 던져서 물고기들에게 먹이를 베풀었다. 나부끼는 깃발과 일산이 강(江)을 덮으며, 북소리와 종소리가 하늘을 뒤흔드니, 서울 안의 선비와 부녀(婦女)들이 구름같이 모여들었다. 양반의 부녀도 또한 더러는 맛좋은 음식을 장만하여 가지고 와서 공양하였다.

며 앞으로 나아가야 할 바람직한 방향은 무엇인가. 두 가지 측면에서 이 문제를 생각해 볼 수 있다. 하나는 불교 내에서 여성불자의 위상, 즉 신앙 형태와 성차별의 문제를 생각할 수 있고, 다른 하나는 일반 사회 구성원으로서 여성불자의 입지에 대한 것을 생각할 수 있을 것이다.

첫째, 불교 내에서 여성은 어떤 위치에 있는가. 여성불자는 한국불교 내에서 우선 수적으로 대다수를 차지하고 있다. 재가 불자의 70, 80%가 여성이며 한국불교 최대의 종단인 조계종 내에서 비구니는 과반수를 차지하고 있다. 한국불교를 떠받치고 있는 저력은 여성이라고 말할 수 있는 것이다. 수적으로만 많은 것이 아니라 그 역할도 점점 증대해 가고 있다.

우선 비구니의 경우 수행과 포교에서 그 활동의 폭이 넓어지고 있다. 전통 사찰의 강원과 선원에서 교학과 참선 수행에 정진하는 외에 국내 대학에서 또는 외국 유학을 통해 교학을 연찬하는 비구니들이 늘어나고 있다. 도심의 포교당을 운영하고 유치원 운영에도 참여하며 사회복지 사업에도 적극적이다. 대학에서 박사학위를 받고 교수가 되어 강의하는 비구니의 학생이 비구인 것이 오늘의 현실이다. 그러나 종단 내에서 비구니는 이에 상응하는 지위를 확보하지 못하고 있다. 조계종의 경우 비구니를 교단적으로 관리하는 데 비구니가 참여할 수 있는 제도적 장치가 아직까지 부족하다. 비구니의 권익을 주장할 수 있는 유일한 통로가 종회인데 종회의원 81명 가운데 비구니에게 배당된 수는 10명일 뿐이다(2015년 현재). 이뿐만 아니라 아직까지도 비구니팔경법을 주장하는 경우가 있다. 이 비구니팔경법은 현실적으로 사문화되다시피 하였고 또 사문화시키지 않을 수 없는 현실에 직면해 있는데도 필요할 때는 비구니를 통제하는 기능으로 쓰이고 있는 것으로 보인다.

재가의 여성불자들은 불교 내에서 사찰 외호의 주역으로서 역할을 해내면서 간경, 참선, 염불, 진언 등 자신에게 맞는 수행법을 정하여 행하고, 한편으론 사회봉사, 불교문화 행사에 참여하는 여성불자들도 늘어나고 있다. 그러나 그 신앙의 내용이 아직까지도 대다수가 '기복적'인 것에 머물고 있는 것은 부정할 수 없는 사실이다. 여성 불교에 있어서 기복성은 오늘의 문제만은 아니며 그것은 한국 여성 불교의 전통이라고 할 수 있다.

현재 조계종 포교원에 등록된 인가 불교대학의 숫자는 130여 개인데(2015년 현재) 참여자의 다수가 여성이다. 여성불자들 사이에서 불교 교리를 체계적으로 알아야 하겠다는 지적 욕구가 확산되어 가고 있으나 아직까지 불교 교리 내지 사상에 대한 이해도가 낮은 것도 문제점이다. 한국불교는 '큰스님 불교'라는 어느 학자의 지적처럼 부처님의 가르침보다는 스님의 가르침에 더 많이 의존하고 있는 실정이다. 그 스님이 선승이면 선리(禪理)가 불교의 전부로 알고 그 스님이 학승이면 교리(教理)가 전부인 것으로 알아서 나무만 보고 숲은 보지 못하는 것이 불교 교리와 사상에 대한 여성불자의 대체적인 수준이다. 여성이면서도 불교의 여성관에 대한 바른 인식조차 없어서 변성남자성불설과 같은 것이 불교 여성관의 전부인 것으로 알고 있는 여성불자가 대부분이다.

여성의 신앙 형태가 이렇게 되고 있는 데에는 그 책임이 여성에게만 있는 것은 아니라고 본다. 1913년에 발표한 한용운(韓龍雲)의 《불교유신론》은 취처 문제 등 이론(異論)이 있는 주장도 있지만 대체로 한국불교의 문제점을 정확하게 짚고 있었다. 그 내용을 오늘의 한국불교에 대비시켜 볼 때 그동안에 달라진 것은 거의 없다고도 할 수 있다.[84] 이런 한국불교의 문제점과 여성불자의 신앙 형태는 밀접한 관계를 갖고 있다. 상의상관성(相依相關性)이라는 불교의 기초적인 원리가 어떻게 여기서만 적용되지 않겠는가.

다음 일반 사회 구성원으로서 여성불자의 입장은 어떠한가.

1960년대 말 미국을 중심으로 일어난 여성운동의 이념은 유엔이 정한

‘여성의 해’(1975년)를 전후하여 우리나라에도 도입되었고, 그 이후 여성들의 노력으로 사회적인 여성의 지위는 향상되었다. 여성문제 내지 사회문제에 여성들은 기민하게 대처해 가고 있다. 이에 비해 불교 여성들의 여성운동적인 활동은 시작하는 단계에 있다. 2000년 11월 27일 재가여성불자 단체인 불교여성개발원이 창립되어 앞으로의 활동이 기대되는 시점이다. 자기 절의 신도회는 중요하게 여기면서 여성 단체는 백안시하고 여성들의 발언을 구업(口業)이라는 이름으로 차단하는 풍조가 아직까지도 있다고 보는데, 이제는 불식되어야 한다. 여성불자의 단체는 불교 내에서 여성의 입지를 확보하는 역할을 해야 함과 동시에 일반 사회의 여성 단체, 시민 단체, 또는 다른 종교의 여성 단체들과 연대를 갖고 여성문제, 사회문제의 해결에 일익을 담당할 수 있어야 한다.

여러 방면에서 남녀평등이 이뤄져 가는 시기에 불교가 이 시대에 맞

---

84) 한용운은《朝鮮佛敎維新論》(1913)에서 다음과 같은 12개 항에 대해 불교를 개혁할 것을 주장하고 있다. ①승려에게 현대 교육을 시킬 것. ②참선을 올바르게 지도할 것. ③염불당을 폐지할 것. ④포교를 현대화할 것. ⑤사원을 도시로 옮길 것. ⑥무속적인 산신, 칠성 등을 제거하고 석가불(釋迦佛)만을 봉안할 것. ⑦의식을 간소화할 것. ⑧승가의 경제적 자립을 이룰 것. ⑨승려의 결혼을 허용할 것. ⑩주지 결정은 선거에 의할 것. ⑪승가의 화합을 꾀할 것. ⑫사원을 통할할 것.
1982년 4월에 조계종 총무원 주최로 열렸던 ‘한국불교, 어제와 내일’이라는 세미나에서 제기된 한국불교의 당면 과제는 다음과 같다. ①산중불교를 도시로 끌어내려 민중선교에 임해야 한다. ②기복과 불사에 집중된 신앙 형태를 지양해야 한다. ③정기법회와 신도 조직에 힘쓰고 적절한 불교 성전의 편찬이 필요하다. ④사찰 재정과 운영을 합리화해야 한다. ⑤주지직과 종권에 이권이 개입되어서는 안 된다. ⑥승려의 자질 향상을 위해서는 무엇보다도 먼저 교육이 필요하며 불전(佛典) 이외의 학문도 익히도록 해야 한다. ⑦승려를 관할할 제도를 정비하고 종단의 행정 체계를 튼튼한 기반 위에 올려놓아야 한다. ⑧사회 구제와 민중 포교에 적극성을 띠고 매스컴, 병원 등을 운영할 필요가 있다. 한용운이 주장했던 불교의 개혁 내용은 승려의 결혼 문제를 제외하고는 69년이 지난 시점에서도 문제로 제기되었다는 것을 알 수 있다. 그런데 그 세미나가 있은 지 다시 32년이 지났는데 32년 전에 제기되었던 문제 중 어느 정도가 개선되었는지 생각해야 할 것이다.

는 종교로서 사회교육적 기능을 다하려면 불교 교단과 불자가 남녀 평등관에 입각한 불교관을 정립하며 그에 맞는 신행 생활을 해야 한다. 그것을 위해 몇 가지 제안을 한다.

첫째, 여성불자 자신들의 정체성 확립이다. 불교는 자각의 종교로서 그 신행은 자기 존재에 대한 대긍정으로부터 시작된다. 부처님이나 스님이 나에게 가르침을 줄 수는 있지만 나를 변화시키는 것은 나 자신일 뿐이다.

둘째, 불교를 바르게 믿는 것이다. 바르게 가르치고 바르게 배우며 바르게 믿어야 한다. 이 면에서 바르게 가르치는 쪽의 책임이 더 크다고 생각한다.

셋째, 불교 교단은 남녀 평등관에 입각해서 여성불자를 인정해야 한다. 이에 대해서는 출가와 재가가 모두 포함된다. 대승불교를 표방하면서 소승계를 수지(受持)하고 그 수지한 소승계는 현실적으로 지키기도 어렵고 지켜지지도 않는 게 현실이다. 대승사상에 입각한 수계제도를 확립하여 비구니팔경법과 같은 것이 문제가 되지 않아야 한다. 그리고 비구니 할당제 같은 것을 만들어 종회 내에서 비구니의 역할을 확대해야 한다. 또한 시주(施主)로서 여성불자의 역할은 인정하면서 도기(道器)로서 여성불자는 인정하지 않는 이중적인 행태는 이제 없어져야 할 시기가 되었다.

넷째, 여성불자를 위한 교육 체계를 세워야 한다. 특히 비구니 강원의 커리큘럼 속에 여성학과 같은 이 시대 여성에게 필요한 학문이 도입되어야 한다. 교리 공부를 하는 절에서도 여성의 자각을 일깨우는 공부는 회피하고 있는데 불교 여성관의 바른 인식과 같은 것을 통해서 여성이 그 정체성을 회복할 때 기복적인 신앙 형태를 벗어날 수 있다.

다섯째, 여성불자들의 발언이 표출될 수 있어야 한다. 여성들이 소극성에서 벗어나야 하며 교단은 이를 차단하지 말아야 한다.

한국불교의 저력인 여성불자들이 정체성을 확립하고 이에 의하여 바른 신행 생활을 할 때 한국불교는 더욱 그 기능을 다할 수 있을 것이다.

5. 맺는말

2천6백여 년 전 여성에 대한 편견이 극심했던 인도에서 붓다가 여성을 교단에 받아들인 후, 인도 여성 사회에는 변화가 있었음을《장로니게》를 통해 알 수 있었다. 붓다의 교화로 여성에 대한 통념들이 깨질 수 있었고, 여성도 자신이 원하는 삶을 선택할 길이 열렸던 것이다. 붓다는 출가여성뿐만 아니라 재가의 여성들에게도 삶의 지표를 제시하여 여성들이 품위를 지니도록 가르쳤다. 붓다는 종교의 교주였고, 동시에 사회교육의 교사였다.

1천6백여 년 전 우리나라에 들어온 후, 불교는 우리나라 여성의 삶에도 변화를 주었다. 남성에게는 서당이나 서원, 성균관 등의 형태로 학교교육이 이루어졌지만, 여성에게는 전통적인 성 역할을 중심으로 가정에서의 생활 훈련이 전부였던 19세기 말까지 종교는 여성 교육의 일익을 담당해 왔다. 19세기에 기독교가 들어오기 전까지 불교는 우리나라 여성들에게 가장 보편적인 종교였다. 삼국시대와 신라, 고려는 물론이고 유학이 통치 이념이었던 조선시대에도 여성들의 불교 신앙은 끊이지 않았으며, 불교의 명맥을 유지시키는 역할까지 했다. 불교가 시대에 따라 그 성격이 다른 것처럼 여성들의 신행 생활도 시대에 따라 다른 면모를 보이는데, 일관되게 나타난 것은 불교의 신행 생활을 통해 여성들이 정신력을 키워 왔다는 것이다.

삼국 · 통일신라 시대에는 불교의 내세관을 받아들여 현세의 삶을 가치 지향적인 것으로 만들었다. 수행을 통해 극락왕생하는 기록도 남기고 있다. 고려시대에는 불교를 생활화하여 계율을 지키고, 일상생활에서 경전을 독송하며 죽음의 순간을 가장 중요하게 여기는 불교적 풍속을 보여주고 있다. 조선시대에는 유교적 규범에서보다는 불교의 기도를 통해 안심을 얻고 어려움을 극복할 수 있는 정신력을 키웠다. 불교는 우리 역사에서 의도화되지 않은 비형식적인 형태로 여성에 대해 사회교육적 기능을 해온 것이다.

법홍왕비에 이어 선덕여왕, 그리고 고려를 거쳐 조선시대의 정희왕후, 인수, 문정 두 왕대비를 비롯한 상류층 여성들과 이름이 회자되지는 않지만 그 정신 수준에서는 수행자를 능가했던 신라의 여성들, 그리고 불교를 생활화했던 고려의 양반 여성들은 이 시대 여성불자들이 귀감으로 삼아야 할 선조들이다.

오늘날 우리 사회는 종교 다원화 사회로 가고 있다. 각 종교가 가지고 있는 영향력에는 어느 정도의 한계가 있게 되었지만, 전체로 보면 종교가 여성들의 생활에 미치는 영향력은 적지 않다. 그 영향력이 올바르게 작용하려면 종교 자체가 올바르게 믿어져야 한다. 불교도 마찬가지이다. 불교의 교리를 올바르게 이해하고 믿는 일이 중요하다. 불교가 본래의 목적대로 바로 설 때, 불교가 여성불자들에게 바른 영향을 미치고 또 그 범위가 확대되며 사회교육적 기능을 다할 수 있을 것이다.

불교의 여성성불 사상

초판1쇄 인쇄 2015년 04월 15일
초판1쇄 발행 2015년 04월 27일

지은이 | 이창숙
펴낸이 | 김향숙
펴낸곳 | 인북스
등록 | 1999년 4월 21일(제2011-000162호)
주소 | 경기 고양시 일산서구 성저로 121, 1102동 102호
전화 | 031) 924 7402
팩스 | 031) 924 7408
이메일 | editorman@hanmail.net

ISBN 978-89-89449-48-5 93220

값 15,000원
잘못된 책은 바꾸어 드립니다.

이 도서의 국립중앙도서관 출판예정도서목록(CIP)은 서지정보유통지원시스템 홈페이지(http://seoji.nl.go.kr)와 국가자료공동목록시스템(http://www.nl.go.kr/kolisnet)에서 이용하실 수 있습니다.(CIP제어번호: CIP2015010050)